19वीं सदी के हिन्दू-मुस्लिम नवजागरण की जितनी भी भद्रवर्गीय धाराएँ थीं, सबने अपने धर्म की रक्षा और सुधार के लिए जिन विचारों और उपायों का सहारा लिया, उन सबका नतीजा हिन्दू-मुस्लिम अलगाव को और बढ़ाने में निकला। विदेशी (ईसाई) धर्म और संस्कृति का मुक़ाबला करते हुए उन्होंने अपने-अपने धर्म की रक्षा ज़रूर की और अपनी धार्मिक रूढ़ियों का विरोध करते हुए धर्म को सुधारने की कोशिश भी ज़रूर की, लेकिन यह काम उन्होंने इस तरीक़े से किया कि विभिन्न धर्मों को माननेवालों के बीच भेद-भाव की दीवारें और मज़बूत हुईं। धर्म की रक्षा का उद्देश्य सामने रखते हुए उन्होंने सभी भारतीयों की एकता को बढ़ावा देने का उद्देश्य सामने कतई नहीं रखा। "अन्य मत की पूजा या भिन्नों से मिलना-जुलना और उनके नाम का खाना-पीना छूट जायेगा"—ऐसे उद्देश्य को साधने वाला नवजागरण भारतीय समाज की एकता को कैसे आगे बढ़ाता? उलटे वह उस एकता को तोड़ता था। बहुत-से धर्मों को मानने वाले देश में धर्मसुधारकों का यह दावा कि उन्हीं के धर्म को मान लेने से राष्ट्रवाद पैदा हो सकता है—एक नामुमकिन और बेबुनियाद ख़याल था।

श्रद्धाराम के धार्मिक विचारों का एक पक्ष ऐसा भी है जिसकी चर्चा अब कम होती है, लेकिन एक समय में वह पक्ष चर्चित ही नहीं, विवादास्पद भी था। अपने धार्मिक चिन्तन में श्रद्धाराम एक ऐसी जगह भी पहुँचते हैं जहाँ उनके अध्यात्मबोध में ईश्वर का होना भी बहुत ज़रूरी नहीं रह जाता है। इस बात को रामचन्द्र शुक्ल ने भी एक दूसरी तरह से नोट किया है। पंजाब में हिन्दू धर्म का स्तम्भ समझे जाने वाले इस विद्वान के स्वतन्त्र विचारों का ज़िक्र करते हुए उन्होंने लिखा है कि कई बार वे ऐसी बातें कह और लिख जाते थे जो कट्टर अन्धविश्वासियों को खटक जाती थीं और कुछ लोग इन्हें नास्तिक तक कह देते थे।

—इसी पुस्तक से एक अंश

बग़ावत और वफ़ादारी

नवजागरण के इर्द-गिर्द

वीर भारत तलवार

वाणी प्रकाशन

वाणी प्रकाशन

4695, 21-ए, दरियागंज, नयी दिल्ली 110 002

फ़ोन : +91 11 23273167 फ़ैक्स : +91 11 23275710

शाखाएँ

अशोक राजपथ, पटना 800 004, बिहार

कॉफ़ी हाउस कैम्पस, महात्मा गांधी मार्ग, इलाहाबाद 211 001, उत्तर प्रदेश

महात्मा गांधी अन्तरराष्ट्रीय हिन्दी विश्वविद्यालय, वर्धा 442 001, महाराष्ट्र

www.vaniprakashan.com
marketing@vaniprakashan.in
sales@vaniprakashan.in

Baghavat Aur Wafadari : Navjagran Ke Ird-Girdh
by Vir Bharat Talwar

ISBN : 978-93-5518-865-6
Criticism

पेपरबैक प्रथम संस्करण 2023

मूल्य : ₹ 399

आर. टेक ऑफ़सेट प्रिंटर्स, दिल्ली-110 032 में मुद्रित

वाणी प्रकाशन का लोगो मक़बूल फ़िदा हुसेन की कूची से

अनुक्रम

श्रद्धाराम फिल्लौरी
प्रति-नवजागरण का चरित्र और महत्त्व

हिन्दी में श्रद्धाराम फिल्लौरी को लोग सिर्फ़ भाग्यवती (1877) उपन्यास के लेखक के नाते जानते हैं। जैसे चन्द्रधर शर्मा 'गुलेरी' एक ***उसने कहा था*** से अगर हो गये, श्रद्धाराम फिल्लौरी भी सिर्फ़ एक रचना ***भाग्यवती*** के बल पर 19वीं सदी के महत्त्वपूर्ण हिन्दी लेखकों में गिने जाने लगे। श्रद्धाराम का असली महत्त्व अभी तक सामने नहीं आया है। 19वीं सदी के शुरुआती हिन्दी गद्य और खड़ीबोली हिन्दी कविता के विकास में श्रद्धाराम फिल्लौरी की जगह कहाँ पर है—इस पर कम विचार हुआ है। बहुत-से लोग जानते भी नहीं कि श्रद्धाराम कवि भी थे। और भी कम लोग जानते हैं कि तुलसीदास के ***रामचरितमानस*** के बाद उत्तर भारत की सबसे लोकप्रिय धार्मिक रचना जो आज भी हिन्दू घरों और मन्दिरों में सुबह-शाम गायी जाती है—'ओम जै जगदीश हरे!'—श्रद्धाराम फिल्लौरी की लिखी हुई है। आरती का यह भजन प्रतापनारायण मिश्र के 'तुम्ही हो माता, पिता तुम्ही हो' से कहीं ज़्यादा जाना जाता है। सच तो यह है कि दिल्ली, हरियाणा, पंजाब और हिमाचल प्रदेश में यह भजन ***रामचरितमानस*** से भी ज़्यादा लोकप्रिय है।

19वीं सदी के नवजागरण में श्रद्धाराम फिल्लौरी का महत्त्व क्या है?

ब्राह्मसमाज प्रार्थनासमाज और आर्यसमाज की अगुआई में हुआ धार्मिक नवजागरण चले आ रहे हिन्दू धर्म में सुधार करने और हिन्दू धर्म को बुद्धि-विवेकसम्मत रूप देने के लिए हुआ था। उसके ख़िलाफ़ परम्परागत धर्म के अनुयायियों ने अपने बचाव का यानी प्रति-नवजागरण का आन्दोलन किया था। बचाव करते हुए भी नवजागरण के नैतिक दबाव और तार्किक हमलों के कारण परम्परागत धर्म के समर्थक भी कुछ सुधार लाने की ज़रूरत महसूस कर रहे थे। हिन्दू धर्म को छोड़े बिना, ब्राह्मो या आर्यो—जैसी एक नयी धार्मिक पहचान बनाये बिना भी, क्या धर्म और समाज-सुधार की कोशिश की जा सकती थी?

—इसकी एक बड़ी मिसाल श्रद्धाराम फिल्लौरी हैं। 19वीं सदी में परम्परागत धर्म के अन्दर रहते हुए धर्म और समाज-सुधार की जो कोशिशें हुईं, उनकी उपलब्धि और सीमाओं को जाँचने के लिए सबसे गम्भीर और प्रतिनिधि उदाहरण हैं श्रद्धारा फिल्लौरी। हिन्दी में ऐसी मिसाल एक हद तक भारतेन्दु भी हैं। लेकिन फिल्लौरी इसमें भारतेन्दु से बहुत आगे जाते हैं। भारतेन्दु में फिल्लौरी बनने की प्रक्रिया सिर्फ़ कुछ दूर तक ही मिलती है। भारतेन्दु को फिल्लौरी बनना नहीं था। भारतेन्दु का महत्त्व साहित्यिक लेखन, पत्रकारिता और अपने समय में बौद्धिक हस्तक्षेप के कारण है। भारतेन्दु का साहित्यिक लेखन व्यापक है। उनके सार्वजनिक क्रिया-कलापों का क्षेत्र भी बहुत फैला हुआ है। वहाँ भारतेन्दु से श्रद्धाराम का कोई मुकावला नहीं। श्रद्धाराम शुरू से धर्म की चेतना को लेकर चले। उन्होंने अपने धार्मिक अनुभवों का जैसा ग्रन्थ ***सत्यामृत प्रवाह*** (1881) लिखा, वैसा कोई ग्रन्थ भारतेन्दु के यहाँ नहीं मिलता। वैष्णवता के इतिहास में भारतेन्दु एक ओर प्राच्यविदों (ओरिएंटलिस्टों) से प्रभावित थे, दूसरी ओर वे वैष्णवता की पहचान पर 'आर्यमात्र' को अपने आर्थिक-राजनीतिक हितों के लिए संगठित होने का आह्वान कर रहे थे। इन सबसे अलग श्रद्धाराम का क्षेत्र धर्म और भाषा का था। नवजागरण के दौर में होते हुए भी एक तरह से वे मध्यकालीन भक्तसन्तों की परम्परा से जुड़े हुए थे। उन्होंने धर्म की रक्षा पर जोर दिया, उसमें कुछ सुधारों को भी मंजूर किया। धर्म की चेतन को घूम-घूमकर, व्याख्यान देकर और लिखकर फैलाया। भारतेन्दु का महत्त्व उनके पारिवारिक-राजनीतिक हैसियत की वजह से भी था। श्रद्धाराम फल्लौरी नीचे से ऊपर उठे एक 'सेल्फमेड' व्यक्ति थे।

× × ×

श्रद्धाराम फिल्लौरी के असली महत्त्व से हम अपरिचित ही रह जाते अगर कुछ साल पहले पंजाबी के कवि और गुरु नानकदेव विश्वविद्यालय (अमृतसर) में हिन्दी के प्रो. हरमहेन्द्र सिंह बेदी ने अपनी लगन और मेहनत से तीन खण्डों में ***श्रद्धाराम फिल्लौरी ग्रन्थावली*** को सम्पादित करके न छपवाया होता (निर्मल पब्लिकेशंस, दिल्ली, 1997)। ***भाग्यवती*** को छोड़कर श्रद्धाराम की सभी क़िताबें हिन्दी पाठकों के लिए अज्ञात और अनुपलब्ध थीं। इन्हें खोज निकालने की कहानी भी दिलचस्प है। पंजाब के महाराजा रणजीत सिंह हालाँकि ख़ुद पढ़े-लिखे नहीं थे, पर उन्हें विद्वानों से और उनके रचे ग्रन्थों से बहुत प्रेम था। रणजीत सिंह ने कई जगह से कई भाषाओं के सैकड़ों ग्रन्थों को जमा करके एक बड़ा पुस्तकालय क़ायम किया था। 1839 में फिल्लौरी के जीवन-काल में महाराजा चल बसे।

कहते हैं, उनकी मौत के बाद उनके बड़े योग्य और विद्याप्रेमी दो मन्त्रियों कमरुद्दीन और फजरूद्दीन ने रणजीत सिंह के पुस्तकालय को अपनी निगरानी में ले लिया और आगे ख़ुद भी उस भण्डार में कुछ न कुछ जोड़ते रहे। इन मन्त्रियों के मरने के बाद घरवालों ने उन क़िताबों को अंग्रेज़ी हुकूमत के तहत क़ायम हुई लाहौर की पब्लिक लाइब्रेरी को दे दिया। लाहौर पब्लिक लाइब्रेरी वैसी ही एक बड़ी और महत्त्वपूर्ण लाइब्रेरी थी, जैसी उसी दौर में कलकत्ता की पब्लिक लाइब्रेरी, जिसे बाद में नेशनल लाइब्रेरी का दर्जा दिया गया। लाहौर पब्लिक लाइब्रेरी के भण्डार में उन दिनों श्रद्धाराम फिल्लौरी की भी कई छोटी-बड़ी क़िताबें छपकर शामिल हो गयी थीं। हिन्दुस्तान के बँटवारे के बाद बने पाकिस्तान में पब्लिक लाइब्रेरी में पड़ी श्रद्धाराम फिल्लौरी की इन जर्जर हो रही क़िताबों में किसको दिलचस्प हो सकती थी? दिलचस्पी लेने वाला एक व्यक्ति सामने आया—लाहौर विश्वविद्यालय के पंजाबी भाषा-साहित्य विभाग के अध्यक्ष प्रो. शाहबाज मलिक जो संयोग से अमृतसर के प्रो. हरमहेन्द्र सिंह बेदी के दोस्त थे। प्रो. बेदी की गुज़ारिश पर प्रो. शाहबाज मलिक ने लाहौर पब्लिक लाइब्रेरी से श्रद्धाराम फिल्लौरी की कई छोटी-मोटी क़िताबों को ढूँढ़ निकाला और उन्हें प्रो. बेदी के पास अमृतसर भिजवा दिया। इन्हीं को लेकर प्रो. बेदी ने फिल्लौरी ग्रन्थावली छापने की योजना बनायी। ग्रन्थावली की पाण्डुलिपि कई सालों तक महत्त्वहीन समझी जाकर हिन्दी के एक बड़े प्रकाशक के यहाँ पड़ी रही और आख़िरकार गुम हो गयी। फिर नये सिरे से पाण्डुलिपि बनायी गयी, जो किसी तरह एक प्रकाशक के यहाँ से छपी।

श्रद्धाराम की सभी क़िताबें हरमहेन्द्र सिंह बेदी को भी नसीब नहीं हुईं। उनकी आत्मकथा और उनके सबसे महत्त्वपूर्ण ग्रन्थ ***सत्यामृत प्रवाह*** के अलावा दो और क़िताबें ***धर्मकसौटी*** और ***धर्मरक्षा*** भी ग्रन्थावली में नहीं हैं। अपनी कविता और दो-तीन क़िताबों को छोड़कर श्रद्धाराम ने बाक़ी क़िताबें उर्दू और पंजाबी में लिखीं। उनकी काव्य-रचना ***सत्यधर्म मुक्तावली*** में आसान ब्रजभाषा में लिखे गये भक्ति के पद हैं जो रागों में गाये जाने के लिए हैं। उनकी कविता की दूसरी क़िताब ***शतोपदेश*** ब्रजभाषा मिली हिन्दी में लिखे उपदेशपरक दोहों का संग्रह है। ब्रजी में ही उन्होंने भजनों में ***महाभारत*** की भी रचना की। ठेठ खड़ीबोली में उन्होंने सिर्फ़ एक ग़ज़ल लिखी, जिसमें नयी-नयी चली रेल को लेकर जीवन का रूपक बाँधा गया—

सटेसन जिसम है मेरा, नफस की रेल चलती है
पकड़ सकता नहीं कोई कि जब फारम से निकलती है।
नहीं आती है जब तक तार उधर से लेन कलियर की
करो दिल की सफ़ाई फिर ज़रा फुरसत न मिलती है।

गद्य में श्रद्धाराम ने दो क़िताबें हिन्दी में लिखीं—***भाग्यवती*** और ***सत्यामृत प्रवाह***। ***भाग्यवती*** 19वीं सदी में सुधार-चेतना का सबसे प्रखर उपन्यास था जिसे पंजाब के शिक्षा विभाग ने लड़कियों की शिक्षा के लिए बहुत उपयोगी मानकर पाठ्यक्रम में लगाना तय किया। इसमें विधवा-विवाह का खुलकर समर्थन किया गया था। सरकार ने इस हिस्से को हटा देने के लिए कहा, ताकि हिन्दुओं की भावना को चोट न पहुँचे। श्रद्धाराम इसके लिए राज़ी नहीं हुए और पाण्डुलिपि कई सालों तक यूँ ही पड़ी रही। उनकी मौत के छह साल बाद उनकी विधवा स्त्री महताब कौर ने उस प्रसंग को हटाकर पाण्डुलिपि छापने के लिए सरकार को दे दी, जो 1887 में छपी। रामचन्द्र शुक्ल ने जिसे शिष्ट, साधु और निखरी हुई हिन्दी कहा है, उसका सच्चा रूप भारतेन्दु के गद्य से ज़्यादा ***भाग्यवती*** के गद्य में है। इसकी साफ़-सुथरी प्रवाहपूर्ण हिन्दी में अरबी-फ़ारसी के प्रचलित शब्द बहुत कम हैं, लेकिन संस्कृत के शब्द भी बेवजह ठूँसे नहीं गये और न पूरबी प्रयोगों की आदत है। क़िताब बहुत लोकप्रिय हुई। 1912 तक क़िताब के पाँच संस्करण निकल गये। हटाया गया विधवा विवाह सम्बन्धी हिस्सा बहुत दिनों तक फिल्लौर के मकान में सुरक्षित रखा गया, पर अब उसके बारे में बताने वाला कोई नहीं मिलता।

सत्यामृत प्रवाह श्रद्धाराम का सबसे ख़ास धार्मिक ग्रन्थ है, जिसे उन्होंने अपनी छोटी-सी ज़िन्दगी के आख़िरी दिनों 1880 में लिखा। क़िताब लिखते हुए श्रद्धाराम को अपनी मौत की आहट सुनायी पड़ने लगी थी। शायद यह हिन्दी की अकेली क़िताब है जिसके लेखक ने क़िताब में अपने नज़दीक़ खड़ी मौत की तरफ़ इशारा किया है। “अब मेरी मृत्यु का समय निकट है, इसलिए उस सत्य को प्रकट करता हूँ कि जो चिरकाल से मेरे मन में भरा हुआ है। यदि सत्यविद्या को साथ ले मरा तो बड़े अनर्थ की बात होगी।” (127/1) इन पंक्तियों से ज़ाहिर है कि क़िताब में श्रद्धाराम ने अपने धार्मिक अनुभवों के सबसे मूल्यवान सत्य को पेश करना चाहा था। कुल ग्यारह अध्यायों में लिखी इस क़िताब के पहले खण्ड में आत्मचिकित्सा यानी आदमी को उसके भटकावों और कमज़ोरियों से बाहर निकलने के उपायों और उसके धर्म (कर्तव्य) के बारे में बताया गया है। दूसरे खण्ड में वेद, उपवेद,

पुराणों, शास्त्रों, गुरु और कर्म उपासना मार्ग वग़ैरह का विवेचन है। इनके बाद पराविद्या का भी विवेचन किया गया है। श्रद्धाराम के शिष्य तुलसीदेव ने लिखा है कि "मनुष्य को जो कुछ बनना, बर्तना और जानना चाहिए, वह सब इसमें विस्तार से लिखा है।" यह ग्रन्थ बड़ी तकलीफ़देह बीमारी में हुई श्रद्धाराम की मौत के सात साल बाद 1888 में पहली बार छपा और 1895 में इसका उर्दू तर्जुमा आया।

श्रद्धाराम की कई क़िताबें उर्दू में हैं जो उस समय के शिक्षित समाज की भाषा थीं और पंजाब के स्कूल-कॉलेजों में शिक्षा का माध्यम थीं। इनमें दो क़िताबें महत्त्वपूर्ण थीं—***धर्मकसौटी*** और ***धर्मरक्षा***। ***धर्मकसौटी*** धार्मिक नवजागरण के सन्दर्भ में विद्रोही सुधारक कन्हैयालाल अलखधारी के विचारों का खण्डन करने के लिए लिखी गयी थी। इसमें अलखधारी द्वारा किये गये उपनिषदों के अनुवाद की गलतियाँ भी दिखायी गईं। धार्मिक बहस के सिलसिले में लिखी गयी इस क़िताब का पहला खण्ड 1874 में, दूसरा 1896 में छपा। इसी तरह पंजाब के ब्राह्मोसमाजी नेता महाशय नवीनचन्द्र राय (रजिस्ट्रार, पंजाब यूनिवर्सिटी) के साथ हुई धार्मिक बहस के सिलसिले में ***धर्मरक्षा*** लिखी गयी जिसमें नवीनचन्द्र की एक क़िताब की ब्योरेवार आलोचना करते हुए ब्राह्मोसमाजी सुधारों के ख़िलाफ़ सनातन हिन्दू धर्म की रक्षा की गयी। उर्दू में 1866 में छपी यह क़िताब बाद में हिन्दी में भी छपी। लुधियाना में ईसाई पादरियों की नौकरी करते हुए श्रद्धाराम ने ईसाई धर्म की कई क़िताबों का हिन्दी और उर्दू में अनुवाद किया था। उनके हिन्दी अनुवादों में सबसे मशहूर ***इंजील*** का अनुवाद है जो बहुत बाद तक पंजाब के ईसाइयों में प्रचलित रहा। श्रद्धाराम फ़ारसी के अच्छे जानकार थे और उन्होंने इस्लाम से सम्बन्धित कई ग्रन्थों का भी उर्दू में अनुवाद किया। ***दाबिस्तान-ए-महाजिब*** बहुत कठिन फ़ारसी में लिखा गया ग्रन्थ है जिसमें इस्लाम के विभिन्न सम्प्रदायों के धार्मिक सिद्धान्तों का विवेचन है। पंजाब के लेफ़्टीनेंट गवर्नर के कहने पर श्रद्धाराम ने इसका उर्दू में ***असूले मज़ाहब*** के नाम से तर्जुमा किया।

श्रद्धाराम का जितना महत्त्व हिन्दी गद्य के विकास में है, उससे कहीं ज़्यादा महत्त्व पंजाबी गद्य के विकास में है। अंग्रेजों को पंजाबी सिखाने के उद्देश्य से पंजाबी गद्य में उन्होंने दो महत्त्वपूर्ण क़िताबें लिखीं—***पंजाबी राज दी विथियाँ*** (1866) और ***पंजाबी बातचीत*** (1874)। 1860 से पहले पंजाबी गद्य में कोई महत्त्वपूर्ण कृति नहीं मिलती। पंजाबी में गद्य लिखने की अभी शुरुआत ही हुई थी।

भारतेन्दु द्वारा 1867 में 'कविवचनसुधा' निकालने से भी पहले श्रद्धाराम ने पंजाबी गद्य का बहुत ही सजीव और आधुनिक रूप पेश किया जिसकी तारीफ़ पंजाबी भाषा के कई विद्वानों ने की। ***सिक्खां दे राज दी विथियाँ*** (सिक्ख राज्य की व्यथाएँ) पंजाब की अंग्रेज़ सरकार के अफ़सरों को प्रान्त के इतिहास से वाक़िफ़ कराने के वास्ते सरकारी अनुरोध पर लिखी गयी थी। जिसमें सिक्ख राज की आलोचना भी की गई थी। इसके पहले भाग में दस गुरुओं के जीवन का वर्णन है। दूसरे भाग में महाराजा रणजीत सिंह के राज्य का और तीसरे में पंजाब की विभिन्न जातियों, रीति-रिवाजों, गीतों और कहावतों का वर्णन है। पहली बार किसी ग़ैर-सिक्ख ने सिक्खों का इतिहास लिखा था। सिक्ख विद्वान इसकी कई बातों से सहमत नहीं हुए। उनकी नज़र में श्रद्धाराम ने इसमें गुरु नानक के बारे में भी कुछ एक ग़लत और विवादास्पद बातें लिख रखी हैं। इन सबके बावजूद प्रो. बेदी ने इसे ***श्रद्धाराम फिल्लौरी ग्रन्थावली*** में शामिल करने के इरादे से ख़ुद इसका हिन्दी अनुवाद किया। उन्हीं दिनों यानी 1990 में जब इस ग्रन्थावली के प्रकाशन की योजना बनी, सिक्ख स्टडीज के एक बड़े विद्वान डॉ. तैयार सिंह के ***गुरुग्रन्थ साहिब***–सम्बन्धी एक अध्ययन को लेकर काफ़ी बवाल मच गया और सिक्ख धर्म के अधिकारियों ने डॉ. तैयार सिंह के ख़िलाफ़ कड़ा रुख़ अख़्तियार किया। ऐसे में श्रद्धाराम की विवादास्पद क़िताब को छापने से माहौल और बिगड़ सकता था। श्रद्धाराम के जीवन-काल में भी इस क़िताब के छपने से सिक्ख धार्मिक नेताओं ने उनका विरोध किया था। 1871 में श्रद्धाराम जब अमृतसर में धार्मिक व्याख्यान देने गये तो वहाँ गुरुनानक के प्रति उनकी निष्ठा में सन्देह करते हुए सिक्खों ने उनके ख़िलाफ़ उग्र प्रदर्शन किये थे। उन्हें जान से मार डालने के नारे लगाये गये। नौबत यहाँ तक पहुँची कि सरकार को श्रद्धाराम की सुरक्षा में हथियारबन्द सैनिक तैनात करने पड़े। (51-52/1) सिक्ख विद्वान प्रीतम सिंह ने 1950 में जब इस क़िताब का पंजाबी संस्करण फिर से निकाला, तब भी इसपर काफ़ी हो–'हल्ला मचा था। उत्तेजना-भरे विवादों की ऐसी पृष्ठभूमि को देखते हुए इसके हिन्दी अनुवाद को ग्रन्थावली में शामिल करने का इरादा प्रो. बेदी को छोड़ना पड़ा। लिहाज़ा यह क़िताब हिन्दी में आज भी नहीं मिलती है।

श्रद्धाराम की ***पंजाबी बातचीत*** शुरुआती पंजाबी गद्य की सबसे महत्त्वपूर्ण क़िताब मानी जाती है। इसकी भूमिका में श्रद्धाराम ने बताया कि "मेरे धर्ममित्र पादरी जान न्यूटन साहिब ने जो कि पंजाबी बोली को बहुत अच्छी तरह से जानते हैं, मुझे यह सलाह दी है कि यह पोथी पंजाबी भाषा में लिखो जिसमें सब

तरह के मुहावरे आ जायें। उस मित्र के सलाह मानकर मैंने यह पोथी लिखकर संवत 1933, ईस्वी सन् 1875 में उस मित्र को दी जिसने गवर्नमेंट पंजाब से मंजूर कराके मुझे इसका पुरस्कार दिलवाया।' (108/3) तीन भागों में लिखी गयी इस क़िताब के पहले दो खण्डों में पंजाब के माझे और दोआबे क्षेत्र के शहरियों और देहातियों, स्त्रियों और पुरुषों की बोली-बानी, रीति-रिवाजों और गीतों का वर्णन है और तीसरे में दोआवे के मुसलमानों, कांगड़े के पहाड़ियों और मालवे के जाटों की बोली-बानी, रीति-रिवाजों का वर्णन है। पंजाबी भाषा और लोकजीवन का गहरा, आत्मीय परिचय देनेवाली यह क़िताब राजनीतिक कारण से भी महत्त्वपूर्ण थी क्योंकि इसमें जगह-जगह श्रद्धाराम ने अंग्रेज़ी हुकूमत के गीत गाये हैं। पश्चिमोत्तर प्रान्त के हिन्दी लेखक जैसे पिछले मुग़ल शासन की निन्दा करते हुए नये अंग्रेज़ी राज का स्वागत कर रहे थे, वैसे ही श्रद्धाराम सिक्ख राज की निन्दा करते हुए अंग्रेज़ी राज की तरफ़दारी कर रहे थे। इसकी आलोचना करते हुए प्रो. वेदी ने श्रद्धाराम के बारे में लिखा : "वह अंग्रेज़ों की बढ़-चढ़कर प्रशंसा करता है, उनको दयालु, कृपालु, न्यायप्रिय, निष्पक्ष, मेहरबान और सबका भला चाहनेवाला सम्बोधित करता है, सिक्ख राज को धक्केशाही का राज्य गिनता है। साधारण जनता को बातचीत करवाके अंग्रेज़ी राज की प्रशंसा की गयी है। अगर कोई ग़लत कार्य होता है, मामला आगे निकलता है तो वह मुंशियों-मुसद्दियों का दोष है, अंग्रेज़ों का नहीं।" (113/3) भारतीयों की तुलना में अंग्रेज़ों की यह तारीफ़ ***भाग्यवती*** उपन्यास में भी मिलती है जहाँ हिन्दुओं के सांस्कृतिक पिछड़ेपन को मुसलमानी हुकूमत की देन बताया गया और सरकारी मशीनरी में चालू रिश्वतखोरी का दोषी अंग्रेज़ों के हिन्दुस्तानी मातहमों को ठहराया गया है। इस राजनीतिक पक्ष के बावजूद ***पंजाबी बातचीत*** की तीन विशेषताएँ ऐसी हैं जिनके लिए इसकी सराहना पंजाबी विद्वान आज भी करते हैं—1. इसमें पंजाब के लोकजीवन और लोकसंस्कृति का बहुत ही सजीव, सरस और विस्तृत वर्णन मिलता है। 2. श्रद्धाराम के समकालीन पंजाबी लेखकों के गद्य में प्राचीनता की यानी व्रजभाषा मिश्रित पंजाबी लिखने की प्रवृत्ति मिलती है, जबकि श्रद्धाराम ने पहली बार अपने समय की लोकप्रचलित पंजाबी ज़ुबान को साहित्य का माध्यम बनाया। प्रो. बेदी के मुताबिक श्रद्धाराम ने लोगों की बोलचाल की आम पंजाबी का इस्तेमाल करके परम्परागत सधुक्कड़ी भाषा और ब्रजी के चंगुल से पंजाबी गद्य को मुक्त किया और उसे आधुनिकता के दायरे में लाने की पहल की। 3. श्रद्धाराम की भाषा-शैली आधुनिक है। उस पर अंग्रेज़ी गद्य का भी असर दिखता है।

यह असर बातचीत में नाटकीयता और वार्तालाप-शैली के रूप में दिखायी देता है। भाषा में व्याकरणिक शुद्धता के अलावा पूर्णविराम के चिह्नों का भी इस्तेमाल मिलता है।

× × ×

1896 में तुलसीदेव ने ***श्रद्धाप्रकाश*** लिखकर श्रद्धाराम के जीवन पर प्रकाश डाला। श्रद्धाराम को महज 43 साल की उम्र मिली थी। वे जोशी सारस्वत ब्राह्मण थे और उनका जन्म 1837 में जालन्धर के फिल्लौर कस्बे में हुआ था और वहीं 1881 में उनकी मौत भी हुई। फिल्लौर में मुख्यतः भण्डारी खत्रियों की बस्ती थी। श्रद्धाराम में असाधारण प्रतिभा थी। लड़कपन से ही उन्होंने पंजाबी में 'बैत' (पद्य) लिखने के अलावा बाजीगरी और हाथ की सफ़ाई का कमाल भी सीख लिया था जिसके ज़रिये दूसरों को प्रभावित करने के अलावा धूर्त ठगों की जादूगरी का पर्दाफ़ाश भी किया। साधुओं से रसायनी विद्या (कीमियागीरी) के भेद सीखकर इसका भी प्रदर्शन किया। वे तैराकी के उस्ताद थे और संगीत-विद्या में निपुण। रमल और ज्योतिष विद्या में सिद्धहस्त। हिन्दी, पंजाबी, उर्दू और फ़ारसी के ज़बर्दस्त विद्वान। विलक्षण पाण्डित्य। जीवन भर पढ़ते रहे और विभिन्न विषयों पर हज़ारों पृष्ठ लिखे। उनके जैसा वेद-शास्त्रों का विद्वान, लोकप्रिय वक्ता और कथावाचक पंजाब में दूसरा नहीं हुआ। महाभारत, श्रीमद्भागवत और योगवाशिष्ठ की कथा वाँचने वाले इस पण्डित के धार्मिक उपदेशों को सुनने के लिए हज़ारों की भीड़ उमड़ती थी।

पंजाब में अंग्रेज़ी शासन क़ायम होने के बाद 1860-70 के दशक में ईसाई मिशनरियों का प्रचार तेज़ी से चल रहा था। वे सनातन हिन्दू धर्म की मान्यताओं पर हमले कर रहे थे। ब्राह्मोसमाज ने परम्परागत हिन्दू धर्म को रूढ़िवादी बताकर उसका एक बेहतर विकल्प देने के लिए अपना मत फैलाना शुरू किया। देहली से आये धर्मसुधारक कन्हैयालाल अलखधारी सभी क़िस्म की धार्मिक सामाजिक रूढ़ियों के ख़िलाफ़ बग़ावत का झण्डा उठाये घूम रहे थे। इन सबके पीछे वैष्णव और सनातम धर्म के ख़िलाफ़ हमलावर रुख़ अख़्तियार करके दयानन्द सरस्वती भी पहुँच गये जिन्होंने आर्यों के धर्म को तर्कसम्मत और नैतिक बनाने का बीड़ा उटाया था। ऐसी धार्मिक उथल-पुथल और वैचारिक उत्तेजना के माहौल में श्रद्धाराम फिल्लौरी ने ईसाई मिशन, कन्हैयालाल अलखधारी, ब्राह्मोसमाज और आर्यसमाज—सबसे लोहा लेते हुए सनातन हिन्दू धर्म के प्रति लोगों के विश्वास

को बनाये रखने का मोर्चा सँभाला। ऐसा करते हुए उन्होंने ख़ुद भी सनातन धर्म का एक साफ़-सुधरा रूप पेश करने की कोशिश की। 19वीं सदी में ब्राह्मोसमाज और आर्यसमाज के धार्मिक सुधारों के ख़िलाफ़ परम्परागत धर्म की रक्षा करने के प्रयास विभिन्न प्रान्तों में हो रहे थे, लेकिन कहीं भी ये प्रयास इतनी ऊँचाई तक नहीं पहुँचे जितना पंजाब में, क्योंकि उसे श्रद्धाराम–जैसा नेतृत्व और कहीं नहीं मिला। ईसाई मिशनरियों के साथ, ख़ासकर लुधियाने के पादरी न्यूटन के साथ श्रद्धाराम के अच्छे सम्बन्ध थे। पादरी न्यूटन वही थे जिनकी 1871 में लिखी ***'ज़मींदार का वृत्तान्त'*** को इधर हिन्दी की पहली कहानी बताया गया है। श्रद्धाराम ने थोड़े समय के लिए मिशनप्रेस में नौकरी भी की थी। न्यूटन के ज़रिये श्रद्धाराम की पहुँच लेफ़्टीनेंट गवर्नर तक बनी। इसके बावजूद उन्होंने ईसाई मत का मुक़ाबला किया और उसके प्रभाव के ख़िलाफ़ एक बड़ी जीत हासिल की। 1863 में जालन्धर के बड़े पादरी गोलकनाथ के धार्मिक व्याख्यानों से कपूरथला के महाराजा इतने प्रभावित हुए कि उन्होंने हिन्दू धर्म छोड़कर ईसाई धर्म अपनाना तय कर लिया। इसकी ख़बर श्रद्धाराम को मिली तो वे फ़ौरन जालन्धर पहुँचे और महाराजा को पत्र भेजा कि जब तक मुझसे मिल न लें, आप ईसाई न बनें। हम ब्राह्मण लोग इसी काम के लिए अपना घर बार छोड़े फिरते हैं और यही हमारा काम है कि स्वधर्म पर निश्चय दिलाना। महाराजा ने उन्हें कपूरथला बुलवा लिया। लगातार अट्ठारह दिनों तक श्रद्धाराम महाराजा के हर सवाल और संशय का जवाब देते रहे। आख़िरकार महाराजा उनके तर्कों से प्रभावित हुए और उन्होंने ईसाई धर्म अपनाने का अपना निश्चय छोड़ दिया। धार्मिक उथल-पुथल के इस दौर में इस घटना ने श्रद्धाराम की छवि सनातन हिन्दू धर्म के रक्षक नेता के रूप में बना दी।

इससे भी बड़ा मोर्चा श्रद्धाराम ने कन्हैयालाल अलखधारी और दयानन्द सरस्वती से लिया। शुरू में श्रद्धाराम का गढ़ लुधियाने में था, जहाँ उन्हें मुंशी यमुना प्रसाद के रूप में एक अच्छा मददगार मिल गया था। लुधियाने में ईसाई मिशन स्कूल और उसके धर्म-प्रचार के मुक़ाबले में श्रद्धाराम ने वहाँ एक हिन्दू स्कूल क़ायम किया, जहाँ पंजाबी लड़कों को संस्कृत और फ़ारसी की शिक्षा दी जाने लगी। यमुना प्रसाद इस स्कूल के प्रबन्धक बनाये गये। इसी के साथ श्रद्धाराम ने वहाँ एक ***हिन्दू धर्म प्रकाशिका सभा*** भी क़ायम की जिसमें रोज़ धार्मिक प्रवचन होते और कथा वाँची जाती। लुधियाना अलखधारी का भी गढ़ था। हिन्दू स्कूल खुलने के वक़्त अलखधारी श्रद्धाराम के साथ आये थे।

हिन्दू स्कूल के जो नियम श्रद्धाराम ने बनाये सबसे पहले उन्हीं को लेकर अलखधारी की श्रद्धाराम से बहस हुई। स्कूल का एक नियम यह था कि "जूता उतार फर्श पर बैठकर कथा व उपदेश सुनना आवश्यक है।" (41/1) इसके ख़िलाफ़ अलखधारी ने कहा कि जूते-सहित, कुरसी, बेंच पर बैठकर भी कथा सुनी जा सकती है। स्कूल का दूसरा नियम था कि "उपदेष्टा ब्राह्मण हो और सभासद क्षत्रिय, वैश्य जो हो, उसको शिखा सूत्र का धारण और तन-मन-धन से श्रुति-स्मृति विहित धर्म पर चलना परमावश्यक होगा।" (वही) अलखधारी ने जाति-वर्ण और शिखा-सूत्र (चुटिया) को बेकार की शर्तें मानते हुए कहा कि शिखा-सूत्र रहित हो या सहित हो, चाहे किसी मत-वर्ण का हो, उपदेष्टा का सभासद होना ही काफ़ी है। इन नियमों के कारण अलखधारी जो शुरू में हिन्दू स्कूल और ***हिन्दू प्रकाशिका सभा*** से जुड़े थे, न सिर्फ़ स्कूल की मदद और प्रकाशिका सभा से अलग हो गये, बल्कि वे श्रद्धाराम के विरोधी भी बन गये।

हिन्दू धर्म में सुधार के उद्देश्य से अलखधारी ने 1873 में लुधियाने में अपनी संस्था ***नीति प्रकाश सभा*** क़ायम करने के लिए हिन्दू धर्म के विभिन्न नेताओं का एक सम्मेलन बुलाया। निमन्त्रण मिलने पर उसमें श्रद्धाराम भी गये। सम्मेलन में कहा गया कि प्रस्तावित ***नीति प्रकाश सभा*** में रोज़ाना वेद-शास्त्रों पर व्याख्यान होंगे और साथ ही आम शिक्षित लोगों तक वेद-शास्त्रों को पहुँचाने के वास्ते उनका देशी भाषाओं में अनुवाद किया जायेगा जिससे लोग अपने सही धर्म को जान सकें और धर्म की उन्नति हो। सभा धार्मिक विद्वानों को व्याख्यान देने के लिए बुलाया करेगी। मुंशी चेतराम नाजुर ने अलखधारी को धन्यवाद दिया कि उन्होंने ऐसी सभा क़ायम करने का बीड़ा उठाया। श्रद्धाराम भी वहाँ अपने कई अनुयायियों के साथ पधारे हैं—इस पर ख़ुशी ज़ाहिर करते हुए चेतराम ने श्रद्धाराम से भी सभा का सदस्य बन जाने के लिए कहा। इसके बाद श्रद्धाराम से भी दो शब्द कहने के लिए कहा गया। श्रद्धाराम का भाषण क्या हुआ, अलखधारी के धार्मिक सुधार-सम्बन्धी विचारों के ख़िलाफ़ ज़बर्दस्त हमला हुआ। श्रद्धाराम के जीवनीकार के मुताबिक़ सदस्य बनने के पहले चार-पाँच बातों को साफ़ कर देना श्रद्धाराम ने ज़रूरी बताया। उन्होंने कहा कि हिन्दू धर्म की रक्षा और उन्नति सिर्फ़ वही लोग कर सकते हैं जो पहले आप पक्के हिन्दू बन लें। हालाँकि हम सभी हिन्दू होने का दावा करते हैं, पर असल में हिन्दू वही है जो श्रुति और स्मृति की आज्ञा को सत्य मानकर स्वीकार करता हो। अगर कोई बेद और धर्मशास्त्रों के आदेशों को सिर्फ़ ब्राह्मणों का बनाया जाल समझता है और

किसी और ही सूक्ष्म बात को हिन्दू धर्म बताता है तो वह हिन्दू नहीं हो सकता। श्रद्धाराम ने निर्भीक स्वर में संस्था के संस्थापक की कड़ी आलोचना करते हुए, उन्हीं के मंच से कहा कि कन्हैयालाल अलखधारी श्रुति और स्मृतियों की आज्ञाओं के ख़िलाफ़ जाकर न तो अपने सिर पर चोटी रखते हैं, न गले में जनेऊ पहनते हैं। ये जाति-पाँति की मर्यादाओं को भी बेकार की चीज़ समझते हैं, यहाँ तक कि गोवध का भी बुरा नहीं मानते—तो फिर वे हिन्दू धर्म की उन्नति कैसे करेंगे? अलखधारी साहिब ने अपने लेखन में कृष्ण, राम आदि अवतारों और ब्रह्मा, विष्णु आदि देवताओं को तथा यमुना—जैसे तीर्थों एवं मूर्ति पूजने को बेवकूफ़ी बता रखा है। उनके विचार से श्राद्ध ब्याह, दान और यज्ञ सब ब्राह्मणों द्वारा संसार को लूटने-खाने के तरीक़े हैं। वे तो जूते पहनकर मुसलमान और ईसाइयों के सामने वेद और शास्त्रों की कथा सुनना-सुनाना चाहते हैं और किसी दूसरे के माथे पर लगे तिलक को भी बर्दाश्त नहीं करते—फिर वे हिन्दू धर्म की रक्षा कैसे करेंगे? अगर इस बन्धनहीन आज़ादी को ही वे हिन्दू धर्म की उन्नति और रक्षा समझते हैं तो मेरे विचार से उनके ये सारे प्रयत्न निष्फल हैं क्योंकि इस आज़ादी को सिखाने के वास्ते तो मुसलमान, ईसाई और ब्राह्मोसमाजी पहले से ही मौजूद हैं! अगर आज बनायी जा रही यह सभा वेदों और शास्त्रों के अनुकूल चलकर हिन्दू धर्म की रक्षा का प्रयत्न करेगी, तब तो मैं उसका सदस्य बन सकता हूँ, वरना नहीं। मैं यह भी साफ़ कर देना चाहता हूँ कि अगर मुंशी अलखधारी साहिब अपने अन्तर-बाह्य को वेद व शास्त्रों की आज्ञानुसार नहीं बनातेंगे तो इस सभा की उन्नति तो एक किनारे रही, आज के बाद से कोई हिन्दू यहाँ आता भी दिखायी नहीं देगा। (12-43/1)

श्रद्धाराम के इस दो-टूक भाषण से सभा में सन्नाटा छा गया। आज बहुत-से शिक्षित हिन्दू न चोटी रखते हैं, न जनेऊ पहनते हैं, न जाति-पाँति मानते हैं, न श्राद्ध और दान-यज्ञ करते हैं, फिर भी वे ख़ुद को हिन्दू मानते हैं और दूसरे भी उन्हें ऐसा समझते हैं। धर्म को ऐसे ही विधि-विधानों में सीमित करके नहीं देखने का कारण सिर्फ़ सुधार-चेतना नहीं, लगातार बदलती गयी सामाजिक-आर्थिक परिस्थितियाँ भी रही हैं। लेकिन 19वीं सदी के सातवें दशक में अलखधारी की तरह इसकी वकालत करना काफ़ी हिम्मत और बदनामी का काम था। अलखधारी की संस्था तो आगे ख़ास नहीं चली—जिसके कई कारण रहे—लेकिन ऊपर के आक्रामक भाषण के बाद श्रद्धाराम और अलखधारी के बीच जो कटु धार्मिक वाद-विवाद शुरू हुआ, वह प्रेस और पैंफलैटों के ज़रिये आगे भी चलता रहा।

श्रद्धाराम ने दो खण्डों में ***धर्मकसौटी*** ग्रन्थ लिखकर न सिर्फ़ अलखधारी के धर्मसुधार-सम्बन्धी विचारों का खण्डन छपवाया, बल्कि उनके द्वारा किये गये वेद-उपनिषदों के अनुवाद की गलतियाँ भी बतलायीं।

यह बात मशहूर है कि पंजाब में श्रद्धाराम ने दयानन्द सरस्वती का ख़ूब पीछा किया। जहाँ-जहाँ दयानन्द व्याख्यान देते, वहाँ-वहाँ पहुँचकर उनके खण्डन में श्रद्धाराम समानान्तर व्याख्यान देते। वेदों का दयानन्द ने जैसा अर्थ किया, श्रद्धाराम ने उसका भी कई जगह खण्डन किया। अपने इतिहास में रामचन्द्र शुक्ल ने श्रद्धाराम की सराहना करते हुए लिखा कि "वे बड़े ही स्वतन्त्र विचार के मनुष्य थे और वेद शास्त्र के यथार्थ अभिप्राय को किसी उद्देश्य से छिपाना अनुचित समझाते थे। इसी से स्वामी दयानन्द की बहुत-सी बातों का विरोध वे बराबर करते रहे।" (304/1985) पर दयानन्द से श्रद्धाराम के मुक़ाबले की बात जितनी मशहूर है, उस हद तक उसके ब्योरे नहीं मिलते। शायद इसकी वजह दोनों का अलग-अलग मंचों से बोलना रहा। जालन्धर में दोनों की टकराहट का कुछ वर्णन श्रद्धाराम की जीवनी में मिलता है। तुलसीदेव ने लिखा है कि दयानन्द के भाषणों से दुखी जालन्धर के पण्डितों ने दयानन्द का जवाब देने के लिए श्रद्धाराम को बुलावा भेजा। सरदार विक्रम सिंह ने भी, जिनके दयानन्द मेहमान थे, दयानन्द का भाषण सुनने के लिए श्रद्धाराम को चिट्ठी लिखी थी। श्रद्धाराम जालन्धर आकर दयानन्द के व्याख्यान में शामिल हुए। पहले दिन तो वे चुप रहे, पर दूसरे दिन वे उठे और बोले—"कल का उपदेश शास्त्रानुकूल योग्य प्रशंसा के था, किन्तु आज के व्याख्यान में बहुधा बातें शास्त्र के विरुद्ध, प्रसंग के विरुद्ध, सभ्यता के विरुद्ध सुनी हैं जिनसे कल के सत्य कथन में भी सन्देह उत्पन्न हो गया है। इनका निर्णय आज, चाहे कल, इसी स्थान पर चाहे दूसरी ज़गह, हो जाना चाहिए।" खुले शास्त्रार्थ की इस चुनौती पर दयानन्द ने कहा कि आज तो समय नहीं रहा। तय हुआ कि अगले दिन उनके बीच शास्त्रार्थ होगा जिसमें श्रद्धाराम दयानन्द के विचारों को शास्त्र-विरोधी साबित करेंगे। नौहरियों के ठाकुरद्वारे में शाम चार बजे दयानन्द का आना तय हुआ। लेकिन अगले दिन चलो आता हूँ—ऐसा बार-बार कहकर भी दयानन्द नहीं आये और कहला भेजा कि हम नहीं आते, जो तुम्हारी इच्छा हो तुम कहो, जो हमारी है, हम कहेंगे। (65/1)

यह वर्णन श्रद्धाराम के जीवनीकार ने किया। बदक़िस्मती से, लेखराम के लिखे ***दयानन्द जीवन चरित*** में इस प्रसंग का कोई वर्णन नहीं मिलता।

1877 में 21 मार्च से 19 अप्रैल तक दयानन्द लुधियाने में रहे। वहाँ उन्हें कन्हैयालाल अलखधारी ने बुलाया था। दयानन्द वहाँ 14-15 दिन रहे। लुधियाना श्रद्धाराम का भी गढ़ था। वहाँ उन्होंने दयानन्द के विचारों का खण्डन ज़रूर किया होगा। इस बारे में तुलसीदेव ने कुछ नहीं लिखा। लेकिन लेखराम ने एक वाक्य लिखा है जिससे कुछ संकेत मिलता है : "वहाँ श्रद्धाराम फिल्लौरी ने कुछ हल्ला किया था, परन्तु वह फिर लाहौर चला गया।" (314) श्रद्धाराम लाहौर यूँ ही नहीं गये थे। वे लुधियाने से दयानन्द का पीछा करते हुए लाहौर गये। लाहौर में जिसे तुलसीदेव लवपुर भी कहते हैं, दयानन्द ब्राह्मोसमाजियों के निमन्त्रण पर गये थे। वहाँ उन्होंने हिन्दू धर्म की रूढ़ियों पर ऐसे तीखे हमले किये कि ब्राह्मणों और सनातनधर्मियों में कोहराम मच गया। वहाँ पहुँचकर श्रद्धाराम ने भी अपने समानान्तर व्याख्यानों के लिए दीवारों पर इश्तेहार लगवाये। दयानन्द की सभाओं के मुक़ाबले में श्रद्धाराम की अपनी सभाएँ होने लगीं। इस प्रसंग में श्रद्धाराम की 'विद्याबुद्धि के अपूर्व रंग' की तारीफ़ करते हुए उनके जीवनीकार ने लिखा : "उधर, दयानन्दजी सनातन धर्म की जिन विहित बातों का खण्डन करते थे, इधर, पण्डितजी अधिकारपूर्वक उन सबका मण्डन और खण्डन का खण्डन सुनाते थे। दोनों ओर से लगातार उपदेशवृष्टि कई दिवस होती रही।" (66/1) इस मुक़ाबले का वर्णन लेखराम ने भी कुछ विस्तार से किया है। उनके मुताबिक़ लाहौर में श्रद्धाराम ने न सिर्फ़ विरोधी व्याख्यान दिये बल्कि दयानन्द के ख़िलाफ़ दूसरे सनातनी पण्डितों के साथ मिलकर बाकायदा एक संगठन भी बनाया। "इस प्रकार होते-होते बहुत से पण्डितों ने मिलकर एक सभा संगठित की।... इसमें श्रद्धाराम फिल्लौरी, पण्डित भानुदत्त लाहौरी, पण्डित हरप्रसाद लाहौरी आदि व्यक्ति सम्मिलित थे। प्रथम इस सभा के तत्त्वावधान में पण्डित हरप्रसाद ने बावलीसाहब में मूर्तिपूजा के मण्डन पर व्याख्यान दिया और 15 मई, 1877 को इसी विषय पर फिल्लौरी साहब का भाषण हुआ। पण्डितजी ने एक महत्त्वपूर्ण भविष्यवाणी उनके (स्वामीजी के) विषय में मुँह से निकाली थी। ***कोहेनूर*** दिनांक 19 मई, सन् 1877 में लिखा है कि परमेश्वर कृपा करें और परिणाम शुभ हो। इससे विदित होता है कि स्वामीजी का उस समय प्रबल विरोध था। ब्राह्मण लोग समझते थे कि स्वामीजी हमारी जीवनभर की कमाई को बन्द किये दे रहे हैं।" (323/वही) लाहौर में सनातनियों के ज़बर्दस्त विरोध की वजह से दयानन्द को अपने ठहरने की जगह भी छोड़नी पड़ गयी। दूसरे किसी ब्राह्मोसमाजी और किसी भी हिन्दू की हिम्मत नहीं हुई कि उन्हें अपने घर में ठहरा सके।

आख़िरकार शहर के एक रईस मुसलमान डॉ. रहीम ख़ाँ ने उन्हें अपने मकान में ठहराया। वहीं पर दयानन्द के व्याख्यान होने लगे और लाहौर आर्यसमाज की स्थापना उसी मकान में हुई।

सनातनी पण्डितों के प्रबल विरोध के बावजूद लाहौर के आधुनिक शिक्षा प्राप्त मध्यवर्ग के हिन्दुओं ने दयानन्द के धर्मसुधार-सम्बन्धी विचारों का स्वागत किया। लाहौर में दयानन्द के ख़िलाफ़ स्थायी मोर्चा खोलने के लिए श्रद्धाराम ने अपने प्रभाव से कुछ रईसों और अनुयायियों से चन्दा वसूल कर वहाँ एक सभाभवन बनाने के लिए ज़मीन ख़रीदी जिस पर हरिज्ञान मन्दिर के रूप में सनातन धर्म प्रचार केन्द्र खोला गया। दयानन्द लाहौर से स्यालकोट गये तो श्रद्धाराम भी स्यालकोट पहुँचे। वहाँ से श्रद्धाराम जम्मू-काश्मीर महाराजा के निमन्त्रण पर जम्मू चले गये। तुलसीदेव ने लिखा है कि दयानन्द भी जम्मू-काश्मीर महाराजा से मिलना चाहते थे, "परन्तु राजा की आज्ञा मिली कि आप जम्मू की सीमा में पाद न धरें।' (66/1) लेखराम ने इस प्रसंग का एक दूसरा विवरण दिया है। लेखराम ने लिखा है कि लाहौर में पण्डित मनफूल साहब ने एक दिन स्वामीजी से कहा कि आप मूर्तिपूजन का खण्डन न करें क्योंकि इससे नगर के लोग अप्रसन्न हैं और यदि आप मूर्तिपूजन का खण्डन करना छोड़ दें तो महाराजा साहब जम्मू और काश्मीर भी बहुत प्रसन्न होंगे। इस पर दयानन्द ने अपनी जानी-पहचानी शैली में बेधड़क जवाब दिया : "मैं महाराजा जम्मू और कश्मीर को प्रसन्न करूँ या ईश्वर की आज्ञा, जो वेदों में लिखा है, उसका पालन करूँ?" (323/ वही)

× × ×

19वीं सदी की बदली हुई परिस्थितियों में परम्परागत हिन्दू धर्म को प्रासंगिक बनाये रखने के उद्देश्य को श्रद्धाराम ने अपने जीवन का मिशन बना लिया—जैसा कि उस दौर में इस हद तक और किसी भी सनातनी ने नहीं बनाया। एक कथावाचक होते हुए भी श्रद्धाराम ने इस मिशन को पूरा करने के लिए एक पूर्णकालिक कार्यकर्ता और संगठनकर्ता की भूमिका निभायी। लुधियाने में एक हिन्दू स्कूल और ***हिन्दू धर्म प्रकाशिका*** सभा वे पहले ही खोल चुके थे। 1880 में उन्होंने लाहौर और फिल्लौर, दोनों जगह बड़ी रक़म ख़र्च कर ***हरिज्ञान मन्दिर*** के रूप में ऐसे आश्रम क़ायम किये जहाँ से सनातन धर्म का प्रचार-प्रसार और वेद-शास्त्रों का अध्ययन-अध्यापन हो सके ताकि लोग शास्त्रों में बताये गये धर्म से परिचित हो सकें। उन दिनों वेद आसानी से नहीं मिलते थे।

युरोपीय विद्वानों ने उन्हें हाल ही में खोज निकाला था और महंगी कीमत पर उन बड़े ग्रन्थों को छापना आसान नहीं था क्योंकि उनके ख़रीदार बहुत कम थे। श्रद्धाराम ने जम्मू-महाराजा से कहकर वेदग्रन्थों को विलायत से ख़रीदकर मँगवाने का प्रबन्ध किया। दोनों मन्दिरों में वेदों की स्थापना का जलसा धूमधाम से हुआ जिसकी ख़बर अख़बारों में भी विस्तार से छपी। बाकायदा वेदों की सवारी निकाली गयी। सवारी में "सबसे आगे अश्वों की शोभा थी, फिर अंग्रेज़ी बाजा बजता और उसके पीछे देशी बाजा खड़कता था। इसके पीछे गायक भक्तों की एक टोली और उसके पीछे दूसरी टोली।... इन गन्धर्व रूपी गायकों के पीछे श्रीवेद पुस्तक तथा श्रीमद्भावगतपुराण...।" (73/1) अंग्रेज़ी बाजों के साथ श्रीवेदों की शोभायात्रा? बेशक यह सनातन धर्म का आधुनिक आन्दोलन था। श्रद्धाराम हर महीने पूर्णिमा का उत्सव मनाते और उस दिन सदाव्रत चलाते। धर्म प्रचार का उनका मुख्य साधन कथावाचन और प्रवचन ही था। मथुरा, सहारनपुर से लेकर चम्बा की पहाड़ियों तक विभिन्न नगरों में उन्होंने कथा बाँची और धार्मिक व्याख्यान दिये। जाने से पहले उन नगरों में दीवारों पर लगाने के लिए छपे हुए इश्तेहार भेज दिये जाते जिनमें व्याख्यानों का पूरा कार्यक्रम रहता। व्याख्यान सुनने हज़ारों लोग जमा होते। व्याख्यान के साथ कीर्तन और भजन ज़रूर होते। यात्रा के दौरान उनकी पूरी मण्डली उनके साथ चलती जिसमें एक रसोइया, एक सेवक, पाँच नौकर और भजन-कीर्तन मण्डली के तीन रबाबी होते। अपनी गृहस्थी का ख़र्च चलाने के अलावा हर महीने पूर्णिमा उत्सव का सदाव्रत, यात्राओं में सबका किराया और साथ चलने वाली मण्डली को मासिक वेतन भी देना पड़ता। इन सबका ख़र्च कैसे निकलता था?

श्रद्धाराम के धार्मिक प्रचार-कार्य का एक आर्थिक आधार था जो नवजागरण के दूसरे संगठनों, ब्राह्मोसमाज या आर्यसमाज के आर्थिक आधारों से अलग क़िस्म का था। श्रद्धाराम ने अपने आन्दोलन के कुछ तौर-तरीक़े नवजागरण के दूसरे आधुनिक संगठनों—जैसे ही अपनाये थे—प्रेस का सहारा लेना, पैंफलेट निकालना, सभाएँ करना वग़ैरह। पर उनके द्वारा क़ायम की गयी ***हिन्दू धर्म प्रकाशिका सभा*** ब्राह्मो या आर्यसमाज जैसा संगठन नहीं बन पाया। राजे-महाराजों से सम्बन्धों के अलावा हालाँकि श्रद्धाराम के अनुयायियों में कुछ शहरी शिक्षित वर्ग के सदस्य और सरकारी नौकरीपेशा लोग भी थे, लेकिन यह एक ऐसा छोटा-सा तबका था जो शिक्षित और नौकरीपेशा होने के बावजूद विचारधारात्मक दृष्टि से आधुनिक शिक्षा में निहित मूल्यों का समर्थक नहीं था और परम्परागत जीवन-शैली को ही अपनाये हुए था। परम्परागत धर्म में आस्था रखने वाले अनुयायी वर्ग के

कारण श्रद्धाराम को एक ऐसा आर्थिक तन्त्र सुलभ था जो परम्परागत धर्म के ख़िलाफ़ संघर्ष करने वाले ब्राह्मो या आर्यों को सुलभ नहीं था। यह तन्त्र ब्राह्मणों की आजीविका की परम्परागत प्रणाली थी। ब्राह्मोसमाज या आर्यसमाज के आर्थिक आधार से अलग यही श्रद्धाराम के आर्थिक आधार की विशेषता थी। इस आधार के तहत श्रद्धाराम की आमदनी का मुख्य स्रोत पूजा कराना और पौराणिक धर्म-कथाएँ बाँचना था जिससे मिलने वाली दक्षिणा या आने वाले चढ़ावे से और ब्राह्मणों की तरह उनका भी घर-संसार चलता था। ब्राह्मोसमाज या आर्यसमाज शिक्षित मध्यवर्ग के आधुनिक संगठन थे जिनके सदस्य अपनी आय का एक हिस्सा या सदस्यता-शुल्क नियमित रूप से संगठन को देते थे। इसके विपरीत श्रद्धाराम कथा बाँचने के बाद श्रद्धालुओं से पूजा-भेंट ग्रहण करते थे। गृहस्थी सँभालने, पूर्णिमा का उत्सव करने, सदाव्रत चलाने और अपनी मण्डली के सदस्यों को मासिक वेतन देने के लिए श्रद्धाराम को हर महीने क़रीब तीन सौ रुपये की ज़रूरत पड़ती थी। (54/1) यह रक़म उन दिनों बहुत-से ज़मींदारों की आमदनी से भी ज़्यादा थी। श्रद्धाराम को यह आमदनी सिर्फ़ पूजा और कथावाचन से हर महीने आसानी से मिल जाती थी। अपने धर्म-प्रचार के बारह सालों तक श्रद्धाराम ने इसी तरह आमदनी हासिल की। जब कोई कथा पूरे हफ़्ते तक चलती, जैसे भागवत सप्ताह, तो उसमें चढ़ावा बहुत ज़्यादा आता। ब्राह्मणों के तन्त्र के मुताबिक़ उस पूरे चढ़ावे को सिर्फ़ श्रद्धाराम नहीं ले सकते थे। उसमें से एक हिस्सा कथा में आये दूसरे ब्राह्मणों और साधुओं को भी देना होता था। श्रद्धाराम इस रीति का भी पालन करते।

कभी-कभी किसी ख़ास उद्देश्य के लिए श्रद्धाराम अपने अनुयायियों से चन्दा भी जमा करते। जैसे 1877 में लाहौर में दयानन्द का मुक़ाबला करने के लिए उन्होंने अपने अनुयायियों से चन्दे में 1300 रुपये की रक़म जमा की जिससे वहाँ हरिज्ञान मन्दिर बना। चन्दे की यह बड़ी रक़म उन्होंने वहाँ अपने सबसे विश्वसनीय अनुयायी रईस भाई नन्दगोपालदास के पास जमा करा दी थी। नन्दगोपाल इसमें से काफ़ी बड़ी रक़म डकार गया। बहुत कोशिश के बाद उससे सिर्फ़ 650 रुपये वापस मिल सके। (69/1) सबसे बड़ी एकमुश्त रकमें श्रद्धाराम को राजे-महाराजों से मिलीं। कपूरथला के महाराजा ने उनसे प्रभावित होने के बाद हर साल पाँच सौ रुपये उनके बाँध दिये थे। 1870 में मण्डी के राजा विजयसेन से श्रद्धाराम की मुलाक़ात पालमपुर में हुई, जहाँ कई पहाड़ी राजा जमा हुए थे।

विजयसेन श्रद्धाराम की ज्योतिष विद्या के चमत्कारों से बहुत प्रभावित हुआ और उसने इनको 300 रुपये भेंट किये। जम्मू-काश्मीर के महाराजा ने विदाई के समय 100 रुपये की खिलअत और 900 रुपये नकद भेंट किये। अंग्रेज़ सरकार के अनुरोध पर किये गये अनुवादों और बनायी गयी क़िताबों पर भी मेहनताना की अच्छी रक़में मिलीं। ***पंजाबी बातचीत*** के लिए 300 रुपये मिले।

श्रद्धाराम बड़े स्वाभिमानी व्यक्ति थे। स्वाभिमान के कारण कपूरथला महाराजा से इनका बिगाड़ हुआ। नतीजतन इन्हें मिलने वाली 500 रुपये की सालाना आमदनी तीन-चार साल के बाद बन्द हो गयी। हुआ यह कि इनका कोई चमत्कार देखकर महाराजा ने आग्रह किया कि इस विद्या का भेद हमें भी बताइये। श्रद्धाराम ने उसका भेद खोलना उचित नहीं समझा। महाराज ने भेद खुलवाने के लिए 500 रुपये आमदनी वाला कोई गाँव जीवनभर के लिए इनके नाम लिख देने की पेशकश की। श्रद्धाराम इस पर भी नहीं माने। बिगड़कर राजा ने हुकूम निकाल दिया कि हर साल 500 रुपये अब श्रद्धाराम के पास नहीं भिजवाये जायेंगे—उन्हें ख़ुद दरबार में आकर ले जाना होगा। श्रद्धाराम ने इसे अपना अपमान समझा और रुपये लेने कभी नहीं गये। महाराजा से अपने सम्बन्ध भी हमेशा के लिए ख़त्म कर दिये।

ब्राह्मणों के आर्थिक तन्त्र में जो पचड़े होते हैं, उन्हें भी पचा न सकने के कारण श्रद्धाराम की आमदनी तक़रीबन बन्द होने की हालत में पहुँच गयी। कई स्थानीय ब्राह्मणों के ईर्ष्या-द्वेष का विषय तो वे थे ही। 1874 में फिल्लौर के एक मन्दिर में भागवत सप्ताह के दौरान श्रद्धाराम ने कथावाचन किया और अपनी मण्डली के साथ भजन-कीर्तन भी किया। सप्ताह पूरा होने पर कुल 500 रुपये नगद और कुछ कीमती बर्तन वग़ैरह पूजा में आये। ब्राह्मणों के तन्त्र के मुताबिक़ श्रद्धाराम ने आये हुए साधुओं और स्थानीय पुरोहितों को नियमानुसार प्रति मन्दिर एक-एक रुपया दान देने का निर्देश दिया। वहाँ एक मल्ल वैश्य के पुरखों का बनाया एक बड़ा शिवालय था। जब उसके पुजारी की बारी आयी तो उस मल्ल ने सिफ़ारिश की कि इसको दो रुपये दे दो। श्रद्धाराम ने उस समय नियम भंग करना उचित नहीं समझा। कहा कि यदि योग्य समझा जायेगा तो इसे बाद में एक रुपया और दे देंगे। इस पर मल्ल अड़ गया : “चढ़ावे का इतना माल हम लोगों के पुरुषार्थ से आ गया, यदि इसको दो रुपये दे दिये जायें तो कौन सी बड़ी बात है?” श्रद्धाराम इस मर्यादाहीनता को बर्दाश्त नहीं कर पाये। उसी वक़्त जल छिड़ककर संकल्प लिया कि आज से कथा का कोई चढ़ावा नहीं लेंगे,

न सदाव्रत चलायेंगे (क्योंकि चढ़ावे से ही सदाव्रत चलता था)। इस संकल्प से बारह सालों से चली आ रही आमदनी का मुख्य स्रोत हमेशा के लिए बन्द हो गया। अब गृहस्थी, पूर्णिमा उत्सव, कीर्तन-मण्डली और धर्म प्रचार यात्राओं का ख़र्च कैसे निकले?

निदान श्रद्धाराम ने अपने खाते-पीते शिक्षित अनुयायियों को उर्दू में लिखकर एक चिट्ठी भेजी। चिट्ठी में चढ़ावा बन्द कर देने की सूचना देते हुए अपने धार्मिक मिशन के वास्ते उनसे हर महीने चन्दा भेजने की अपील की : "चूँकि आप लोग हज़ारहा रुपैएह दुनियावी कामों से ख़र्च करते हैं, क्या खूब हो कि कोई पैसा धर्म अर्थ भी ख़र्च हुआ करे। फकीर ने जो नावाक़िफ़ हिन्दू भाइयों को अपने हिन्दू धर्म से वाक़िफ़ करने के वास्ते धर्मोपदेश सुनाने की कोशिश की है, इसको हमेशाह और हर जगह जारी रखने के लिए कुछ मदद दरकार है। अगर इस कारख़ैर की मदद बखुशी खातर आपको भी मंजूर हो तो चन्द मुफस्सलह जैल में से कोई रक़म मंजूर करके अपना नाम लिखें। वाज़्हा रहे कि वसूल इस चन्दह का बाद साल तमाम माह माघ याने जनवरी में हुआ करेगा। चन्दह महावारी महावारी।" (54-55/1)

सनातनधर्मियों का ऐसा कोई आधुनिक संगठन न था जिसमें इस तरह नियमपूर्वक चन्दा देने का रिवाज हो। लिहाज़ा कोई नतीजा नहीं निकला। श्रद्धाराम ने सोचा कि इन्हें हर महीने चन्दा देने की आदत नहीं इसलिए उनसे एकमुश्त रक़म हमेशा के लिए माँग ली जाये तो कुल जमा रक़म के सूद से धर्म का काम चलता रहेगा। उन्होंने फिर दूसरी चिट्ठी भेजी और लिखा कि यह आप लोगों से मेरी आख़िरी दरख़्वास्त है। दोनों चिट्ठियों का नतीजा उम्मीद के मुआफिक नहीं निकला। श्रद्धाराम कथा बाँचना छोड़ सिर्फ़ व्याख्यान देने पर कमर कस चुके थे ताकि सनातन धर्म का झण्डा बुलन्द रह सके। लेकिन अब उनका अभियान आर्थिक संकट में फँस गया। लिहाज़ा उन्होंने एक छोटा-सा समझौता किया। उन्होंने श्रद्धालुओं से कहा कि प्रवचन में कोई चढ़ावा न लाये, लेकिन अगर किसी प्रेमी ने कुछ द्रव्यसेवा करनी चाही तो वह डेरे में आसन पर भेंट करे। इस नियम के बाद वे आठ साल और ज़िन्दा रहे, लेकिन जीवन में न फिर कोई पूजा ग्रहण की, न पहले जैसी कथा बाँची। फिल्लौर में वैदिक पाठशाला की स्थिति को मज़बूत करने के लिए उन्होंने सोचा कि सरकार से मन्दिर के नाम पर कुछ ज़मीन हासिल कर ली जाये जिसके लगान से पाठशाला का काम चलता रहे। लेकिन इस योजना को लागू करने से पहले ही श्रद्धाराम चल बसे।

नवजागरण के इतिहास में यह बात नोट करने लायक है कि राजे-महाराजों का सहारा होने तथा बहुसंख्यक जनता की धार्मिक भावनाओं का प्रतिनिधित्व करने के बावजूद श्रद्धाराम फिल्लौरी ने आधुनिक धर्म-सुधारों के ख़िलाफ़ सनातन धर्म का जो अभियान चलाया वह तो कमज़ोर पड़ता गया और उनकी मृत्यु के साथ ही छिन्न-भिन्न हो गया, जबकि राममोहन राय या दयानन्द की मृत्यु से ब्राह्मोसमाज या आर्यसमाज का आन्दोलन ख़त्म नहीं हुआ। इनकी मृत्यु के बाद ये संगठन न सिर्फ़ वैचारिक रूप से सजीव रहे, बल्कि आर्थिक दृष्टि से भी समृद्ध होते रहे। इस ऐतिहासिक तथ्य को नोट करते हुए ख़ुद श्रद्धाराम के प्रमुख शिष्य तुलसीदेव ने बड़े गहरे दुख के साथ लिखा : "...हमारे विरुद्ध बोलनेहारे व हमारी एक्यता को बढ़ाने के पलटे नष्ट करनेहारों के तो कई नियमित स्थान यहाँ निगत हो गये, परन्तु हमारे इस विस्तृत और कल्पतरु सदृश धर्म के प्रचारार्थ एक भी नहीं। हम लज्जा में डूब जाते थे, जब सुनते थे कि आज अमुक समाज का वार्षिकोत्सव है, आज अमुक समाज में हमारे मत विरुद्ध यह व्याख्यान हुआ, आदि-आदि और हमारे इतने भ्रातृगण इसे चुपचाप देखते और निस्तम्भ होकर सहन कर रहे हैं। हमारा हृदय विदीर्ण होता था जब हम देखते थे कि और लोग संख्या में अति-न्यून तथा अशक्त होने पर भी अपनी-अपनी कुछ-कुछ उन्नति कर रहे हैं और हमारे बन्धुगण संख्या में बहुत अधिक होने तथा पूर्ण सामर्थ्य रखने पर भी चुपचाप बैठे हैं।" (72/1)

श्रद्धाराम के धार्मिक विचार

एक आन्दोलन के रूप में आगे न बढ़ सकने के बावजूद श्रद्धाराम के धार्मिक विचार महत्त्वपूर्ण हैं। वे कोई बँधे-बँधाये ढंग के सनातनी नहीं थे। सुधार-आन्दोलनों के उस दौर में कोई बँधा-बँधाया सनातनी एक धार्मिक नेता के रूप में उभर भी नहीं सकता था। श्रद्धाराम के धार्मिक विचारों को जानने के लिहाज़ से उनकी एक छोटी सी क़िताब ***बीजमन्त्र*** महत्त्वपूर्ण है जो उनकी मृत्यु के काफ़ी सालों बाद, 1930 में, पाण्डुलिपि के रूप में उनके झोले से निकली। तुलसीदेव से लेकर बालचन्द नाहटा ने इसका प्रकाशन कलकत्ता से 1945 में किया था। बालचन्द नाहटा बुद्धिवादी संघ के मन्त्री थे। क़िताब गुरु-शिष्य के सवाल-जवाब की शक्ल में लिखी गयी थी और इसके दो अध्याय ***श्रद्धाराम ग्रन्थावली*** के तीसरे खण्ड में शामिल हैं। इसमें श्रद्धाराम ने लिखा है कि विद्या दो तरह की होती है—परा और अपरा। "अपरा तो वह है जो स्थूल बुद्धियों के निमित्त वेदादि पुस्तकों

में लिखी और परोक्ष ब्रह्म का उपदेश करती है जिस पर कई सन्देह खड़े हो सकते हैं। परा विद्या वह है जो सत्यधारी महापुरुषों के हृदय में लिखी है और अपरोक्ष ब्रह्म का उपदेश करती है, जिस पर कोई सन्देह खड़ा नहीं हो सकता और यदि हो, तो टिक नहीं सकता।" (101/3) यह बात बहुत महत्त्वपूर्ण है कि श्रद्धाराम धर्मग्रन्थों में बताये सत्य के मुक़ाबले व्यक्ति के निजी धार्मिक अनुभवों से कमाये सत्य को ज़्यादा मूल्यवान मानते हैं। निजी अनुभव को वे कभी-कभी इतनी दूर तक खींच लेते थे कि ब्रह्म को साक्षात् देखने की बात भी कह जाते थे। एक बार एक इश्तेहार में उन्होंने अपने अनुयायियों को ईश्वर का साक्षात् दर्शन कराने का ऐलान किया। किसी ने इस पर सवाल उठाया तो उन्होंने सफ़ाई दी कि साक्षात् दर्शन मानसिक रूप से ही कराया जायेगा, भौतिक रूप से नहीं। श्रद्धाराम ने वेद-शास्त्रों के सत्य को निर्विवाद नहीं माना, उसकी जगह अनुभूतिजन्य सत्य पर जोर दिया। यह बात उन्हें सन्त भक्तों से जोड़ती थी। "जो पाँच ज्ञानेन्द्रियों और आत्मा के ज्ञान में आते, उसको सत्य कहते हैं, उसके बाहर सब असत्य है।" (103/3) सत्य की अनुभूति के लिए वे साधक की शुद्धि और सदाचार पर जोर देते हैं। सत्य का अनुभव जिस पराविद्या से होगा, वह विद्या योग्य शिष्य को सिर्फ़ गुरु ही दे सकता है। शिष्य की योग्यता की शर्त यह थी कि "प्रथम लोकलाज, वेदलाज, कुललाज को तजके निर्भय तथा निःशंक तथा निर्माण होके सच्चा संस्कार करो कि जिससे तुम सत्य के नियम पालन कर सको, फिर तुमको पराविद्या सुनायी जायेगी।' (वही) सत्यधारी होने के लिए उन्होंने दस नियम तय किये जिनमें आत्मशुद्धि, सदाचार और मानसिक दृढ़ता पर जोर दिया। इनमें पाँचवाँ नियम यह था कि "अपनी कमाई का चालीसवाँ भाग अपने ज्ञानदाता सद्‌गुरु या ऐसी ही किसी संस्था को अर्पित करूँगा।" ज़ाहिर है कि पराविद्या सिखाने के ज़रिये श्रद्धाराम अपनी संस्था के लिए आर्थिक आधार भी तैयार करना चाहते थे। छठे नियम में सद्‌गुरु और अपनी संस्था की निन्दा या हानि कभी न सहन करने के लिए कहा गया। (वही) श्रद्धाराम ने वेदशास्त्रों को अन्तिम सत्य न मानने, उन पर संशय खड़े होने की जो बात लिखी, वह क्रान्तिकारी और विवेकसम्मत लगती है। लेकिन विकल्प में उन्होंने शर्तों के साथ जिस पराविद्या पर जोर दिया वह अनुभूतिपरक होने के साथ-साथ रहस्यात्मक भी लगती है और पूरी तरह से गुरु पर निर्भर होने के कारण गुरुवाद या गुरुडम के लिए रास्ता खोलती है। हमें यह नहीं भूलना चाहिए कि श्रद्धाराम वैष्णव थे और वैष्णवधर्म में गुरु का स्थान केन्द्रीय और सर्वोच्च होता है।

19वीं सदी के वैष्णवधर्म में गुरुवाद का बोलबाला था जिसका वैष्णव गोसाइयों ने काफ़ी नाजायज फ़ायदा उठाया। श्रद्धाराम वैसे गोसाईं महाराज हर्गिज नहीं थे पर गुरुवाद का कोई विकल्प भी पेश नहीं करते।

श्रद्धाराम के धार्मिक विचारों का पता ***धर्मसंवाद*** से भी मिलता है जो अलग-अलग वक़्त पर विभिन्न लोगों के साथ हुए उनके सवाल-जवाबों का संग्रह है। तुलसीदेव ने इनका उर्दू से हिन्दी में तर्जुमा करके 1896 में लाहौर के यन्त्रालय विलास से छपवाया था। इस प्रश्नोत्तरी से पता चलता है कि नवजागरण के उलट श्रद्धाराम जाति-पाँति को ग़लत नहीं मानते थे। हिन्दू कौन है—इसकी परिभाषा करते हुए श्रद्धाराम का यह बड़ा अन्तर्विरोध ज़ाहिर होता है कि एक ओर तो वे वेद-शास्त्रों के सत्य को संशय और विवाद से ऊपर नहीं मानते, दूसरी ओर वे हिन्दू सिर्फ़ उसी को मानते हैं जो वेद-शास्त्रों की आज्ञा के अनुसार धर्म-कर्म करता हो। कन्हैयालाल अलखधारी के विचारों का विरोध करने के लिए भी उन्होंने हिन्दू की इसी परिभाषा पर जोर दिया था। हिन्दू की इसी परिभाषा के बल पर वे धर्म-सुधारो का विरोध कर रहे थे। लेकिन हिन्दू के अर्थ को लेकर उनके मन में काफ़ी खींचतान दिखायी देती है। जैसे बहुत उदारता के साथ उन्होंने हिन्दू का एक अर्थ यह भी किया कि जो 'हिंसा अर्थात् जीवघात से दूर रहनेवाला' हो। असल में यह इस शब्द का वैष्णव दृष्टि से किया गया अर्थ है जो वेद-शास्त्रों की आज्ञाओं से टकराता भी है। स्वर्ग-नरक के मामले में श्रद्धाराम सैयद अहमद और दयानन्द—जैसा ही विचार रखते थे कि स्वर्ग-नरक इस दुनिया से परे ख़ास जगहों के नाम नहीं हैं बल्कि सुख और दुख को ही स्वर्ग और नरक कहते हैं। (88/2) श्रद्धाराम ने चारों वेदों के ज़्यादातर मन्त्रों को यानी एक लाख में से अस्ती हज़ार मन्त्रों को, कर्मकाण्ड से सम्बन्धित माना, सोलह हजार को उपासना या भक्तिमार्ग से और सिर्फ़ चार हज़ार को ब्रह्मज्ञान से सम्बन्धित कहा। दयानन्द सभी पुराणों को गप्प कहते थे और उन सबके रचयिता व्यासदेव थे—इसे सबसे बड़ा गप्प मानते थे। श्रद्धाराम ने सभी पुराण तो नहीं, पर ज़्यादातर वेदव्यास के रचे माने। शाक्तधर्म मानने वाले एक कश्मीरी पण्डित से हुए वार्तालाप से ज़ाहिर होता है कि एकबार 'भूल से' श्रद्धाराम भी 'शाक्त अर्थात वाममार्गी' हो गये थे लेकिन उसे उन्होंने जल्दी ही छोड़ दिया। उन्होंने जोर देकर कहा कि वेदों में या उपनिषद् और स्मृतियों-पुराणों में कहीं भी वाममार्गी' उपासना का ज़िक्र नहीं आया है, हालाँकि उसमें दुर्गापूजन के मन्त्र हैं। (93/2)

श्रद्धाराम वैष्णव होते हुए भी साम्प्रदायिक नहीं थे। चार वैष्णव सम्प्रदायों के आपसी भेदों को नामंजूर करते हुए उन्होंने सिर्फ़ एक विष्णु की भक्ति को महत्त्व दिया। वैष्णवों के चक्रांकित होने को भी महत्त्व नहीं दिया। भक्ति के बाहरी चिह्नों को निरर्थक बताते हुए कहा, "यदि परमेश्वर की भक्ति मन में हो तो बिना चक्रांकित हुए भी मुक्ति हो जायेगी और यदि मन में भक्ति का चिह्न नहीं तो इन प्रकट चिह्नों के होने से भी कुछ लाभ नहीं।" (95/2) वैष्णवधर्म के संस्थापक रामानुज को अपनी श्रद्धा और आदर देते हुए भी उनको परमेश्वर का अवतार मानने से इनकार किया और कहा कि मैं उन्हें भी सिर्फ़ भक्त और महात्मा सन्त ही जानता हूँ। (96/2) वैष्णवो में प्रचलित कई प्रथाओं, जैसे शंख चक्र सहित देह तपाने आदि को निरर्थक बताते हुए सिर्फ़ एक भक्तिभावना पर जोर दिया। फिर भी ऐसा नहीं है कि श्रद्धाराम चक्रांकित होने या तिलक-कण्ठी धारण करने को ख़ारिज़ करते हों। इनसे व्यक्ति की पहचान होती है, पर यह पहचान तभी सार्थक होगी जब इनके साथ जुड़ी मर्यादाओं का पालन किया जाये।

सभी धर्म-सुधारकों की तरह श्रद्धाराम ने भी आम हिन्दुओं पर पड़े मुस्लिम असर को दूर करने की वैसी ही कोशिश की जैसे उस दौर के मुस्लिम धर्म-सुधारक आम मुसलमानों पर पड़े हिन्दू असर को दूर करने की कोशिश कर रहे थे। दूसरे प्रान्तों की तरह पंजाब के हिन्दुओं पर भी मुस्लिम धर्म-संस्कृति का, ख़ासकर सूफी पीरों-फकीरों का, काफ़ी असर था। ***धर्मसंवाद*** में एक ऐसे ब्राह्मण का ज़िक्र आता है जो सखी सुलतान के आगे हाथ जोड़कर खड़ा होता है। सखी सुलतान की खानकाह मुलतान जिले में थी। उसकी पूजा हिन्दू पंजाबी भी करते थे। उसकी कृपा से बच्चे जी जाते थे, निरोग रहते थे। सखी सुलतान को परमेश्वर की तरह व्यापक माना जाता था। सखी सुलतान बहुत पहले हुआ था। वार्तालाप में श्रद्धाराम ब्राह्मण से पूछते हैं, "जिसने तुम्हारे पुत्र को प्राण दिये, वह आप क्यों न जीता रह सका?" आम अशिक्षित लोगों की पहुँच शास्त्रों में बताये गये धर्म तक नहीं थी। उनकी समझ यह थी कि जैसे राजा तक फरियाद पहुँचाने के लिए पहले उसके वज़ीरों को खुश करना ज़रूरी होता है, उसी तरह परमेश्वर की कृपा पाने के लिए परमेश्वर तक पहुँच रखने वाले पीरों-फकीरों की मदद ज़रूरी है। हिन्दू-मुसलमान दोनों के बीच समान रूप से प्रचलित इस लोकधर्म की जैसी निन्दा भद्रवर्गीय मुस्लिम सुधारकों-दारुल उलूम के देववन्दी नेताओं-ने की, वैसी ही आर्यसमाज और ब्राह्मोसमाज के अलावा श्रद्धाराम ने भी की—"उस परम पिता के पास जाने के लिए हमको किसी दूसरे की सहायता को न ढूँढ़ना चाहिए

क्योंकि उसका द्वार नित्य खुला रहता है।" (102/2) एकेश्वरवाद 19वीं सदी के भद्रवर्गीय धर्म-सुधारों का केन्द्रीय मुद्दा था। न सिर्फ़ ब्राह्मो और आर्यसमाज ने बल्कि उनके विरोधी भारतेन्दु और श्रद्धाराम ने भी एकेश्वरवाद पर जोर दिया। श्रद्धाराम कहते हैं कि जिसने एक परमेश्वर को अपना सबकुछ मान लिया, उसे और किसी देवी-देवता को पूजने की क्या ज़रूरत? सखी सुलतान को पूजने से तो अच्छा है कि हिन्दू लोग अपने ही देवी-देवताओं को पूजें क्योंकि यह पराये धर्म की पूजा है और यह निज हिन्दू धर्म की। (103/2) इन विचारों से 19वीं सदी के धार्मिक नवजागरण की महत्त्वपूर्ण चारित्रिक विशेषता प्रकट होती है। धार्मिक नवजागरण ने सबसे ज़्यादा लोगों को अपनी-अपनी धार्मिक पहचान के प्रति सजग किया और उसे शुद्ध रखने का आग्रह किया। लम्बे इतिहास के दौरान जनता के बीच विभिन्न धर्मों में जो आपसी मेल-जोल हो गया था उसका विरोध करते हुए—यह हिन्दुओं का धर्म है, वह मुसलमानों का; आर्यों का यह और सनातनियों का वह-इस धार्मिक विभाजन को और मज़बूत किया गया। धार्मिक शुद्धता पर जोर देते हुए प्राचीन धर्मग्रन्थों को धार्मिक आचरण का एकमात्र आधार मानने पर जोर दिया गया जबकि संस्कृत में लिखे गये इन धर्मग्रन्थों तक पहुँच सिर्फ़ द्विज भद्रवर्ग की थी। भद्रवर्ग में भी सबकी पहुँच नहीं थी। इसलिए नवजागरण के दौरान एक ओर संस्कृत और अरबी की शिक्षा देनेवाले स्कूल खुले, दूसरी ओर प्राचीन धर्मशास्त्रों का संस्कृत से हिन्दी में और अरबी से उर्दू में अनुवाद करने की नयी परम्परा तेज़ी से पनपी।

हालाँकि, ब्राह्मो या आर्यसमाज के धर्म-सुधारों का विरोध करने वाले सनातनी नेताओं ने भी कुछ सुधारों की बात की, लेकिन गौरतलब है कि उन्होंने सुधारों के लिए किसी सिद्धान्त या नियम का कड़ाई से पालन करने पर जोर नहीं दिया, लचीलेपन और उदारतावाद का रास्ता हमेशा खुला रखा। ब्राह्मो और आर्य नेता धर्म का पुनर्गठन कर रहे थे, लिहाज़ा उन्होंने तय सिद्धान्तों से ज़रा भी इधर-उधर हटना नैतिक पतन और भटकाव माना। तरह-तरह के देवी-देवताओं की पूजा करनी ज़रूरी नहीं हैं, यह कहकर भी श्रद्धाराम विभिन्न देवी-देवताओं की पूजा के चलन का पूरी तरह निषेध नहीं करते थे जैसा कि ब्राह्मो या आर्य करते थे। "कुल रीति समझके तो चाहो किसी को मानो परन्तु भक्ति और मुक्तिदाता बिना नारायण के और किसी को नहीं मानना चाहिए।" (103/2) अन्तर्विरोधों को निगल लेने का यही रास्ता भारतेन्दु ने भी अपनाया। सनातनी और वैष्णवी सुधारक एक ओर एकेश्वरवाद पर जोर देते थे जो नवजागरण की

मुख्य प्रवृत्ति थी, दूसरी ओर कुल रीति के तकाजे से सभी क़िस्म के देवी-देवताओं (सीतला माता तक) की पूजा को बरकरार रखते थे। इससे व्यवहार में कोई फ़र्क़ नहीं पड़ता था, सबकुछ पहले की ही तरह चलता रहता।

सखी सुलतान के नाम का प्रसाद (शीरनी) नहीं खाना चाहिए क्योंकि सखी सुलतान मुसलमान था जिसके मरने के पीछे कोई क्रिया-कर्म नहीं हुआ होगा। "जिसका क्रिया-कर्म न हुआ हो, वह धर्मशास्त्र की आज्ञानुसार प्रेत है और उसका पातक कभी दूर नहीं होता।" (103/2) इसलिए किसी हिन्दू को सखी सुलतान का प्रसाद नहीं खाना चाहिए। श्रद्धाराम के दिये इस तर्क पर सखी सुलतान को पूजने वाले ब्राह्मण ने अपना आख़िरी संशय प्रकट किया : "हम तो रुक भी जायेंगे, परन्तु स्त्रियों का रुकना बहुत कठिन है। ऐसी विधि बताइये कि जिससे स्त्रियों की रुचि उधर से हट जाये।" इसका जो जवाब श्रद्धाराम देते हैं, वह ब्राह्मों या आर्यों के जवाब से अलग क़िस्म का है। श्रद्धाराम का जवाब शुरू तो होता है आधुनिकता के आभास से, लेकिन पूरा होता है एक परम्परागत हिन्दू धारणा तक पहुँचकर। स्त्रियों को रोकने के लिए वे कहते हैं कि उन्हें "प्रथम कोई विद्या पढ़ाओ। और यदि वह नहीं कर सकते तो अपने धर्मशास्त्रों की बातें सुनाया करो। और यदि यह भी कठिन है तो विष्णु सहस्रनाम का पाठ कण्ठ करा दो... नित्य इसके दो पाठ कर लिया करो और पवित्र रहा करो।... यह भी कह दो कि जो मनुष्य परमेश्वर की भक्ति से शून्य है, उसके हाथ से खाना-पीना त्याग करो। जब इस नियम पर स्थिर हो जायेंगी तो अपने-आप अन्य मत की पूजा और भिन्नों से मिलना-जुलना और उनके हाथ या उनके नाम का खाना-पीना छूट जायेगा जैसा कि एक जन को मैंने देखा कि वह नित्य हलवाइयों का देनदार रहता है और बाज़ारों में हर वक़्त चलता-फिरता कुछ खाता दृष्टि आता था और उसके मन में किसी के साथ छुए का अधिक परहेज नहीं था। परन्तु जबसे वह त्रिकाल सन्ध्या करने लगा और चौके से बाहर किसी वस्तु का खाना अच्छा नहीं समझता और गले में तुलसी की माला रखता है, तबसे उसकी सारी आदतें अपने आप रफा-दफा हो गयीं। इसीलिए हमारे आचार्य ने चौके में रोटी खाने का बन्धन लिखा है कि जिससे अनायास अभक्ष खान-पान का बन्धन हो जाता है।" (104/2)

इस जवाब में एक अच्छा पक्ष यह है कि इसमें स्त्रियों की धार्मिकता (धार्मिक प्रवृत्ति) को नामंजूर नहीं किया गया। लेकिन मुसलमानों के धार्मिक असर को रोकने की ज़रूरत मानते हुए इसका मुख्य उपाय 'पवित्रता' और

खान-पान में छुआछूत की भावना को ही बनाया गया जो सैकड़ों सालों से मुसलमानों के साथ रहते-रहते अब ढीली पड़ती जा रही थी। धर्म-रक्षा और सुधार के लिए श्रद्धाराम ने छुआछूत की भावना और चौके के प्रावधान को मान्यता दी जबकि दयानन्द चौके के विरोधी थे। ***सत्यार्थप्रकाश*** में दयानन्द ने कई हालतों में चौके को नामुमकिन और ग़ैर-वाजिब बताया। वे खान-पान की शुद्धता पर स्वास्थ्य की दृष्टि से जोर देते थे, पर छुआछूत की भावना नहीं रखते थे। छुआछूत का विरोध करने पर भी दयानन्द खान-पान को आर्यत्व की सीमा के अन्दर रखते थे। ब्राह्मोसमाजी इस सीमा को भी नहीं मानते थे। सनातनधर्मी सुधारक खान-पान के मामले में कहीं ज़्यादा संकीर्ण दायरे में रहे। छुआछूत की भावना का खण्डन करना तो दूर, वे उसका मण्डन करते रहे। सैयद अहमद द्वारा दावत दिये जाने पर दयानन्द ने कहा था कि उन्हें सैयद के घर खाने में कोई एतराज़ नहीं है (हालांकि वे किसी वजह से खाने नहीं गये)। ***सत्यार्थप्रकाश*** में दयानन्द ने यह भी लिखा है कि मुसलमानों के साथ खान-पान का सम्बन्ध रखने से आर्यों में भी तामसिक प्रवृत्तियाँ पैदा हो जाती हैं, मुसलमानों की संगत से वे भी मांस-मदिरा का इस्तेमाल करने लगते हैं—मानो ये बातें खुद आर्यों में पहले कभी नहीं रहीं! बहरहाल, सैकड़ों सालों से साथ-साथ रहने से हिन्दू-मुसलमानों के बीच आपसी व्यवहार की जो दीवारें यहाँ-वहाँ ढह रही थीं उन्हें रोकने का काम 19वीं सदी के नवजागरण ने किया। अपने धर्म की रक्षा और सुधार का उद्देश्य ग़लत नहीं कहा जा सकता। लेकिन ऐसा करते हुए हम किन विचारों का सहारा लेते हैं, किन उपायों से अपना उद्देश्य हासिल करते हैं? 19वीं सदी के हिन्दू-मुस्लिम नवजागरण की जितनी भी भद्रवर्गीय धाराएँ थीं, सबने अपने धर्म की रक्षा और सुधार के लिए जिन विचारों और उपायों का सहारा लिया, उन सबका नतीजा हिन्दू-मुस्लिम अलगाव को और बढ़ाने में निकला। विदेशी (ईसाई) धर्म और संस्कृति का मुक़ाबला करते हुए उन्होंने अपने-अपने धर्म की रक्षा ज़रूर की और अपनी धार्मिक रूढ़ियों का विरोध करते हुए धर्म को सुधारने की कोशिश भी ज़रूर की, लेकिन यह काम उन्होंने इस तरीक़े से किया कि विभिन्न धर्मों को माननेवालों के बीच भेद-भाव की दीवारें और मज़बूत हुईं। धर्म की रक्षा का उद्देश्य सामने रखते हुए उन्होंने सभी भारतीयों की एकता को बढ़ावा देने का उद्देश्य सामने कतई नहीं रखा। "अन्य मत की पूजा या भिन्नों से मिलना-जुलना और उनके नाम का खाना-पीना छूट जायेगा"—ऐसे उद्देश्य को साधने वाला नवजागरण भारतीय समाज की एकता को कैसे आगे बढ़ाता?

उलटे वह उस एकता को तोड़ता था। बहुत-से धर्मों को मानने वाले देश में धर्मसुधारकों का यह दावा कि उन्हीं के धर्म को मान लेने से राष्ट्रवाद पैदा हो सकता है—एक नामुमकिन और बेबुनियाद ख़याल था।

श्रद्धाराम के धार्मिक विचारों का एक पक्ष ऐसा भी है जिसकी चर्चा अब कम होती है, लेकिन एक समय में वह पक्ष चर्चित ही नहीं, विवादास्पद भी था। अपने धार्मिक चिन्तन में श्रद्धाराम एक ऐसी जगह भी पहुँचते हैं जहाँ उनके अध्यात्मबोध में ईश्वर का होना भी बहुत ज़रूरी नहीं रह जाता है। इस बात को रामचन्द्र शुक्ल ने भी एक दूसरी तरह से नोट किया है। पंजाब में हिन्दू धर्म का स्तभ समझे जाने वाले इस विद्वान के स्वतन्त्र विचारों का ज़िक्र करते हुए उन्होंने लिखा है कि कई बार वे ऐसी बातें कह और लिख जाते थे जो कट्टर अन्धविश्वासियों को खटक जाती थीं और कुछ लोग इन्हें नास्तिक तक कह देते थे। (304/वही) कट्टर अन्धविश्वासी जिस बात में नास्तिकता का आभास पाते थे, वह असल में श्रद्धाराम का विलक्षण अध्यात्मबोध था। दो कल्पित साधुओं के वार्तालाप में एक जगह वे कहते हैं, 'मैं तो परमेश्वर का होना भी सत्य नहीं मानता और न मेरे निश्चय में कोई स्वर्ग नरक है, फिर मैं नाम किसका लूँ? और क्यों लूँ?" (104/2) जब दूसरा साधु पूछता है कि आप परमेश्वर को क्यों नहीं मानते तो श्रद्धाराम उदासी-भरे स्वर में अनमना-सा जवाब देते हैं, "बस क्या करूँ कि आपके परमेश्वर ने मेरे मन में घर न किया, कदाचित वह आप ही मुझे इस बोझ को उठाने से बचाना चाहता हो। वरन् क्या शक्ति थी कि मैं नकार कर सकता।" (107/2) और इसके बावजूद वे लोगों को न सिर्फ़ परमेश्वर के प्रति भक्ति रखने का उपदेश देते हैं बल्कि उन्हें सारी धार्मिक मर्यादाओं को भी निभाने के लिए कहते हैं। "हमारा धर्म है कि जिन बातों और कामों के कहने और करने से संसार का प्रबन्ध बिगड़ता हो, उनको प्रकट करना योग्य नहीं समझते बल्कि हम सबलोगों को सदा यही शिक्षा करते हैं कि अपने-अपने धर्म और कर्म में निश्चय रखें और परमेश्वर से प्रेम।" (108/2) यहाँ श्रद्धाराम अपने विलक्षण अध्यात्मबोध को अपने तक ही सीमित रखकर (या पराविद्या के सुयोग्य पात्रों तक सीमित रखकर) आम दुनिया के कारोबार के लिए धर्म को रोज़ाना के नैतिक व्यवहार की चीज़ मानते दिखायी देते हैं। एक दूसरे ढंग से देखें तो लगता है जैसे वे इस दुनिया के धार्मिक प्रपंचों की असलियत को समझते थे और उनका अध्यात्मबोध इस प्रपंच से कुछ अलग ही चीज़ था। धर्म और ईश्वर का होना श्रद्धाराम सामान्य मनुष्य के नैतिक व्यवहार के लिए उपयोगी मानते थे।

समाज को ठीक ढंग से चलाते रहने के लिए उसे एक ज़रूरी उपाय के रूप में देखते थे। ख़ुद वाद-विवाद करते रहने के बावजूद वे समझते थे कि ईश्वर और धर्म को लेकर होने वाले सभी विवाद सिर्फ़ एक खेल हैं। असल चीज़ तो कुछ और है "मत चाहे हिन्दू हो, चाहे मुसलमान, सत्य पूछो तो सर्व मत-मतान्तर का निचोड़ मैं इतनी बात को समझता हूँ कि न आप किसी को सतावे और न कोई उसको रंज दिखावे।" यहाँ उनमें ग़ालिब–जैसी दार्शनिकता की झलक और गहरी मानवीयता दिखायी देती है, जिसकी चिन्ता यह थी कि "आदमी को भी मयस्सर नहीं इंसां होना।" श्रद्धाराम के इस धार्मिक चिन्तन की पुष्टि उन्हीं के बनाये ***शतोपदेश*** के इस दोहे से भी होती है :

चार वेद षट् शास्त्र में बात मिली है दोय
दुख दीने दुख होत है, सुख दीने सुख होय

वेदों और शास्त्रों का यह निचोड़ श्रद्धाराम का बिलकुल अपना अर्थ था। शायद यही उनकी पराविद्या थी जो उन्हें वेदशास्त्रों से नहीं बल्कि ख़ुद अपनी आध्यात्मिक अनुभूति के ज़रिये हासिल हुई थी। लेकिन इस आध्यामिक अनुभूति का उनके वैसे आग्रहों से कोई मेल नहीं दिखता जिनमें उन्होंने हिन्दू धर्म की हर एक रूढ़ि का पालन करने पर जोर दिया था।

19वीं सदी की एक विशेषता हिन्दू-मुस्लिम धार्मिक नेताओं के बीच आपसी संवाद और विवाद की थी। तब हिन्दू-मुस्लिम होड़ थी, पर अलगाव आज-जैसा गहरा नहीं हुआ था। दोनों एक-दूसरे के क़रीब एक ही मुहल्ले में रहते थे। वे एक-दूसरे के धार्मिक रीति-रिवाजों और धर्मग्रन्थों से आज के मुक़ाबले ज़्यादा वाक़िफ़ थे। अपने धर्म की श्रेष्ठता साबित करने के लिए नवजागरण के दौरान हिन्दू-मुसलमानों के बीच भी उसी तरह शास्त्रार्थ होते थे जिस तरह आर्यों और सनातनियों के बीच या ख़ुद मुसलमानों के विभिन्न सुधारक सम्प्रदायों के बीच होते थे। भद्रवर्ग के शास्त्रीय धर्म से अलग लोकधर्म में हिन्दू-मुसलमान के बीच साझापन था। लोकधर्म में बहुत-से अन्धविश्वास भी शामिल थे जिनकी आलोचना भद्रवर्गीय हिन्दू-मुस्लिम सुधारक दोनों करते थे। जैसे तकलीफ़ों और बीमारियों से छुटकारा पाने के लिए ताबीज में मन्त्र बाँधकर बाँह या गले में पहनने का रिवाज आम हिन्दू-मुसलमान दोनों में था। श्रद्धाराम ने हिन्दू धर्मशास्त्रों के अलावा ***कुरआन*** का भी अच्छा अध्ययन कर रखा था। जालन्धर में उन्होंने एक ऐसे फकीर से बहस की जो उन्हें रसायन विद्या (कीमियागीरी) से प्रभावित करने की कोशिश कर रहा था। वह बता रहा था कि एक फकीर हर

सुबह एक काग़ज़ पर मन्त्र लिखकर अपनी गद्दी के नीचे रख देता था और शाम को उसी जगह से दो रुपये निकल आते थे। उसने ***कुरआन*** का हवाला देकर हुब्ब यानी ऐसे वशीकरण मन्त्र की बात कही जिससे स्त्री-पुरुष एक-दूसरे को अपने वश में कर लेते थे। श्रद्धाराम ने बहस में ***कुरआन*** का ही हवाला देकर ऐसे अन्धविश्वासों का खण्डन किया। सबसे ज़्यादा खण्डन उन्होंने बीमारियों के इलाज के लिए ताबीज में मन्त्र बाँधकर पहनने की प्रथा का किया। बीमारियों की वजह शरीर के अन्दर वायु, कफ, पित्त वग़ैरह हैं। ऊपर से बाँधे गये ताबीज से इनमें कोई परिवर्तन नहीं हो सकता। उन्होंने बुखार को भूत समझकर उसे जादू-टोने से भगाने की अत्यन्त प्रचलित लोकप्रथा को ख़तरनाक़ बताया और इसकी जगह वैद्य से दवा लेने की सलाह दी, "जो लोग किसी मनुष्य के अन्दर किसी भूत आदि का आ जाना मानते हैं, उनको मैं बुद्धिमान नहीं कह सकता।" (114/2) उन्होंने इन बीमारियों के साथ जुड़े लोगों के मानसिक भय को भी स्पष्ट किया। लेकिन भद्रवर्गीय सुधारकों की तरह श्रद्धाराम ने भी आम जनता के इन अन्धविश्वासों के पीछे काम कर रही सामाजिक-सांस्कृतिक और आर्थिक परिस्थितियों पर ध्यान नहीं दिया। आम लोगों के जीवन में शिक्षा और ज्ञान का अभाव, राजनीतिक अधिकारों की कमी और अपने जीवन पर नियन्त्रण रखने के लिए आवश्यक साधनों का अभाव कैसे उन्हें धार्मिक अन्धविश्वासों की ओर ढकेलता है—अगर धर्मसुधारक इसे भी देख पाते तो वे सिर्फ़ धर्म-सुधारों तक सीमित नहीं रहते, बल्कि एक सामाजिक क्रान्ति का भी सूत्रपात कर सकते थे।

श्रद्धाराम ने धर्म के बाहरी आचरण को धर्म का सत्य नहीं माना। धर्म मनुष्य-हृदय की पवित्रता और परोपकारी होने में है। ब्राह्मोसमाज के उपासना-मार्ग से मतभेद प्रकट करते हुए उन्होंने लिखा कि ब्राह्मो लोग वेद शास्त्रों के उन वचनों को चुनकर ले लेते हैं जिन्हें वे अपनी समझ के अनुकूल पाते हैं। सन्ध्या और वन्दना मनुष्य को करनी चाहिए, लेकिन इससे भी ज़्यादा ज़रूरी है कि वह शील, सन्तोष और दया के कर्मों को करे। आम लोगों की धार्मिक समझ और आचरण की आलोचना करते हुए उन्होंने कहा : "बड़े आश्चर्य की बात है कि आजकल के लोग कीकर की छाया से बचना और मसूर का अन्न त्याज्य समझना और कांसे के पात्र में न खाना या गाजर और बैगन को छोड़ देना आदि कार्यों को तो आवश्यक समझते हैं, परन्तु यह कोई ध्यान नहीं करता कि हमको चोरी, छल, कपट, व्यभिचार, मिथ्या, शत्रुता, ईर्ष्या, ज्वलन, अभिमान, लोभ, हिंसा आदि बुरे कर्मों को भी त्यागना चाहिए कि परमेश्वर को कभी प्यारे नहीं लगते।" (119/2)

श्रद्धाराम ने वैष्णव-धर्म की किसी भी साम्प्रदायिक व्याख्या को मंजूर नहीं किया। "मैं कोई ऐसा वैष्णव नहीं कि जिसको आप रामानन्दी या नीमानन्दी समझते हों। केवल इस विष्णु का हूँ कि जिसके रामानन्द और नीमानन्द भी थे बल्कि जिसका सर्वजगत है।" (127/2) श्रद्धाराम बाहरी धार्मिक आचरण को दुनियादारी के तहत छूट देकर भी धर्म के गहरे, उज्ज्वल पक्ष को सामने लाने के लिए संघर्ष करते रहे।

सामाजिक सुधार

श्रद्धाराम धर्म-सुधार के विरोधी थे, समाज-सुधार के नहीं। स्त्री-शिक्षा और विधवा-विवाह का उन्होंने खुलकर समर्थन किया। ब्राह्मों और आर्यों का विरोध करने वाले सनातनी पण्डितों में से किसी ने भी स्त्री-शिक्षा और विधवा-विवाह का इतने उत्साह और गम्भीरता के साथ समर्थन नहीं किया, जितना श्रद्धाराम ने। यह बात महत्त्वपूर्ण है कि विधवा-विवाह का समर्थन श्रद्धाराम ने किसी शास्त्र के आदेश के कारण नहीं, बल्कि अपने सामाजिक अनुभवों के कारण किया। ***धर्मसंवाद*** में विधवा-विवाह का समर्थन करते हुए श्रद्धाराम ने लिखा : "वर्तमान की विधवाओं के हाल सुनके और देखके मैं तन-मन से दूसरे विवाह का हो जाना योग्य समझता हूँ क्योंकि प्रत्येक वर्ग के समाचार पत्रों में पढ़ता हूँ कि अमुक शहर में एक विधवा को गर्भ गिराने में बहुत कठिन दण्ड हुआ और अमुक नगर में एक अमीर की विधवा लड़की कहार के साथ निकल गयी और अमुक मोहल्ले में एक लालाजी की छोटी आयु की पुत्री विधवा हो गयी थी और अब युवा होकर अपने माता-पिता के सम्मुख अपना और उनका मुख काला करती है... इन बुराइयों की अपेक्षा दूसरे विवाह का हो जाना मैं हज़ार दर्जे अच्छा समझता हूँ।" (97-98/2) श्रद्धाराम हिन्दू की पहचान धर्मशास्त्रों के मुताबिक़ चलने में मानते थे। क्या विधवा-विवाह की इज़ाजत हिन्दू धर्मशास्त्रों में है? श्रद्धाराम ने जवाब दिया : "शास्त्र में दोनों बातें पायी जाती हैं अर्थात् इस प्रकार के वचन भी बहुत मिलते हैं कि जिनसे दूसरे विवाह का निषेध पाया जाता है और ऐसे भी कुछ कम नहीं कि जिनसे आज्ञा पायी जाती है।" (98/2) श्रद्धाराम का यह दृष्टिकोण ज़्यादा वस्तुपरक था। उन्होंने विधवा-विवाह के समर्थन में पराशर और वशिष्ठ के श्लोक उद्धृत किये। जब उनसे पूछा गया कि जब शास्त्र में ऐसी आज्ञा है तो फिर समाज में विधवा-विवाह प्रचलित क्यों नहीं होते, तो उन्होंने बेधड़क जवाब दिया : "प्रचलित तो तभी हो सकें कि जब आप जैसे कई और पण्डित भी इस

बात को आवश्यक समझें। अब बल्कि विरुद्ध इसके यह बात देखी जाती है कि प्रचार करने के स्थान, जो मनुष्य ऐसी बात का नाम लेता है, उसको महापापी कहने लग जाते हैं।" (वही) 19वीं सदी में विधवा-विवाह के ख़िलाफ़ कई क़िस्म की आशंकाएँ उठायी जाती थीं—जैसे स्त्री अपने कुरूप, कुचाली, रोगी, निर्धन या मूर्ख पति से छुटकारा पाने के लिए चाहने लगेगी कि पति जल्दी मर जाये ताकि उसे पुनर्विवाह का मौक़ा मिल सके। श्रद्धाराम ने ऐसी सभी आशंकाओं को दूर करने के दो उपाये सुझाये जो उस ज़माने के लिहाज़ से कम महत्त्वपूर्ण नहीं थे। "इन उपद्रवों को दूर करने के लिए मेरे विचार से दो बातें ही काफ़ी हैं। एक यह कि पुत्र-पुत्री का विवाह बड़ी आयु में करना चाहिए कि उनके अन्तर-बाह्य के गुण-दोष सब पर प्रकाश होने के कारण किसी को पीछे से पछताना न पड़े कि इसके साथ हमारा विवाह क्यों हुआ। दूसरा यह कि लड़की के समीपी सम्बन्धियों में से कोई पुरुष आप जाके लड़का पसन्द किया करे न कि कोई नाई या ब्राह्मण अपने लोभ के अर्थ लड़कियों को अन्धे और लंगड़ों के पल्ले डाल दिया करे।" (92/2) यहाँ श्रद्धाराम ने विधवा-विवाह को वाजिब ठहराने के सिलसिले में लगे हाथ दो और सुधारों को भी ज़रूरी ठहरा दिया—एक बाल-विवाह न किये जायें; लड़के-लड़कियों का विवाह बड़े होने पर किया जाये जब उनके गुण-योग्यता सबकुछ अच्छी तरह स्पष्ट हो जाते हैं और दूसरे, नाई या बिचौलिये के ज़रिये वैवाहिक सम्बन्ध बनाने की प्रथा को ख़त्म किया जाये। यहाँ श्रद्धाराम सनातन प्रथाओं की रक्षा करने के बजाये बदलती हुई परिस्थितियों के मुताबिक़ नयी परम्पराओं को शुरू करने की बात कर रहे हैं। यह उनका प्रगतिशील दृष्टिकोण था। लेकिन बड़ी उम्र में लड़की का विवाह करने में क्या शास्त्र आड़े नहीं आते जिनमें कन्या का विवाह सात या नौ साल की उम्र में करने की आज्ञा दी गयी है? श्रद्धाराम ने जोर देकर कहा : "सात वर्ष की कन्या का विवाह करना केवल एक ही ऋषि का वचन है कि बहुत ऋषि लोगों की इस पर सम्मति नहीं।" (वही)

श्रद्धाराम ने और भी आगे बढ़कर शहरी भद्रवर्ग में विवाह के पूरे तौर-तरीक़ों की कड़ी आलोचना की। विवाह में जो अनाप-शनाप ख़र्च किये जाते थे, पैसे फेंके जाते थे, नाच-रंग होता था—इन सबकी आलोचना की। विवाह में की जाने वाली तड़क-भड़क, नाच-मुजरे और आतिशबाजी का विरोध करते हुए उन्होंने कहा : "यह सब बातें नाक की हैं, न कि धर्म और धर्म-शास्त्रों की।" (वही) विवाह के मौक़े पर दुल्हन के लिए बननेवाले गोटे-किनारे और कलाबत्तू से लदे भारी-भरकम कपड़े और तरह-तरह के महँगे गहने बनवाने की भी कड़ी आलोचना की।

इस मामले में वे भारतेन्दु और प्रतापनारायण मिश्र की चेतना से बहुत आगे नज़र आते हैं। भारतेन्दु ने विवाह में फिजूलखर्ची रोकने के लिए नगरपालिका के द्वारा नियम बनाये जाने के सुझाव की आलोचना करते हुए स्थानीय रीति-रिवाजों और विभिन्न जातियों में चलने वाली प्रथाओं का हवाला दिया था और कहा था कि हिन्दू समाज इन प्रथाओं से बँधा हुआ है, इसलिए फिजूलखर्ची को रोकने के लिए इन्हीं जातियों के चौधरियों पर निर्भर रहना पड़ेगा। श्रद्धाराम ने इससे बिलकुल अलग बात कही : "विवाह उन मर्यादाओं से करना चाहिए कि जो वेद और शास्त्रों के विरुद्ध नहीं। जो बातें किसी एक कुल या एक शहर या नगर में शकुन या टेहुले के नाई विवाह के समय नियत हो रही हैं, उनको भी वेद और शास्त्र के विरुद्ध समझके अवश्य त्यागना चाहिए।" (101/2) पंजाब में चल रहे सुधार-आन्दोलनों के माहौल में सुधारकों—जैसे उत्साह के साथ श्रद्धाराम दृढ़ता के साथ कहते हैं कि विवाह-सम्बन्धी स्थानीय रिवाज विद्याहीन पुरुषों और स्त्रियों ने प्रचलित कर रखे हैं। उनसे जितनी जल्दी छुटकारा पा लिया जाये, उतना ही अच्छा। धर्म के तो इतना नहीं, पर समाज के विभिन्न मुद्दों पर सुधार-चेतना की सबसे प्रखर अभिव्यक्ति उनके लोकप्रिय उपन्यास ***भाग्यवती*** में हुई। इस चेतना को देखते हुए यह सवाल उठ सकता है कि ब्राह्मों या आर्यों का विरोधी होने पर भी श्रद्धाराम को नवजागरण का विरोधी लेखक क्यों माना जाये? उनके आन्दोलन को प्रति-आन्दोलन की धारा मानने के बजाये पंजाब में हिन्दू नवजागरण की ही चौथी धारा क्यों न माना जाये?

यह सच है कि 19वीं सदी के पंजाब में ईसाइयत की चुनौती का मुक़ाबला करने के लिए जो नये धार्मिक आन्दोलन उठ खड़े हुए थे, उनमें ब्राह्मों, आर्यों और अलखधारी के अलावा श्रद्धाराम का आन्दोलन भी एक था। उनका श्रद्धाराम से फ़र्क़ यह था कि ईसाइयत का मुक़ाबला करते हुए उन्होंने परम्परागत हिन्दू धर्म की भी कड़ी आलोचना की। परम्परागत धर्म को लगभग ख़ारिज़ करते हुए उन्होंने शिक्षित हिन्दुओं के लिए ब्राह्मोसमाज और आर्यसमाज के रूप में एक नयी धार्मिक पहचान पेश की जिसकी ओर शिक्षित वर्ग आकर्षित भी हुआ, जबकि श्रद्धाराम ने इन नये विकल्पों का तो विरोध किया और इनकी जगह परम्परागत धार्मिक पहचान को ही बचाने का संघर्ष किया। ब्राह्मों और आर्यों द्वारा की जा रही परम्परागत धर्म की आलोचना रेडिकल थी और बुनियादी बदलाव लाने वाली थी। मसलन आर्यसमाज ने रोज़-रोज़ के व्यवहार में आने

वाले हिन्दू धर्म को बिलकुल ख़ारिज़ कर दिया और बड़ी कड़ाई के साथ ऐसे एकेश्वरवाद पर जोर दिया जिसमें मूर्तिपूजा के लिए कोई जगह नहीं थी। उसने हिन्दुओं में बहुत श्रद्धा से पढ़े जाने वाले धर्मग्रन्थों, शास्त्रों, पुराणों और लोकप्रिय धर्मकथाओं को मूर्खतापूर्ण और धार्मिक दृष्टि से मूल्यहीन कहकर ठुकरा दिया। सनातन धर्मप्रथाओं के मुक़ाबले उन्होंने तर्कशीलता, सदाचार, नैतिकता और विवेकशीलता को ज़्यादा महत्त्व दिया। इस मायने में श्रद्धाराम धर्म-सुधारक नहीं थे। वे परम्परागत धर्म में किसी भी रेडिकल या बुनियादी बदलाव का विरोध करते थे। सच्चा धर्म इन प्रथाओं या धर्मग्रन्थों में नहीं है—यह मानकर भी वे इन प्रथाओं और धर्मग्रन्थों का बचाव करते थे और उन्हें हिन्दुओं के धार्मिक आचरण का अनिवार्य और प्रामाणिक आधार मानते थे। वे किसी भी शास्त्र या धर्मग्रन्थ में दी गयी व्याख्या को मूल्यहीन, विवेकहीन या अनैतिक कहकर उसकी आलोचना करने और उसे ख़ारिज़ करने के लिए तैयार नहीं थे। यह सुधारकों से उनका सबसे बुनियादी फ़र्क़ था। 19वीं सदी में चालू जिन धार्मिक बातों का उन्होंने विरोध किया, जैसे तथाकथित चमत्कारों से ठगने वाले साधु-संन्यासियों का, मोक्ष की तलाश में घर छोड़कर जंगल-पहाड़ों में भटकने का या बाहरी धार्मिक आडम्बरों का—इन सब बातों का धर्मशास्त्रों में कोई आधार नहीं था। ये सभी बातें ग़ैर-शास्त्रीय थीं। इसीलिए श्रद्धाराम ने वेदों-स्मृतियों के मुताबिक़ चलने पर जोर दिया। लेकिन खुद धर्मशास्त्रों को श्रद्धाराम ने कोई चुनौती नहीं दी। शास्त्रों में दी गयी विवेकहीन, अनैतिक व्यवस्थाओं और निरर्थक विधि-विधानों पर कोई प्रश्नचिह्न नहीं लगाया। वे बहुत से देवी-देवताओं की पूजा करने में विश्वास नहीं करते थे और बाहरी धार्मिक चिह्न धारण करने को महत्त्व नहीं देते थे—फिर भी वे इनके विरोधी नहीं थे। यही वजह है कि 19वीं सदी के पंजाब में श्रद्धाराम का उभार एक प्रभावशाली धर्मरक्षक नेता के रूप में हुआ, न कि धर्म-सुधारक के रूप में। उनकी प्रसिद्धि और प्रभाव का एक मुख्य कारण नये धर्म-सुधारकों के ख़िलाफ़ बचाव की जगह आक्रामकता की उनकी मुद्रा थी। अपनी विद्वता के बल पर उन्होंने कन्हैयालाल अलखधारी, नवीनचन्द्र राय और दयानन्द सरस्वती सबको चुनौती दी। भारतीय नवजागरण में सुधारकों का एक कमज़ोर पक्ष यह था कि वे सुधारों के लिए वेद-उपनिषदों से समर्थन जुटाने की कोशिश करते थे। कई बार यह समर्थन जब वहाँ नहीं मिलता था तो वे, ख़ासकर दयानन्द, वेद-उपनिषदों की खुलकर आलोचना करने के बजाये उनका मनमाना अर्थ लगा लेते थे। श्रद्धाराम ने उनकी इस कमज़ोरी पर कसकर हमला किया।

हमले का मक़सद यह नहीं था कि वे लोग वेद-शास्त्रों की आलोचना करें। मक़सद उनके सुधार-सम्बन्धी जैसे-तैसे प्रयासों की भी हवा निकालना था।

प्रति-नवजागरण का चरित्र जटिलताओं और द्वन्द्वों से भरा हुआ था। रूढ़ियों का समर्थन करते हुए भी श्रद्धाराम खुद एक हद तक आधे-अधूरे सुधारक हुए। आधे-अधूरे इस अर्थ में कि सुधारकों की कुछ विशेषताएँ उनमें भी मौजूद थीं। श्रद्धाराम के प्रबल अन्तर्विरोध उन्हें इससे आगे जाने नहीं देते थे। अगर वेद-शास्त्र संशय और विवाद से परे नहीं थे और वे स्थूल बुद्धिवालों के लिए थे, तो इस विचार की तर्कसंगत परिणति यही हो सकती थी कि वेद-शास्त्रों की व्यवस्था पर सवाल खड़े किये जायें और आँख मूँदकर उन्हें धार्मिक आचरण का आधार न बनाया जाये। लेकिन श्रद्धाराम ने उलटे हिन्दू उसी को माना जो वेद-शास्त्रों के आदेशों के मुताबिक चले। यह उनका बड़ा भारी अन्तर्विरोध था। अगर यह अन्तर्विरोध उनमें न होता तो वे सुधारकों के इतने ख़िलाफ़ न होते। उन्होंने ब्राह्मोसमाजियों की यह कहकर आलोचना की कि वे वेद-शास्त्रों से अपने उद्देश्य के मुताबिक़ वचन चुन लेते हैं। वास्तव में कोई भी सुधारक ऐसा ही करता क्योंकि सुधारकों का असली उद्देश्य तो सुधार करना ही था। वेद-शास्त्रों का इस्तेमाल वे अपने सुधारों को वैधता या प्रामाणिकता दिलाने के लिए करते थे। खुद श्रद्धाराम ने विधवा-विवाह का समर्थन इसी तरीक़े से किया। शास्त्रों में विधवा-विवाह का समर्थन मिलता है तो मनाही भी है। श्रद्धाराम ने समर्थन वाले ग्रन्थों को चुन लिया, मनाही वाले ग्रन्थों को छोड़ दिया। कन्या का विवाह सात साल की उम्र में हो या इससे ज़्यादा उम्र में—इस सिलसिले में भी उन्होंने शास्त्रों से अपने उद्देश्य के मुताबिक़ वचनों को चुन लिया। एक ओर श्रद्धाराम ने सुधारकों की इस प्रवृत्ति का विरोध किया है, दूसरी ओर ज़रूरत पड़ने पर खुद भी ऐसा ही किया।

पंजाब में जैसी सफलता आर्यसमाज को मिली, वैसी श्रद्धाराम को नहीं मिली। उनकी मृत्यु के साथ ही उनका आन्दोलन भी ख़त्म हो गया। आर्यसमाज की तुलना में श्रद्धाराम का आन्दोलन क्यों आगे नहीं बढ़ पाया?

19वीं सदी में किसी भी आधुनिक सुधार-आन्दोलन को लगातार आगे बढ़ाने और फैलाने की क्षमता सिर्फ़ शहरी शिक्षित मध्यवर्ग में थी जो उन आन्दोलनों का नेतृत्त्व करने के अलावा उन्हें संगठित रूप से चलाने के लिए एक नियमित आर्थिक आधार भी जुटाने की क्षमता रखता था। श्रद्धाराम का धार्मिक आन्दोलन मुख्यतः ब्राह्मणों के अर्थतन्त्र पर निर्भर करता था। यही उसकी सीमा थी।

ब्राह्मणी अर्थतन्त्र पर निर्भर रहने के कारण वे ज़्यादा गहरे धार्मिक सुधारों की माँग कर ही नहीं सकते थे क्योंकि उससे ब्राह्मणों के हितों को चोट पहुँचती। पंजाब के हिन्दू समाज में ब्राह्मणों की हैसियत वैसे भी ज़्यादा असर नहीं रखती थी। वहाँ खत्री सबसे शिक्षित और आर्थिक-राजनीतिक दृष्टि से आगे बढ़ रही जाति थी। श्रद्धाराम का आन्दोलन आधुनिक शिक्षा हासिल कर रही पंजाब की खत्री जैसी ग़ैर-ब्राह्मण जातियों की नयी सांस्कृतिक ज़रूरतों को पूरा करने में असमर्थ रहा। ताज्जुब नहीं कि खुद फिल्लौर कस्बे में वहाँ के भण्डारी खत्रियों ने श्रद्धाराम को ख़ास मान्यता नहीं दी बल्कि तरह-तरह से उनका विरोध ही करते रहे। इसके उलटे आर्यसमाज का संगठन और आन्दोलन ब्राह्मणों के अर्थतन्त्र पर निर्भर नहीं करता था। इसका सामाजिक आधार पंजाब में आधुनिक शिक्षा प्राप्त शहरी मध्यवर्ग था जिसमें मुख्यतः खत्री जाति के लोग थे। आर्यसमाज ने धर्म और शास्त्रों पर ब्राह्मणों के वर्चस्व का विरोध किया जिससे आर्थिक-राजनीतिक दृष्टि से ऊपर उठ रही ग़ैर-ब्राह्मण जातियों के लोग आर्यसमाज की ओर खिंचे। आर्यसमाज ने धर्म को नैतिकता, तर्क और विवेक की कसौटी पर कसा जो नये उभर रहे शिक्षित मध्यवर्ग की बौद्धिक-सांस्कृतिक अभिरुचियों के अनुकूल था। ईसाइयों द्वारा आलोचना की जा रही धर्म की रूढ़ियों और कमज़ोर पक्षों को दूर करके आर्यसमाज ने धर्म के जिस तर्कपूर्ण और साफ़-सुथरे रूप को पेश किया उसे अपनाने में नये शिक्षित मध्यवर्ग ने गौरव का अनुभव किया।

असफलता के बावजूद श्रद्धाराम के आन्दोलन का सीमित महत्त्व ज़रूर था। श्रद्धाराम कट्टर रूढ़िवादी न थे। वे रूढ़िवादी खेमे में उदार धार्मिक नेता था। भारतेन्दु भी ऐसे ही थे। मदनमोहन मालवीय समेत हिन्दी आन्दोलन में शामिल ज़्यादातर सनातनी हिन्दी लेखक इसी क़िस्म के थे—रूढ़िवादियों में अपेक्षाकृत उदार तबके के लोग। 19वीं सदी में सुधारों के माहौल में परम्परागत धर्म की रक्षा करने वालों के बीच कुछ सुधारों के पक्ष में जिस हद तक श्रद्धाराम गये, उस हद तक हिन्दी का कोई भी दूसरा सनातनी लेखक नहीं गया। स्त्री-शिक्षा और विधवा-विवाह का खुलकर समर्थन करने के अलावा श्रद्धाराम ने शास्त्र में बताये धर्म के बाहर धर्म के नाम पर चलने वाली ठगी और शोषण का विरोध किया, चमत्कारों और झाड़-फूँक में लोगों के अन्धविश्वासों का खण्डन किया और धर्म के बाहरी चिह्नों को ज़रूरी नहीं मानकर उनके धार्मिक मूल्य को कम किया। एक स्तर पर पहुँचकर सन्तों की तरह उन्होंने भी धर्म को सिर्फ़ इन्सानियत का पर्याय माना। उनकी ये सब बातें, अपने प्रबल अन्तर्विरोधों के बावजूद, मूल्यवान थीं।

राजा शिवप्रसाद 'सितारेहिन्द' और हिन्दी नवजागरण

19वीं सदी के सबसे महत्त्वपूर्ण गद्य लेखक राजा शिवप्रसाद 'सितारैहिन्द' (1824-1895) हिन्दी साहित्य में एक खलनायक के रूप में जाने जाते हैं। 19वीं सदी ने कई मिथकों को गढ़ा था जो आज भी जारी है। राजा शिवप्रसाद का खलनायकत्व भी ऐसा ही गढ़ा हुआ मिथक था जो आगे प्रचार के बल पर हिन्दी के विद्यार्थियों के सामान्य बोध का अंग बन गया। इस मिथक को भारतेन्दु और उनकी मण्डली के लेखकों ने गढ़ा; उनके अनुयायियों और साहित्य के इतिहासकारों ने प्रचारित किया। इसके पीछे कारण हिन्दी भाषा के स्वरूप को लेकर भारतेन्दु मण्डली से शिवप्रसाद के वैचारिक मतभेदों को बताया जाता है। वैचारिक मतभेद किसी को खलनायक बनाने का न तो पर्याप्त, न ही उचित, आधार हो सकता है। वास्तव में यह राजा शिवप्रसाद से भारतेन्दु का व्यक्तिगत विरोध था जिसको सैद्धान्तिक जामा पहनाते हुए राजा शिवप्रसाद के ख़िलाफ़ ऐसा धुआँधार प्रचार चलाया गया कि उनकी सारी महत्त्वपूर्ण उपलब्धियों पर धूल डाल दी गयी और उन्हें खलनायक के रूप में बदनाम कर दिया गया। राजा शिवप्रसाद हिन्दी साहित्य के इतिहास में हुए अन्याय और ज़्यादती के एक दुखद उदाहरण हैं। इतिहास लेखन की इस ग़लती को दुरुस्त करने की ज़रूरत है।

नागरी लिपि, हिन्दी भाषा और गोरक्षा-इन्हीं तीनों में 19वीं सदी के 'हिन्दी नवजागरण' के प्राण बसते थे। राजा शिवप्रसाद पहले व्यक्ति थे जिन्होंने पश्चिमोत्तर प्रान्त की राजभाषा की लिपि बदलने की माँग की। सरकारी कामकाज और अदालतों की भाषा के लिए प्रचलित उर्दू (फ़ारसी) लिपि को हटा कर उसकी जगह नागरी लिपि की माँग करते हुए 1868 ई. में उन्होंने सरकार को एक मेमोरेंडम दिया। जिससे हिन्दी नवजागरण की शुरुआत हुई। तब से उर्दू लिपि के ख़िलाफ़ नागरी का जो आन्दोलन शुरू हुआ—जिसने पश्चिमोत्तर प्रान्त में कई संस्थाओं को जन्म दिया—उठता गिरता लगातार चलता ही रहा।

38 साल बाद 1900 ई. में इसकी पहली जीत हुई जब राजभाषा को नागरी लिपि में भी लिखने का सरकारी आदेश जारी हो गया। आन्दोलन इसके बाद भी 1947 तक चलता रहा। यह आन्दोलन अपने जन्म से ही हिन्दुत्व से जुड़ कर मुस्लिम विरोधी चरित्र लिए हुए था। इसका साम्प्रदायिक चरित्र पहले राजा शिवप्रसाद के मेमोरेंडम में, फिर हंटर कमीशन को दिये गये बहुतेरे मेमोरियलों में प्रकट हुआ।

19वीं सदी में, पश्चिमोत्तर प्रान्त में आधुनिक शिक्षा प्राप्त जो छोटा सा शहरी हिन्दू भद्र वर्ग उभरा, सरकारी हल्कों में राजा शिवप्रसाद उसके सबसे प्रभावशाली प्रतिनिधि थे। वे कट्टर मुस्लिम विरोधी थे। उनके मुस्लिम विरोध की एक वजह मुसलमान शासकों द्वारा उनके कुछ पुरखों की हत्याएँ और उन पर हुए सामन्ती जोर-ज़ुल्म थे। दूसरी वजह सरकारी नौकरियों के लिए हिन्दू मुस्लिम भद्र वर्ग के बीच चल रही होड़ थी जिसमें वे 'हिन्दू हितों' का प्रतिनिधित्व करते थे। अदालती भाषा की लिपि बदलने की माँग इसी राजनीतिक संघर्ष का हिस्सा थी। सत्ता के गलियारों में सर सैयद अहमद ख़ाँ के वे सबसे बड़े प्रतिद्वन्द्वी थे। सैयद अहमद पश्चिमोत्तर प्रान्त के सार्वजनिक जीवन में सबसे प्रभावशाली व्यक्ति और 'मुस्लिम हितों' के सबसे बड़े प्रतिनिधि थे। इंस्पेक्टर ऑफ स्कूल्स के पद पर रहते हुए और बाद में भी राजा शिवप्रसाद ने मुसलमानों की आधुनिक शिक्षा के लिए 'विशेष प्रयासों और विशेष सुविधाओं' की सैयद अहमद की माँग का हमेशा कड़ा विरोध किया। उनका मुस्लिम विरोध उनके इतिहास लेखन में खुल कर प्रकट हुआ। अपने मशहूर ग्रन्थ ***इतिहास तिमिर नाशक*** में, ख़ास कर इसके तीसरे खण्ड में, उन्होंने भारत में मुस्लिम शासन को सिर्फ़ लूटपाट, बर्बर हिंसा और जोर-ज़ुल्म के रूप में पेश किया; उसे हिन्दुस्तान के पिछड़ जाने का मुख्य कारण बताया और 1857 के गदर में मुसलमानों को बढ़-चढ़कर भाग लेने का दोषी ठहराया। उन्होंने लिखा कि गदर के दौरान दिल्ली का 'बलवाइयों' के हाथों आ जाना ही बड़ी ख़राबी का कारण बना क्योंकि इससे फिर से "मुसलमानों के दिल में दिल्ली की बादशाहत काइम होने की उमेद का अंकुर जमा।" (पृ. 64, ***इतिहास तिमिर नाशक***, खण्ड-2)

कांग्रेस की स्थापना तक 19वीं सदी का शिक्षित भद्र वर्ग आमतौर पर अंग्रेज़ी राज का समर्थक था। यह वर्ग पश्चिमी शिक्षा, यूरोपीय ज्ञान विज्ञान और सभ्यता का प्रशंसक था और भारत में मुसलमानी शासन के मुक़ाबले अंग्रेज़ी राज को क़ानून, न्याय और सुव्यवस्था का शासन मानता था। इस वर्ग को अंग्रेज़ी शासन से भारतीयों में शिक्षा और ज्ञान के फैलने, आत्मनिर्भरता आने और एक राष्ट्र

की भावना पनपने की बड़ी-बड़ी उम्मीदें थीं। इसीलिए इस वर्ग ने 1857 के गदर का समर्थन नहीं किया। राजा शिवप्रसाद के लेखन में इस शिक्षित भद्र वर्ग की भावनाओं और विचारों को स्पष्ट रूप से देखा जा सकता है। जब थोड़े दिनों के लिए दिल्ली में विद्रोहियों का शासन क़ायम हो गया तो शिवप्रसाद ने उसके बारे में लिखा : "हमारे हिन्दुस्तानी भाइयों को इस थोड़े दिन के गदर में अच्छी तरह हिन्दुस्तानी अमलदारी का मज़ा मालूम पड़ गया।... तार कट गया, डाक उठ गयी, रेल टूट गयी, रास्ता बन्द हो गया, दिनदहाड़े डाका पड़ने लगा, जिसकी लाठी उसकी भैंस का मुआमला हुआ। वाह, क्या अच्छी तैमूरियों की सल्तनत क़ायम हुई।" (वही, पृ. 66)

यह शिक्षित भद्र वर्ग अंग्रेज़ी शासन की ज़्यादतियों की नम्रतापूर्वक शिकायत करता था, उसकी कुछ नीतियों की आलोचना करता था, अपनी माँगें मनवाने के लिए उस पर दबाव डालने की राजनीति भी करता था—पर यह उस शासन का विरोधी नहीं था। उसे उखाड़ फेंकने की बात नहीं करता था। इस वर्ग के प्रतिनिधियों के रूप में राजा शिवप्रसाद और भारतेन्दु हरिश्चन्द्र, दोनों ही सरकार के वफ़ादार थे। हिन्दी के एक तीसरे लेखक लक्ष्मण सिंह भी, जो इटावा के डिप्टी कलक्टर थे और जिन्हें अंग्रेज़ सरकार ने राजा की उपाधि दी थी, ऐसे ही वफ़ादार थे। वफ़ादारी और समर्थन के बदले में इन तीनों को अंग्रेज़ी शासन ने समय-समय पर तरह-तरह के सम्मान और पुरस्कारों से नवाजा। भारतेन्दु और शिवप्रसाद, दोनों के पुरखों ने, जो पहले दिल्ली के मुग़ल बादशाहों के क़रीब थे, बाद में बंगाल के नवाब के ख़िलाफ़ अंग्रेज़ों को लड़ने में मदद दी और भारत में अंग्रेज़ी राज को क़ायम करने में महत्त्वपूर्ण भूमिका निभायी थी। 1857 के गदर में भी अंग्रेज़ों की रक्षा करने में तीनों ने मदद की। इस मदद के एवज में ही बीस साल के युवक हरिश्चन्द्र को बनारस शहर का आनरेरी मजिस्ट्रेट बनाया गया और लक्ष्मण सिंह को काफ़ी बड़ी जागीर माफ़ी में दी गयी। इन तीनों में राजा शिवप्रसाद अंग्रेज़ी शासन के सबसे कट्टर समर्थक थे। कांग्रेस की स्थापना के बाद जब सैयद अहमद ने सरकार के समर्थन में ***युनाइटेड पैट्रियाटिक एसोसिएशन*** नाम से एक कांग्रेस विरोधी मोर्चा खोला, तब अभिजात्य वर्ग के कई दूसरे सदस्यों के साथ राजा शिवप्रसाद भी इसमें शमिल हो गये। पर बहुत जल्दी इससे अलग भी हो गये। क्यों अलग हो गये, इसका ठीक-ठीक पता नहीं चलता। राजा शिवप्रसाद की बनायी ***इतिहास तिमिर नाशक*** क़िताब, जो अपने मुस्लिम विरोध के लिए कुख्यात थी, असल में भारत में अंग्रेज़ी हुकूमत

क़ायम होने के औचित्य को साबित करने के लिए लिखी गयी थी। 1883 में जब राजा शिवप्रसाद वाइसराय की लेजिस्लेटिव काउंसिल के मनोनीत सदस्य थे, सदन में विचार के लिए इल्बर्ट बिल पेश किया गया जिसमें भारतीय और अंग्रेज़ मजिस्ट्रेटों के बीच असमानता को दूर कर उन्हें समान अधिकार दिये गये थे। राजा शिवप्रसाद ने इस बिल के ख़िलाफ़ खुल कर भाषण किया और हिन्दुस्तानियों को अंग्रेज़ों के साथ समानता के अयोग्य ठहराया। इससे क्षुब्ध कुछ बंगालियों ने कलकत्ता में उनका पुतला जलाया। अंग्रेज़ी शासन के प्रति भारतेन्दु और उनकी वफ़ादारी में फ़र्क़ यह था कि भारतेन्दु शुरू में ब्रिटिश शासन का लाभ उठाते हुए भी अपनी स्वच्छन्दतावादी प्रवृत्तियों के कारण कभी-कभी उसका मज़ाक उड़ाया करते थे और बाद में भी उसकी कुछ न कुछ आलोचना खुले छिपे ढंग से करते रहे, जबकि राजा शिवप्रसाद ने अपनी निष्ठा में कोई दरार नहीं पड़ने दी। उन्होंने हर मामले में, हर मौक़े पर सरकार का समर्थन किया। इसका एक कारण उनकी ऊँची सरकारी नौकरी भी थी। वे शिक्षा विभाग में न सिर्फ़ ऊँचे पद पर थे और उनका अधिकार क्षेत्र काफ़ी बड़ा था, बल्कि उनकी तनख़्वाह भी बहुत ज़्यादा थी। उन दिनों व्यक्ति की योग्यता या महत्त्व को देखते हुए सरकार तनख़्वाह अपनी मर्ज़ी से तय किया करती थी। 1860 के दशक में ही राजा शिवप्रसाद की तनख़्वाह एक हज़ार रु. महीना तय कर दी गयी जो उस ज़माने के हिसाब से बहुत ज़्यादा थी। ज़ाहिर है, ऐसी नौकरी में रहते हुए वे सरकार की आलोचना नहीं कर सकते थे। यह भी एक वजह थी कि कट्टर मुस्लिम विरोधी होने और उर्दू लिपि के सख़्त ख़िलाफ़ होने पर भी उन्होंने अपने समय में उभरे उर्दू भाषा विरोधी आन्दोलन में भाग नहीं लिया क्योंकि सरकार की नीति उर्दू के सवाल पर मुसलमानों को नाराज़ करने की नहीं थी। भारतेन्दु ने, जिनको अपने कुछ एक लेखों के लिए सरकारी कोप का शिकार होना पड़ा, राजा शिवप्रसाद की राजभक्ति को ख़ूब उछाला। उनके नेतृत्व में राजा शिवप्रसाद को सरकारी चापलूस कह कर बदनाम कर देने की एक मुहिम सी चल पड़ी जो सफल भी हुई, हालाँकि भारतेन्दु ख़ुद जो चापलूसी करते रहे, उसकी चर्चा सिर्फ़ 'राजभक्ति' के रूप में ही की गयी। 19वीं सदी के आख़िरी दो दशकों में राजनीतिक हालात तेज़ी से बदल रहे थे और राजा शिवप्रसाद या सैयद अहमद ख़ाँ जैसे वफ़ादारों का समय ख़त्म हो रहा था। गदर के बाद ईस्ट इंडिया कम्पनी को हटा कर सीधे ब्रिटिश साम्राज्य का शासन क़ायम होने से शिक्षित भद्र वर्ग में उन्नति की जो उम्मीदें जगी थीं, वे एक-एक कर टूट रही थीं और ब्रिटिश

शासन के बुरे नतीजे अब पहले से कहीं ज़्यादा स्पष्ट होकर उभर रहे थे। 1885 में कांग्रेस की स्थापना होने के बाद से राजनीतिक विरोध की आवाज़ तीखी और ऊँची होने लगी थीं। सैयद अहमद और शिवप्रसाद जैसे पुराने क़िस्म के सरकारी ख़ैरख्वाह लोग इस बदलते समय की नब्ज पकड़ नहीं पाये और अपने आपको बदलने में असमर्थ रहे। हालाँकि 1888 में राजा शिवप्रसाद ने इलाहाबाद में हुए कांग्रेस के सम्मेलन में बाकायदा डेलीगेट बन कर भाग लिया था, पर वे अपनी सरकार समर्थक भावनाओं को छोड़ न सके। इसलिए जब साम्राज्यवाद विरोधी राष्ट्रीय आन्दोलनों का दौर शुरू हुआ तो राजा शिवप्रसाद जैसे लोग राजनीति और साहित्य दोनों में अप्रासंगिक होते चले गये।

भारतेन्दु ने लड़कपन में राजा शिवप्रसाद से अंग्रेज़ी पढ़ी थी, इसलिए उन्हें गुरुजी भी कहते थे। बाद में उन्होंने राजा शिवप्रसाद का मज़ाक उड़ाया जिसकी उन्हें महँगी कीमत चुकानी पड़ी। राजा शिवप्रसाद ने हाकिमों से उनकी शिकायत कर उन्हें सत्ता की सीढ़ियों पर ऊपर पहुँचने से रोक दिया। भारतेन्दु ने भी राजा शिवप्रसाद को अंग्रेज़ों का चापलूस, उर्दू परस्त और हिन्दी-हिन्दू विरोधी बता कर साहित्यिक जगत में बदनाम कर दिया। भारतेन्दु मण्डली राजा शिवप्रसाद का लगातार विरोध करती रही, उनके ख़िलाफ़ प्रचार चलाती रही जिससे शिक्षा, साहित्य और समाज में उनकी महत्त्वपूर्ण भूमिका और उपलब्धियों को ओझल कर दिया गया। उनके ख़िलाफ़ चलाये कुप्रचार को अलग कर दें तो आज उनकी तीन उपलब्धियों को स्पष्ट रूप से देखा जा सकता है। 1. पश्चिमोत्तर प्रान्त की शिक्षा व्यवस्था में हिन्दी को माध्यम बनाना और हिन्दी में पाठ्य पुस्तकें तैयार करना; 2. राजभाषा की लिपि बदलने की माँग उठा कर नागरी लिपि के आन्दोलन को जन्म देना और 3. साफ़ सुथरा प्रवाहपूर्ण गद्य लिखना।

सच पूछिये तो राजा शिवप्रसाद ने 19वीं सदी में पश्चिमोत्तर प्रान्त के भद्रवर्गीय समाज के अन्दर शक्ति सन्तुलन का इतिहास बदलने की लड़ाई लड़ी थी। ऊपर गिनायी गयी उनकी तीनों उपलब्धियाँ इसी लड़ाई का हिस्सा थीं। पश्चिमोत्तर प्रान्त में, सामाजिक जीवन और प्रशासन में मुस्लिम आभिजात्य वर्ग का बोलबाला था। भद्रवर्ग के अन्दर मुस्लिम सदस्य हिन्दुओं के 'बड़े भाईसाहब' बने हुए थे। यही वजह थी कि 1838 में फ़ारसी लिपि में लिखी जाने वाली उर्दू को प्रान्त की राजभाषा बनाया गया जिसके बल पर सरकारी नौकरियों और अदालतों पर भद्रवर्गीय मुसलमानों का क़ब्ज़ा क़ायम रहा। 1854 में चार्ल्सवुड के मशहूर डिस्पैच के मुताबिक़ देशी भाषा में शिक्षा देने के लिए मदरसे खोलने का

फ़ैसला लागू हुआ तो शिक्षा का माध्यम सिर्फ़ उर्दू को बनाने के आसार थे। उस समय हिन्दी भाषा की कहीं कोई पूछ नहीं थी। मुस्लिम बहुल शिक्षा विभाग में अगर शिवप्रसाद जी ने हिन्दी के पक्ष में आवाज़ न उठायी होती तो शिक्षा के क्षेत्र में हिन्दी का कहीं अस्तित्व न दिखता। शिवप्रसाद जी की इस ऐतिहासिक भूमिका को उनकी भाषा नीति के कट्टर विरोधियों ने भी मान्यता दी। लेकिन हिन्दी को शिक्षा का माध्यम बनवा देना ही काफ़ी नहीं था। उसमें पाठ्यपुस्तकें कहाँ थीं? दिल्ली, हरियाणा में शादी-ब्याह पर गाये जाने वाले कुछ गीतों और क़िस्से-कहानियों के अलावा खड़ीबोली हिन्दी में ऐसी क़िताबें कहाँ थीं कि उसको सैकड़ों स्कूलों में आधुनिक शिक्षा का माध्यम बनाया जाता? इस बड़े काम का बीड़ा भी राजा शिवप्रसाद ने ही उठाया।

पहली बार हिन्दी में इतिहास, भूगोल और प्राकृतिक विज्ञानों जैसे आधुनिक विषयों की स्कूली पाठ्यपुस्तकें तैयार करने का काम उन्होंने किया। यह काम अकेले आदमी का न था, सामूहिक प्रयास की ज़रूरत थी। लिहाज़ा अपने नेतृत्व में उन्होंने कई अच्छे लेखकों का दल तैयार किया जिन्होंने सरल हिन्दी में गणित तथा दूसरे विषयों की पाठ्यपुस्तकें बनाने की ज़िम्मेदारी सँभाली। राजा शिवप्रसाद के इस काम का मूल्यांकन अभी तक हिन्दी में नहीं हुआ है। आज स्कूली पाठ्यपुस्तकें बड़ी-बड़ी सरकारी, अर्द्ध सरकारी और ग़ैर सरकारी संस्थाएँ तैयार कर रही हैं। लेकिन इस काम को पहली बार करते हुए कैसी समस्याओं का सामना करना पड़ा था और उनका हल कैसे निकाला गया था? हिन्दी माध्यम में आधुनिक शिक्षा पाना आज आम बात हो चुकी है, लेकिन इसके पीछे राजा शिवप्रसाद जैसे लोगों का जो परिश्रम और कठिन संघर्ष था, उसे हम भूल चुके हैं। यह याद दिलाने की ज़रूरत है कि जिस पारिभाषिक शब्दावली की समस्या से हिन्दी आज भी जूझ रही है, उसका सामना सबसे पहले राजा शिवप्रसाद को करना पड़ा था। ***भूगोल हस्तामलक*** और ***विद्यांकुर*** जैसी आधुनिक ज्ञान-विज्ञान की पुस्तकें बनाते हुए उन्होंने बिना किसी शोर-शराबे के, अपनी समझ से जिन पारिभाषिक शब्दों को चुना—जैसे तत्त्व, पिण्ड, आकर्षण, तापमान, आधार, समकोण, न्यूनकोण, समद्विबाहु, परिधि, व्यास वग़ैरह—वे इतने सटीक निकले कि आज भी इनका प्रयोग जारी है और इनका विकल्प ढूँढ़ने की कभी ज़रूरत नहीं पड़ी। भारत के प्राचीन, मध्यकालीन और आधुनिक (1857 तक) इतिहास पर लिखी गयी उनकी क़िताब ***इतिहास तिमिर नाशक*** को विद्यार्थियों के अलावा बड़े भी उतने ही चाव से पढ़ते थे और यह क़िताब 19वीं सदी में ***चन्द्रकान्ता*** के बाद

सबसे लोकप्रिय किताब थी। दयानन्द सरस्वती तक ने इस किताब से उद्धरण दे रखे हैं। राजा शिवप्रसाद की राजनीतिक समझ; इतिहास दृष्टि और सजीव लेखन शैली की यह सबसे प्रतिनिधि रचना है। राजा शिवप्रसाद बहुत अच्छे अनुवादक भी थे। कई भाषाओं की जानकारी होने के कारण उनका अनुवाद कार्य बहुत महत्त्वपूर्ण साबित हुआ। पाठ्यपुस्तकें बनाने के सिलसिले में उन्होंने अंग्रेज़ी से हिन्दी और उर्दू दोनों में अनुवाद किये। अंग्रेज़ी से उर्दू में किया गया उनका एक अनुवाद ***दुनालन*** बहुत महत्त्वपूर्ण है जो मिस ग्रेस केनेडी की एक कथा रचना का कुछ सुधरा हुआ संक्षिप्त रूप है। अमेरिका में दास प्रथा के ख़िलाफ़ लड़ने वाले समाज सुधारक थॉमस डे की कहानियों के एक संग्रह का भी उन्होंने हिन्दी में अनुवाद किया—***सैंडफ़ोर्ट और मरटन की कहानी।*** कथा साहित्य के ये दोनों अनुवाद अपनी चलती हुई जानदार भाषा के कारण बहुत दिलचस्प हैं। जूनियर सिविल सर्वेंट्स और फ़ौजी अफ़सरों की हिन्दी परीक्षा का पाठ्यक्रम बनाने के दौरान उन्होंने ***गुटका*** शीर्षक से हिन्दी की साहित्यिक रचनाओं के तीन संग्रह सम्पादित किये जो शिक्षा संस्थाओं में हिन्दी साहित्य के सबसे पहले संकलन थे। ये संकलन लम्बे समय तक लोकप्रिय बने रहे। इन संकलनों में उन्होंने न सिर्फ़ अपने साहित्यिक विवेक का परिचय दिया बल्कि अपने विरोधियों की रचनाएँ शामिल कर अपने बड़प्पन का भी परिचय दिया। इंशा अल्ला ख़ाँ की ***रानी केतकी की कहानी,*** तुलसीदास के ***रामचरितमानस,*** जायसी के ***पद्मावत,*** बिहारीलाल के दोहों के अलावा इनमें लल्लू लाल के ***प्रेम सागर*** और राजा लक्ष्मण सिंह के अनुवाद ***शाकुन्तला*** को भी इसमें स्थान मिला। इन्हीं संकलनों के लिए 1867 में उन्होंने ***राजा भोज का सपना*** जैसी प्रभावशाली और मशहूर रचना लिखी जो निश्चित रूप से हिन्दी की पहली कहानी समझी जानी चाहिए।

हिन्दी को शिक्षा का माध्यम बनाना और उसमें आधुनिक विषयों की पाठ्यपुस्तकें तैयार करना उस युग की एक ऐसी ऐतिहासिक ज़रूरत थी जिसके बिना पश्चिमोत्तर प्रान्त में शिक्षित हिन्दीभाषी मध्यवर्ग का विकास नहीं हो सकता था। इस ज़रूरत को पूरा करने के बाद इसकी अगली लड़ाई भी राजा शिवप्रसाद ने ही लड़ी। राजकाज और अदालतों में शिक्षित ***हिन्दी भाषी*** भद्र वर्ग को प्रतिष्ठित करने के लिए उन्होंने राजभाषा की उर्दू लिपि को हटाने और उसकी जगह नागरी लिपि लागू करने के आन्दोलन को जन्म दिया। इस माँग से बड़ी उथल-पुथल मची, क्योंकि इसके राजनीतिक निहितार्थ बहुत गम्भीर और दूर तक जाने वाले थे। अदालती भाषा की लिपि बदलने की माँग असल में

प्रान्तीय ***भद्र वर्ग*** के अन्दर हिन्दू-मुसलमानों के बीच शक्ति-समीकरण बदलने की गम्भीर कोशिश थी। इससे प्रान्त में हिन्दू मुस्लिम राजनीतिक संघर्ष की एक दिशा तय हो गयी। आगे चल कर भारतेन्दु, नागरी प्रचारिणी सभा, मदनमोहन मालवीय और हिन्दी साहित्य सम्मेलन ने जो हिन्दी आन्दोलन चलाया, उस आन्दोलन की मूल विचारधारा के जनक राजा शिवप्रसाद ही थे। हिन्दी आन्दोलन की विचारधारा और उसके सभी बुनियादी तर्क शिवप्रसाद जी के 1868 ई. के मेमोरेंडम में मिल जाते हैं। हिन्दी आन्दोलनकारियों की यह कृतघ्नता थी कि उन्होंने इसका श्रेय राजा शिवप्रसाद को नहीं दिया; अपनी परम्परा को उस व्यक्ति से नहीं जोड़ा, जहाँ से वह शुरू हुई थी।

राजा शिवप्रसाद अपने समय के बड़े प्रभावशाली आदमी थे। हिन्दी को शिक्षा का माध्यम बनाना और उसमें पाठ्यपुस्तकें तैयार करना उनकी ऐतिहासिक उपलब्धि थी। जो उपलब्धि हमारे लिए आज भी अर्थ रखती है, वह उनका गद्य है। 1873 में भारतेन्दु से हिन्दी नयी चाल में ढली—यह हिन्दी साहित्य के इतिहास का सबसे बड़ा झूठ है। जब भारतेन्दु का सिर्फ़ जन्म हुआ था, उस वक़्त भी राजा शिवप्रसाद ऐसी निखरी हुई हिन्दी लिख रहे थे जिसे भारतेन्दु अपने जीवन के अन्त तक छू नहीं पाये। राजा शिवप्रसाद ने खड़ीबोली हिन्दी के गद्य को उस ज़माने में प्रतिष्ठित किया था जब शिक्षित भद्र वर्ग की नज़रों में हिन्दी एक गँवारू बोली समझी जाती थी और भद्रवर्गीय हिन्दू भी अरबी-फ़ारसी बूकने में ही अपनी शान समझते थे। शिवप्रसाद के गद्य का ऐतिहासिक महत्त्व यह था कि उन्होंने हिन्दी गद्य लेखन को उर्दू के टक्कर का बनाया और शिक्षित समाज में प्रतिष्ठित किया। उस गद्य की साहित्यिक विशेषताएँ भी कम महत्त्व नहीं रखतीं। राजा शिवप्रसाद जैसा साफ़-सुथरा, प्रवाहपूर्ण, मुहावरेदार और सधा हुआ गद्य लिखने वाला पूरी 19वीं सदी में दूसरा कोई नहीं हुआ। भारतेन्दु की भाषा उनके मुक़ाबले में लद्धड़ और बेढंगी थी। भारतेन्दु आमतौर पर ऐसी भाषा लिखते थे : "रविवार के दिन रूस के शाहनशाह जार राजकीय गाड़ी में बैठ कर भजन मन्दिर से अपने भवन में जाते थे कि इस बीच किसी दुष्ट ने कुलफीदार गोला उनकी गाड़ी के नीचे फेंका, परन्तु वार ख़ाली गया। तब दूसरा फेंका। इस बेर गोला फूट गया और उसके भीतर की बारूद और गोलियों ने चारों और उड़ कर गाड़ी को विध्वंस किया!" (1881 ई.) राजकीय गाड़ी, भजन मन्दिर (गिरजाघर)। इस बेर और गाड़ी को विध्वंस किया जैसे प्रयोग भारतेन्दु ही कर सकते थे। कई बार बालकृष्ण भट्ट और प्रतापनारायण मिश्र भारतेन्दु से कहीं ज़्यादा साफ़-सुथरा

और जानदार गद्य लिखते थे। पर इन सबकी भाषा में पूरबी प्रयोगों के साथ बेमेल संस्कृत शब्दों का योग इनके गद्य को थोड़ा-बहुत अटपटा बनाता था। यह अटपटापन राजा शिवप्रसाद के गद्य में भूल से भी नहीं दिखायी देता। पदार्थ विज्ञान, इतिहास और भूगोल जैसे विषयों की पाठ्यपुस्तकों तक में जैसा निखरा हुआ गद्य उन्होंने लिखा, वह दूसरे लेखकों की साहित्यिक रचनाओं में भी नहीं मिलता। दूसरे लेखकों के मुक़ाबले 25-30 साल पहले 1855 में लिखे गये ***भूगोल हस्तामलक*** में उनके गद्य का नमूना देखिए : "वह सारा मकान संगमरमर का बना है और उस पर लाजवर्द, अकीक, सुलैमानी, गोरी, तामड़ा, यशम, बिलौर, फीरोज़ा इत्यादि सैकड़ों क़िस्म के कीमती पत्थर जड़ कर ऐसे बेल-बूटे फूल-फल और जानवर बनाये हैं कि मानों किसी चितेरे ने हाथी दाँत पर अभी तस्वीरें खींच दी हैं। तस्वीर भी कैसी कि यह न मालूम हो कि तस्वीरें खीची हैं या सचमुच किसी ने बाग से फूल फल तोड़ कर उस पर ला रखे हैं। बारीकी का यह हाल है, अठन्नी बराबर एक फूल में सत्तर टुकड़े पत्थर के और फिर भी नाख़ून घिसने से उस पर न अटक पत्तियों में हल्के भारी रंग का होना, रंग रेशों का जुदा जुदा दिखाई देना, यही मन में लाता है कि इसको बनाने वाला कारीगर यहाँ होता तो उसके हाथ चूमते, पर कहते हैं कि शाहजहाँ ने उसके हाथ कटवा डाले थे जिससे फिर दूसरा मकान ऐसा न बना सके।" ज़ाहिर है राजा शिवप्रसाद अपने समय से बहुत आगे का गद्य लिख रहे थे।

राजा शिवप्रसाद की मृत्यु के बरसों बाद जाकर भारतेन्दु मण्डली के 'प्रेमधन' ने स्वीकार किया कि राजा शिवप्रसाद की भाषा का जादू सिर पर चढ़ कर बोलता था। उन्होंने विभिन्न शैलियों में हिन्दी गद्य लिखा और हर शैली में वे बेजोड़ थे। कइयों ने राजा साहब को 'उर्दूपरस्त' कहते हुए बड़ी ग़ैर ज़िम्मेदारी से उनकी भाषा को 'नागरी अक्षरों में लिखी उर्दू' कहा है। यह आरोप शिवप्रसाद विरोधी कुप्रचार का हिस्सा था। वास्तव में राजा शिवप्रसाद की भाषा अपने समय की ज़्यादा स्वाभाविक और सजीव भाषा थी बनिस्बत उस भाषा के जिसमें जान-बूझ कर प्रचलित उर्दू शब्दों को हटा कर संस्कृत शब्द रखे जाते थे। राजा शिवप्रसाद के गद्य की 90 प्रतिशत भाषा आसान, मुहावरेदार हिन्दी है। सिर्फ़ 10 प्रतिशत भाषा ऐसी थी जिसे कठिन अरबी फ़ारसी शब्दों से बोझिल कहा जा सकता है। यह भाषा उनकी आख़िरी दो एक क़िताबों में आयी, ***इतिहास तिमिर नाशक*** में कुछ हद तक, ***सिक्खों का उदय और अस्त*** में काफ़ी हद तक। इसी 10 प्रतिशत भाषा के नमूनों को बार बार उछाल कर उनकी 90 प्रतिशत

भाषा को नज़रअन्दाज़ करके विरोधियों ने उन्हें 'उर्दूपरस्त' कह कर बदनाम किया। यहाँ यह भी याद कर लेना चाहिए कि शिवप्रसाद जी हिन्दी और उर्दू, दोनों के लेखक थे। उनकी क़िताबें दोनों में हैं। आसान हिन्दी की तरह वे हमेशा आसान उर्दू के हिमायती रहे। उनकी उर्दू क़िताबों की भाषा इसका सबूत है कि उनकी हिन्दी और उर्दू में फ़र्क़ बहुत कम रहता था। उन्होंने उर्दू में कठिन अरबी फ़ारसी शब्दावली भरने का हमेशा कड़ा विरोध किया और इस नीति को अपने मातहत काम करने वाले मुस्लिम अफ़सरों की उर्दू भाषा पर भी कड़ाई से लागू किया।

शिक्षा के क्षेत्र में राजा शिवप्रसाद ने एक समस्या का हल ढूँढ़ने की कोशिश की जो दरअसल एक सामाजिक समस्या थी। जब स्कूली पाठ्यपुस्तकें बनाने का काम उन्होंने हाथ में लिया तो उनके सामने समस्या यह आयी कि इन क़िताबों में भाषा का स्वरूप क्या हो? स्कूल में हिन्दू बच्चे पढ़ते थे और मुसलमान भी। एक ही विषय दोनों को अलग-अलग भाषा में लिखाया-पढ़ाया जाता था, जबकि दोनों तरह के बच्चे एक ही प्रान्त के, एक ही जिले के, एक ही शहर या गाँव के निवासी होते थे और उनकी बोलचाल की ज़ुबान एक होती थी। पश्चिमोत्तर प्रान्त में एक जातीयता के विकास में यह समस्या बाधक थी। इस समस्या के हल के लिए उन्होंने स्कूल की क़िताबों में भाषा का ऐसा स्वरूप रखना तय किया जिसमें हिन्दू और मुसलमान, दोनों बच्चे समान रूप से पढ़-लिख सकें। क़िताबों की लिपि भले ही अलग-अलग रखनी पड़े, पर उनकी भाषा एक ही हो। इसे विडम्बना ही कहिए कि जो लोग आज हिन्दी जाति का स्वप्न देखते और सिद्धान्त गढ़ते हैं, वे इस प्रसंग में राजा शिवप्रसाद के प्रयत्नों को सामने नहीं रखते। इसके उल्टे वे भारतेन्दु मण्डली के लेखकों की भाषा नीति को आदर्श समझते हैं जो वास्तव में हिन्दी को हिन्दू जाति और उर्दू को मुस्लिम जाति से सम्बन्धित मान कर चलते थे और जिन्होंने दोनों के लिए एक भाषा के सवाल पर कभी चिन्ता नहीं की। राजा लक्ष्मण सिंह की तरह हिन्दी और उर्दू को दो न्यारी न्यारी भाषाएँ मानने की बात तो दूर रही, राजा शिवप्रसाद तो भारतेन्दु या दूसरे लेखकों की तरह हिन्दी उर्दू को सिर्फ़ मुँहज़ुबानी एक बता कर सन्तुष्ट हो जाने वालों में भी नहीं थे। अपनी क़िताबों की भूमिकाओं में उन्होंने भाषा के स्वरूप के प्रश्न पर लगातार सोच-विचार किया। ***हिन्दी व्याकरण*** की भूमिका में उन्होंने लिखा : "यह बात काफ़ी अजीब है कि हमारी देशी भाषा हमेशा दो ऐसी जुदा-जुदा लिपियों फ़ारसी और नागरी में लिखी जाये

जिनमें से एक दाहिने से बायें और दूसरी बायें से दाहिने को चलती हैं। लेकिन यह तो और भी विचित्र बात है कि उनके व्याकरण भी दो हों।" अगर हिन्दी और उर्दू बोलचाल की एक ही ज़ुबान है तो उनका व्याकरण भी एक होना चाहिए। उन्होंने आगे बढ़कर इनका एक ही व्याकरण लिखने का साहस भरा प्रयास किया। हिन्दी और उर्दू को व्याकरण की दृष्टि से और बुनियादी तौर पर एक ही भाषा मानने वाले भाषाविद् और आलोचक आज भी कम नहीं हैं, पर उनमें से कितनों ने इनका एक व्याकरण लिखने का प्रयास किया? भारतेन्दु ने अपनी पत्रिका में राजा शिवप्रसाद के इस प्रयास का मज़ाक उड़ाया। हिन्दू और मुसलमान बच्चों की शिक्षा एक ही भाषा में हो यह समस्या भारतेन्दु के सामने कभी आयी ही नहीं थी। राजा शिवप्रसाद के उस प्रयास में, जो ***हिन्दी व्याकरण*** किताब के रूप में सामने आया, कई कमियाँ थीं। पर इसमें शक़ नहीं कि राजा शिवप्रसाद ने एक ऐतिहासिक क़दम उठाया था। आगे आने वाली पीढ़ियों ने उनके प्रयास को दरकिनार कर दिया। आज हिन्दी उर्दू का एक व्याकरण तैयार करने की बात कोई नहीं करता। तो क्या पश्चिमोत्तर प्रान्त में एक जातीयता के विकास की समस्या हल हो गयी?

19वीं सदी में भाषा के सवाल पर राजा शिवप्रसाद का यह स्पष्ट और सुदृढ़ मत था कि हिन्दी और उर्दू, दोनों दो अलग ज़ुबानें नहीं हैं, ये मूलतः एक ही भाषा हिन्दी या उर्दू को पढ़ने का सवाल नहीं है। भले ही उन्हें दो अलग-अलग लिपियों में लिखा जाये, लेकिन दोनों लिपियों में लिखी जाने वाली भाषा एक ही है और एक ही होनी चाहिए। राजा शिवप्रसाद बोलचाल की इस ज़ुबान को राजभाषा के तौर पर फ़ारसी लिपि में लिखने के ख़िलाफ़ थे। अपने मेमोरेंडम में उन्होंने स्पष्ट लिखा कि मुस्लिम शासकों ने देशी भाषा को फ़ारसी लिपि में लिखने का चलन अपनी सुविधा के लिए शुरू किया था, पर आम लोगों ने उसे कभी नहीं अपनाया, न वह लिपि उनके लिए सुविधाजनक थी। इसलिए सवाल लिपि को बदलने का है, बोलचाल की भाषा को नहीं। राजा शिवप्रसाद ने हंटर कमीशन के सामने गवाही देते हुए हिन्दी के उन लेखकों को कोसा जो लिपि की जगह भाषा के सवाल को केन्द्र में ला रहे थे यानी भाषा का स्वरूप हिन्दी या उर्दू अलग-अलग न होकर, उनका एक सामान्य स्वरूप होना चाहिए, लेकिन इस सामान्य भाषा के लिए लिपि फ़ारसी नहीं, नागरी होनी चाहिए। इसी अर्थ में शिवप्रसाद जी उर्दू विरोधी नहीं थे। क्या ऐतिहासिक दृष्टि से वे सही थे? इसका अन्दाज़ा इस बात से लगाया जा सकता है कि 1897 में मदनमोहन मालवीय के

नेतृत्व में नागरी प्रचारिणी सभा के प्रतिनिधिमण्डल ने लेफ़्टीनेंट गवर्नर मैकडॉनल्ड को जो मेमोरियल दिया, उसमें भी अदालती भाषा को बदलने की माँग नहीं की गयी, सिर्फ़ लिपि बदलने की माँग की गयी थी। उसी आधार पर 1900 ई. में अदालती भाषा में फ़ारसी लिपि के साथ नागरी लिपि के इस्तेमाल की भी इज़ाजत दी गयी।

राजा शिवप्रसाद अपने समय के विद्वान पुरुष थे। वे हिन्दी, उर्दू, संस्कृत, अरबी, फ़ारसी और अंग्रेज़ी के अच्छे जानकार थे। उनकी लिखी क़िताबों की भूमिकाएँ बहुत महत्त्वपूर्ण हैं क्योंकि उनमें उनकी सैद्धान्तिक अवधारणाएँ प्रकट हुई हैं। हिन्दी उर्दू में गद्य लिखने के अलावा उन्होंने "वाहबी" तखल्लुस से शायरी भी की थी। वे सिर्फ़ साहित्य के विद्वान न थे, बल्कि दर्शन, इतिहास, भूगोल, प्राकृतिक विज्ञान और धर्मशास्त्र के भी विद्वान थे। उनकी विद्वता की झलक इन विषयों से सम्बन्धित उनकी बनायी क़िताबों में दिखायी देती है। हिन्दी में इतिहास और भूगोल जैसे विषयों के वे पहले आधुनिक लेखक थे। इतिहास लेखन की आधुनिक यूरोपीय पद्धति से वे प्रभावित हुए। ***इतिहास तिमिर नाशक*** में पुराणों को पहली बार इतिहास से अलग करते हुए पौराणिक कथाओं को इतिहास लेखन का प्रामाणिक स्रोत मानने से इनकार किया गया। भूगोलशास्त्र पूरी तरह से यूरोपीय सम्पर्क से आया एक आधुनिक विषय था, जिस पर हिन्दी में शिवप्रसाद जी ने पहली बार ***भूगोलहस्तामलक*** जैसा बड़ा ग्रन्थ लिखा। ***'विद्यांकुर'*** में प्राकृतिक विज्ञानों का दिलचस्प ढंग से वर्णन किया। यह सच है कि उन्होंने जितने भी ग्रन्थ लिखे, पाठ्यपुस्तकों के रूप में ही लिखे और उनकी सामग्री ज़्यादातर यूरोपीय लेखकों के ग्रन्थों से ली या फिर संस्कृत, अरबी और फ़ारसी स्रोतों से। ऐसा होना बिलकुल स्वाभाविक था क्योंकि यह एक नयी शुरुआत थी। अंग्रेज़ों ने जो शिक्षा प्रणाली लागू की, वह भारत के लिए नयी थी। उसमें आधुनिक ज्ञान-विज्ञान के विषयों के लिए जिन पाठ्यपुस्तकों की आवश्यकता थी, देशी भाषाओं में उनकी कोई परम्परा न थी जिससे शिवप्रसाद जी को कोई मदद मिल पाती। इसलिए भारतेन्दु या उनके मित्रों द्वारा राजा शिवप्रसाद की मौलिकता का उपहास करना उचित न था। उनमें से किसी को भी स्कूली पाठ्यपुस्तकें तैयार करने की ज़िम्मेदारी अगर सौंपी जाती तो उन्हें भी वही रास्ता अपनाना पड़ता जो राजा शिवप्रसाद ने अपनाया था।

राजा शिवप्रसाद हिन्दी नवजागरण के प्रवर्तक और उसके अंग थे। हिन्दी नवजागरण में तीन मुख्य आन्दोलन हुए—अदालती भाषा की लिपि बदलने का,

उर्दू के ख़िलाफ़ शुद्ध हिन्दी का और गोरक्षा का। इनमें से पहले आन्दोलन की शुरुआत शिवप्रसाद जी ने की। उर्दू विरोधी आन्दोलन का उन्होंने समर्थन नहीं किया। गोरक्षा के वे समर्थक थे। 1882 के गोरक्षा आन्दोलन के दौरान काशी नरेश ईश्वरी नारायण सिंह ने इंग्लैंड के सांसदों तक गोरक्षा की पुकार पहुँचाने के लिए अपने खर्चे से कुछ लोगों को इंग्लैंड भेजने का फ़ैसला किया था। इन लोगों में सबसे मुख्य राजा शिवप्रसाद ही थे। लेकिन यह कार्यक्रम अमल में लाया गया कि नहीं, इसका पता नहीं चलता।

हिन्दी नवजागरण के नेताओं ने 19वीं सदी के सुधार आन्दोलनों के माहौल में कुछ एक सामाजिक सुधारों को तो स्वीकार कर लिया था, पर धर्म के मामले में वे कुछ ऊपरी सुधारों तक ही सीमित रहे। वे परम्परागत धर्म में बुनियादी सुधारों के सख़्त ख़िलाफ़ थे। राजा शिवप्रसाद इस अर्थ में भी हिन्दी नवजागरण के हिस्सा थे। ***मनुस्मृति*** के बताये गये धर्म में किसी भी बुनियादी तब्दीली का उन्होंने कड़ाई से विरोध किया। हालाँकि वे जैन धर्मावलम्बी थे, पर दूसरे जैनियों की तरह उनके परिवार का भी हिन्दूकरण काफ़ी हद तक हो चुका था। वे ख़ुद ईसाइयत और इस्लाम के ख़िलाफ़ हिन्दुत्व की लड़ाई लड़ते थे। वे ***मनुस्मृति*** को सभी हिन्दुओं के लिए, बल्कि मनुष्य मात्र के लिए आदर्श धर्मग्रन्थ मानते थे। उन्होंने इसके चुने हुए हिस्सों का अनुवाद कर ***मानवधर्मसार*** शीर्षक से छपवाया। इसके साथ ही वे समाज और धर्म पर ब्राह्मणों के वर्चस्व के भी विरोधी थे। ब्राह्मण विरोधी होने के कारण ही बौद्ध धर्म के प्रति उन्हें हमदर्दी थी। ***इतिहास तिमिर नाशक*** में उन्होंने बौद्ध धर्म के उभार को उत्पीड़ित शूद्रों के अधिकारों की लड़ाई के साथ जोड़ कर देखा।

19वीं सदी के पश्चिमोत्तर प्रान्त में दयानन्द सरस्वती और उनका आर्य समाज धर्म सुधार आन्दोलन की सबसे मुख्य शक्ति था। दयानन्द से राजा शिवप्रसाद की सबसे पहली मुलाक़ात बनारस में 1876 में हुई। हिन्दू धर्म के प्रामाणिक ग्रन्थों पर उनके बीच कुछ वाद-विवाद पत्राचार के रूप में चला। यह विवाद आगे कटु होता गया। दोनों ने अपने पत्राचार को भूमिका सहित प्रकाशित करा दिया। हिन्दू धर्म में सुधार के लिए दयानन्द पुराणों, स्मृतियों और उपनिषदों की जगह सिर्फ़ वेदों को प्रामाणिक मानने के पक्ष में थे। इसलिए उन्होंने वेदों को ईश्वरप्रणीत कहा, जबकि बाक़ी ग्रन्थों को मनुष्यों द्वारा रचित माना। बाक़ी ग्रन्थों की प्रामाणिकता को उन्होंने वेदों के अधीन माना; उनके उतने ही अंश अपनाने योग्य माने जो वेदों से मेल खाते हों। शास्त्रों से प्रमाण ढूँढ़कर व्यवस्था देने में पारंगत काशी के

पण्डितों से राजा शिवप्रसाद घनिष्ठ सम्बन्ध रखते थे। इन्हीं पण्डितों से 1866 के अन्त में दयानन्द का प्रसिद्ध शास्त्रार्थ हुआ था। राजा शिवप्रसाद ने दयानन्द के विचारों का खुल कर विरोध किया। उन्होंने दयानन्द को चुनौती देते हुए लिखा कि स्मृतियों, उपनिषदों और वेदों के बीच प्रामाणिकता का फ़र्क़ करना ग़लत है। हिन्दुओं के लिए ये सभी ग्रन्थ समान रूप से प्रामाणिक हैं। अगर स्मृतियाँ और उपनिषद मनुष्य रचित हैं, तो वेद भी मनुष्य रचित हैं। अगर वेद ईश्वर प्रणीत हैं तो स्मृतियाँ और उपनिषद भी ईश्वर प्रणीत है। उन्होंने दयानन्द को मनमानी करने का दोषी ठहराया, उनकी तर्क पद्धति का मज़ाक उड़ाया और काशी के पण्डितों की मदद से यह प्रचारित करा दिया कि शिवप्रसाद के प्रश्नों के उत्तर दयानन्द नहीं दे सके। वास्तव में राजा शिवप्रसाद ने भी हिन्दी नवजागरण के दूसरे लेखकों की तरह दयानन्द के सुधार आन्दोलन के सिर्फ़ कमज़ोर पहलुओं को अपना निशाना बनाया। राजा शिवप्रसाद के सामने धर्म और समाज में बुनियादी सुधार लाने की वह समस्या नहीं थी जिसे हल करना दयानन्द के जीवन का उद्देश्य था।

राजा शिवप्रसाद के जीवन काल में बनारस में एक ख़ास धार्मिक आन्दोलन जोरों से उभरा वह था। कर्नल अल्काट और मैडम ब्लैवत्स्की का थियोसाफ़ी का आन्दोलन। इस आन्दोलन में दुनिया के प्राचीन धर्मों, जैसे बौद्ध, हिन्दू इत्यादि को श्रेष्ठ मानते हुए, साधना के बल पर सिद्धियाँ हासिल करने, मृत आत्माओं को बुलाने और चमत्कार करके दिखाने पर काफ़ी जोर था। बनारस का युवा शिक्षित वर्ग इस आन्दोलन से काफ़ी आकर्षित हुआ। स्कूल-कॉलेजों से पढ़कर निकले कुछ विद्यार्थी उसके अनुयायी भी बन गये। राजा शिवप्रसाद ने थियोसाफ़ी आन्दोलन का कड़ा विरोध किया। कर्नल अल्काट के विचारों को सुनने के बाद 8 अगस्त, 1885 को बनारस इंस्टिट्यूट में थियोसाफ़ी पर राजा शिवप्रसाद का लम्बा भाषण हुआ। ज्ञान और कर्म, हृदय पक्ष और बुद्धि पक्ष के द्वन्द्व का विवेचन करते हुए उन्होंने थियोसाफिस्टों की, ख़ासकर मादाम ब्लैवत्स्की की सिद्धियों और चमत्कारों की पोल खोल दी और विद्यार्थियों को आगाह किया कि वे ऐसे धूर्ततापूर्ण धार्मिक प्रपंच में न पड़ें। भारतीयों को बाहर से आये लोगों से धर्म सीखने की ज़रूरत नहीं, उनका अपना परम्परागत धर्म ही उनके लिए श्रेष्ठ है। यह कहते हुए राजा शिवप्रसाद ने न सिर्फ़ थियोसाफ़ी की बल्कि देवेन्द्रनाथ ठाकुर, केशवचन्द्र सेन और दयानन्द सरस्वती की भी आलोचना करते हुए मनुस्मृति में बताये गये मूल हिन्दू धर्म में आस्था बनाये रखने का आग्रह किया।

सामाजिक सुधारों के राजा शिवप्रसाद समर्थक थे। वे बनारस इंस्टिट्यूट के प्रमुख सदस्य थे। यह संस्था तत्कालीन हिन्दू-मुस्लिम शिक्षित भद्र वर्ग की सबसे मुख्य बौद्धिक संस्था थी जिसकी बैठकों में सामाजिक प्रगति और सुधार से सम्बन्धित विषयों पर परचे पढ़े जाते और विचार-विमर्श होता था। इसमें अंग्रेज़ विद्वान भी भाग लेते थे। राजस्थान की भरतपुर रियासत के दीवान के पद पर काम करते हुए उन्हें राजस्थानी रियासतों के नरेशों का काफ़ी अनुभव हुआ। अपनी आत्मकथा में उन्होंने इन देशी रजवाड़ों की मूर्खता, अत्याचारों और अहंकार की तीखी आलोचना करने के साथ-साथ उनकी हँसी भी उड़ायी है जो इसी विषय पर लिखे भारतेन्दु के ***'लेवी/प्राणलेवी'*** लेख की याद दिला देती है। उन दिनों राजस्थान के राजपूतों में लड़कियों को जन्मते ही मार देने की बर्बर प्रथा जोरों से प्रचलित थी जिसे उठा देने के लिए कई प्रयत्न किये गये, अंग्रेज़ी शासन ने भी मदद की, लेकिन सफलता नहीं मिली। राजा शिवप्रसाद ने इस प्रथा की बर्बरता और अनैतिकता को काफ़ी शिद्दत से महसूस किया और इसके ख़िलाफ़ आवाज़ उठायी। तीसरे ***गुटका*** में उन्होंने ख़ुद ***वीर सिंह का वृतान्त*** नाम से एक कहानी इस प्रथा की बर्बरता का अहसास कराने और उसे ख़त्म करने की प्रेरणा देने के लिए लिखी। आधुनिक हिन्दी साहित्य में सामाजिक सुधारों के लिए सोद्देश्य साहित्य लेखन की यह पहली रचना थी जिसकी परम्परा में आगे चलकर प्रेमचन्द इतने मशहूर हुए। बाल विवाह, बहु विवाह, अनमेल विवाह, विधवा विवाह और स्त्री शिक्षा जैसी सामाजिक सुधार की समस्याओं पर अलग से उन्होंने नहीं लिखा। इसकी वजह शायद यही थी कि उनकी सभी रचनाएँ पाठ्यपुस्तकों के रूप में हैं। लेकिन पाठ्यपुस्तकों में जहाँ भी उन्हें मौक़ा मिला या वे मौक़ा निकाल सके, उन्होंने सामाजिक समस्याओं पर अपने विचार ज़रूर लिखे। मसलन ***इतिहास तिमिर नाशक*** के तीसरे खण्ड में मध्यकालीन मुस्लिम शासन के ख़िलाफ़ अंग्रेज़ी शासन की तारीफ़ करते हुए उन्होंने जो कुछ लिखा, उससे इन सामाजिक प्रश्नों पर उनका रुख़ समझ में आता है। भारत में अंग्रेज़ी शासन क़ायम होने से पहले के सामाजिक इतिहास पर टिप्पणी करते हुए उन्होंने लिखा—"...ब्राह्मणों की स्वार्थनिष्ठा ने आर्यों को वैदिक से बौद्ध बनाया, बौद्धों ने ऐसा धर्म चलाया कि क्षत्रियों को बनिया कर दिखाया। मुसलमानों की बेरहमी, सख़्ती, जबर्दस्ती और ऐशपरस्ती ने दोनों को डुबाया। लड़कियों को मारने लगे, औरतों को पर्दे में रखने लगे, मुसलमानों से बचने को चौका-चूल्हा और छुआछूत का अत्यन्त विचार करने लगे, खुशामद के लिए झूठ बोलना भी सीखना पड़ा।

इनका अब मजहब ही इस तरह का हो गया कि अक्सर बेकाम रहने लगे और यह बिगड़ने का पहला जीना है। जात का बराव न घर में तरक्की होने देता है, न बाहर से तरक्की को आने देता है। जहाँ बादशाह ख़ुदमुख्तार शुतुर बे मुहार होता है, मुवानसत में हर्गिज तरक्की नहीं होती, किसी तरह की सभ्यता उन्नति को नहीं पहुँचती। जो लोग अपनी माँ को अपने बाप की लाश के साथ अपने हाथ से जीती जला दें, जो लोग अपनी कन्या को होते ही मार डालें, जो लोग सैकड़ों स्त्रियों से विवाह करें और उन्हें क़ैदियों की तरह घर में बन्द रखें, जो लोग मनुष्य की बलि दें और फिर कल्याण की आशा करे, जो लोग अपने हमजिंस को लड़ाई ही में नहीं वरन दुकानों में रख कर भेड़, बकरी की तरह बेचें—हम नहीं जानते कि उन्हें किस दर्जे का सभ्य बतलावें। हम तो उन्हें शायद आदमी कहने में भी शर्मावें। (पृ. 118, खण्ड 3) अंग्रेज़ी शासन ने आकर अपनी शिक्षा और क़ानूनों के ज़रिये इस असभ्य अवस्था से हिन्दुस्तानियों को बाहर निकाला। सामाजिक पतन का यह बोध जहाँ एक ओर मुस्लिम विरोधी तर्कों को उचित ठहराने का काम करता था, वहीं दूसरी ओर अंग्रेज़ों के प्रति अपनी कृतज्ञता को भी प्रकट करने का आधार जुटाता था। राजा शिवप्रसाद पश्चिमोत्तर प्रान्त में उस सबसे पहली शिक्षित भद्रवर्गीय पीढ़ी के प्रतिनिधि थे जिसे औपनिवेशिक शासन ने पैदा किया था और जिसके वर्गीय हित अंग्रेज़ी शासन के बने रहने के साथ जुड़े हुए थे।

राजा शिवपत्ताद 19वी सदी की महत्त्वपूर्ण हस्ती थे। उस दौर की बहुत सी घटनाओं के सूत्र उनसे जुड़े हुए थे। उन्हें छोड़ कर उस दौर के इतिहात को न समझा जा सकता है, न लिखा जा सकता है। हिन्दी नवजागरण के अन्दर वे सबसे विवादास्पद चरित्र थे। अपने साफ-सुथरे, प्रवाहपूर्ण गद्य के कारण और हिन्दी विवाद के सिलसिले में वे आज भी अप्रासंगिक नहीं हैं। हिन्दी-उर्दू साहित्य के और हिन्दी भाषी समाज के इतिहास में उनकी भूमिका पर पुनर्विचार की आवश्यकता है।

खड़ीबोली आन्दोलन और अयोध्याप्रसाद खत्री

अयोध्याप्रसाद खत्री 19वीं सदी के हिन्दी समाज की एक अनोखी हस्ती थे। उस ज़माने में हिन्दी साहित्य में एक अजीब क़िस्म का विभाजन चल रहा था। विभाजन यह था कि गद्य तो खड़ीबोली में लिखा जाता था, लेकिन पद्य ब्रजभाषा में। उस समय के बड़े-बड़े साहित्यकार भी इस विभाजन को अतार्किक नहीं समझते थे बल्कि वे इसे बिलकुल उचित और स्वाभाविक मानते थे। शायद संसार के किसी भी साहित्य में इस तरह का विभाजन नहीं रहा होगा। हिन्दी में अयोध्याप्रसाद खत्री पहले व्यक्ति थे जिन्होंने इस विभाजन की अस्वाभाविकता की ओर ध्यान खींचा और इससे हिन्दी के साहित्यिक विकास में होने वाली बाधा को पहचाना। उन्होंने इस विभाजन को चुनौती देते हुए, इसका विरोध करते हुए गद्य और पद्य दोनों को खड़ीबोली हिन्दी में लिखने की वकालत करते हुए अपने अकेले बूते पर एक आन्दोलन खड़ा कर दिया। इसमें उन्हें बहुत दिक्क़तों का सामना करना पड़ा। पुरानी चाल के सभी लोग उनके विरोध में खड़े हो गये। उस समय भारतेन्दु समेत हिन्दी के कई बड़े साहित्यकार यह मानते थे कि कविता की कोमलता, लयात्मकता और सुन्दरता जैसी ब्रजभाषा में होती है, वैसी खड़ीबोली में हो ही नहीं सकती। खड़ीबोली की तुलना में ब्रजभाषा में लालित्य ज़्यादा है।

लेकिन उन्नीसवीं सदी में खड़ीबोली में कविता करने का सवाल इतना सीधा नहीं था। सारा मामला सिर्फ़ लय और भाषा के सौन्दर्य का नहीं था। खड़ीबोली में कविता क्यों नहीं हो सकती—इसके पीछे जो तर्क दिये जा रहे थे और जो लोग इसमें बढ़-चढ़ कर हिस्सा ले रहे थे, भाषा की लय और कोमलता का पक्ष खड़ा कर रहे थे—अपने इन तर्कों के साथ कुछ और तर्क भी दे रहे थे। उनके साहित्यिक तर्कों के पीछे कुछ राजनीतिक और सामाजिक तर्क भी शामिल थे।

दरअसल, खड़ीबोली में तो कविता पहले से होती आ रही थी। अयोध्याप्रसाद खत्री ने किन लोगों से कहा कि खड़ीबोली में कविता करो?

उन्होंने उन लोगों से कहा जो कविता ब्रजभाषा में कर रहे थे, हालाँकि अपना गद्य खड़ीबोली में लिखते थे। लेकिन मुसलमान अपना पद्य और गद्य, दोनों खड़ीबोली में पहले से लिखते आ रहे थे। उनके बीच खड़ीबोली में कविता करने की परम्परा पहले से स्थापित थी। जब मीर लिख रहे थे कि "यानी रात बहुत थे जागे, सुबह हुई, आराम किया" और आगरे के नज़ीर लिख रहे थे कि "सब जगह से बच-बचा के आये. तो तेरे सहन में आकर फिसल गये" तो ये शायर कौन-सी भाषा लिख रहे थे? जागना, फिसलना और सहन किस भाषा के शब्द हैं? तो ऐसा नहीं है कि खड़ीबोली में कविता नहीं होती थी। सुन्दर और कोमल कविता भी खड़ीबोली में पहले से होती आ रही थी! हाँ, हिन्दू नहीं लिखते थे। वे ब्रजभाषा में कविता लिख रहे थे। लेकिन मुसलमान पिछले सौ सालों से खड़ीबोली में कविता करते आ रहे थे। तो खड़ीबोली में कविता न करने का कारण सिर्फ़ लय और सौन्दर्य का मामला नहीं था।

आप ग़ौर करें कि भारतेन्दु उर्दू के शायर भी थे। लेकिन जब जगन्नाथपुरी में पहले से मौजूद भैरों की मूर्ति को उखाड़कर विष्णु की मूर्ति लगायी गयी और उससे विवाद उठ खड़ा हुआ तो एक सज्जन ने इस विवाद की जाँच करते हुए 'तहक़ीक़ात पुरी' नाम से एक क़िताब लिखी। उसका भारतेन्दु ने विरोध करते हुए पहला वाक्य यही लिखा कि धर्म के विषय में 'तहक़ीक़ात' जैसे शब्द का प्रयोग उचित नहीं है। यह पहला वाक्य था उनका। तो यह सिर्फ़ लय और सौन्दर्य का सवाल नहीं था, सिर्फ़ भाषा का सवाल भी नहीं था। इसमें धर्म और राजनीति का सवाल भी शामिल था। इसमें मुसलमान समाया हुआ था। धर्म की जो कथाएँ मथुरा में बाँची जाती थीं, मुमकिन नहीं था कि उनमें से एक भी शब्द उर्दू का चला जाये। 19वीं सदी का पश्चिमोत्तर प्रान्त जिन बड़े अन्तर्विरोधों से ग्रस्त था, उनमें से एक अन्तर्विरोध धर्म और भाषा के सम्बन्ध में था। इस्लाम की तरह हिन्दू धर्म की भी एक भाषा मान ली गयी थी और उस भाषा की कविता में इस्लाम की भाषा के शब्द चले आयें, पश्चिमोत्तर प्रान्त के हिन्दू कवियों को यह स्वीकार नहीं था।

अयोध्याप्रसाद खत्री सिर्फ़ इतना ही नहीं कह रहे थे कि ब्रजभाषा में कविता मत करो, खड़ीबोली में करो; वे यह भी कह रहे थे कि उर्दू और हिन्दी, दोनों एक ही भाषा है, एक ही खड़ीबोली के दो साहित्यिक रूप हैं। वे कह रहे थे कि मुसलमान इस भाषा को एक अलग लिपि (नास्तलिक या फ़ारसी लिपि) में लिखने का आग्रह छोड़ दें और हिन्दू इसमें सिर्फ़ संस्कृत से शब्द लेने

और अरबी-फ़ारसी के न लेने का आग्रह छोड़ दें। इस तरह यह सारा मामला राजनीतिक भी था, जो उस समय की सत्ता में हिस्सेदारी से जुड़ा हुआ था क्योंकि उस वक़्त उर्दू भाषा और लिपि सरकारी दफ़्तरों की भाषा-लिपि बनी हुई थी जिसे बदलने के लिए हिन्दू माँग कर रहे थे। भाषा का सवाल, उसकी शब्दावली का सवाल हमेशा से एक राजनीतिक सवाल भी रहा है जो किन्हीं सामाजिक वर्गों या तबकों के आर्थिक-राजनीतिक हितों से, उनके सांस्कृतिक प्रभुत्व से जुड़ा होता है। इसलिए 19वीं सदी में कविता की भाषा के सवाल को सिर्फ़ लालित्य और कोमलता का सवाल न समझा जाये।

मैं समझता हूँ कि अयोध्याप्रसाद खत्री की डेढ़ सौवीं जयन्ती मनाते हुए इस अवसर पर हमें अपने-आपसे भी कुछ सवाल पूछने चाहिए। हम इसे हिन्दी साहित्य जगत की आत्म-समीक्षा का अवसर भी बना सकते हैं। यह ग़ौरतलब है कि खत्री जी ने खड़ीबोली का जो आन्दोलन शुरू किया था, उसका विरोध बिहार में कहीं नहीं हुआ। विरोध पश्चिमोत्तर प्रान्त में हुआ जिसे आज उत्तर प्रदेश कहते हैं। बिहार में उसका विरोध क्यों नहीं हुआ? क्यों अयोध्याप्रसाद खत्री के सारे विरोधी पश्चिमोत्तर प्रान्त में हुए, खासकर बनारस-इलाहाबाद-कानुपर में, जो हिन्दी साहित्य के गढ़ थे?

इस सवाल को इस तरह से भी पूछा जा सकता है कि अयोध्याप्रसाद खत्री बिहार में ही क्यों हुए? 19वीं सदी के पश्चिमोत्तर प्रान्त में कोई अयोध्याप्रसाद खत्री क्यों नहीं हुआ? यह दिलचस्प बात है कि राज-काज की भाषा के रूप में नागरी लिपि और हिन्दी भाषा का आन्दोलन तो पश्चिमोत्तर प्रान्त में ही पैदा हुआ और बढ़ा, लेकिन कविता खड़ीबोली में लिखने का आन्दोलन बिहार में पैदा हुआ और बढ़ा। पश्चिमोत्तर प्रान्त के हिन्दी साहित्यकारों ने बिहार में पैदा हुए इस आन्दोलन का कभी स्वागत नहीं किया। जिस व्यक्ति ने इस आन्दोलन को खड़ा किया, उसे भी उन्होंने आज तक महत्त्व नहीं दिया। ऐसा क्यों है?

19वीं सदी की परिस्थितियों पर अगर आप ग़ौर करें तो पायेंगे कि कई महत्त्वपूर्ण घटनाएँ हैं जो तत्कालीन बिहार और पश्चिमोत्तर प्रान्त के बीच के फ़र्क़ को उजागर करती हैं।

उस वक़्त राज-काल के लिए हिन्दी भाषा और लिपि का जो आन्दोलन चल रहा था, जिसे 'नागरी का आन्दोलन' भी कहा जाता था, वह सिर्फ़ पश्चिमोत्तर प्रान्त में नहीं था, वह बिहार में भी चल रहा था। लेकिन बिहार और पश्चिमोत्तर प्रान्त के आन्दोलन में ज़मीन-आसमान का फ़र्क़ था।

पश्चिमोत्तर प्रान्त में नागरी लिपि के आन्दोलन ने जितना उग्र मुस्लिम विरोधी रुख़ अख़्तियार किया और जिस तरह का साम्प्रदायिक माहौल वहाँ पैदा हुआ (जो सोहन प्रसाद के मुक़दमे में और तत्कालीन हिन्दी पत्र-पत्रिकाओं में साफ़ दिखायी देता है), वैसा माहौल बिहार में नहीं मिलता। मज़ेदार बात यह है कि नागरी लिपि के उस आन्दोलन को पश्चिमोत्तर प्रान्त में सफलता बहुत बाद में जाकर मिली, वह भी प्रबल साम्प्रदायिक रूप ग्रहण करने के बाद, जबकि बिहार में वह बिना किसी साम्प्रदायिक उत्तेजना के, बहुत पहले ही सफल हो गया। इसका कारण क्या है?

बिहार में एक केशवराम भट्ट थे जो महाराष्ट्रीय ब्राह्मण थे। उनके पूर्वज बनारस होते हुए बिहार शरीफ़ में आकर बस गये थे, जैसे खत्री जी के पूर्वज मुजफ़्फ़रपुर में आकर बस गये थे। आज भी कई भट्ट परिवार बिहार शरीफ़ में रहते हैं। केशवराम भट्ट इंस्पेक्टर ऑफ स्कूल्स थे और एक हिन्दी पत्रिका निकालते थे—***बिहार बन्धु*** जिसका सम्पादक उन्होंने बनाया मुंशी हसन अली को। दोनों में ख़ासी दोस्ती थी। मुंशी हसन अली बड़े धार्मिक मुसलमान थे। वे ख़ुद भी हिन्दी में अपनी एक पत्रिका निकालते थे—***मोतीचूर*** नाम से। हसन अली इतने योग्य व्यक्ति थे कि हिन्दी के प्रमुख पत्र ***बिहार बन्धु*** के सम्पादन का भार केशवराम भट्ट ने उन पर छोड़ रखा था। इसी पत्रिका ने बिहार में नागरी लिपि के आन्दोलन का सूत्रपात किया था। ***बिहार बन्धु*** जैसा नियमित रूप से निकलने वाला पत्र पश्चिमोत्तर प्रान्त में तो क्या, आगे-पीछे कहीं भी आजतक हिन्दी में नहीं निकला होगा। यह अकेला पत्र है जो 50 सालों तक निकलता रहा।

आप इस पर भी ग़ौर करें कि केशवराम भट्ट हिन्दी में ***बिहार बन्धु*** निकालने के अलावा उर्दू में भी एक पत्र निकालते थे ***मुशीरे बिहार*** जिसके सम्पादक थे बाबू गोविन्द चरण। तो मित्रो, बिहार में जब इस तरह की सांस्कृतिक-राजनीतिक स्थिति थी, उस वक़्त पश्चिमोत्तर प्रान्त में हिन्दू जाति का दौर चल रहा था। इसी को वाद में डॉ. रामविलास शर्मा ने हिन्दी जाति कहना शुरू किया था। लेकिन 19वीं सदी में पश्चिमोत्तर प्रान्त के हिन्दी लेखक इसे हिन्दू जाति कहते थे।

हिन्दू या हिन्दी जाति वे किसे कहते थे? इसकी क्या अवधारणा थी उनके बीच? इसके कई उदाहरण मिलते हैं। आप एक उदाहरण देखिए। अंग्रेज़ी राज में ऊँचे पदों पर सिर्फ़ अंग्रेज़ ही बहाल किये जाते थे। जब शिक्षित मध्यवर्ग के लोगों ने ख़ासकर बंगालियों और मराठों ने, ऊँचे पदों पर भारतीयों को बहाल करने की लगातार माँग की तो अंग्रेज़ों को मजबूरन यह माँग माननी पड़ी।

इसी सिलसिले में कलकत्ता हाई कोर्ट में पहली बार किसी बंगाली को जज बनाया गया। तब बिहार और पश्चिमोत्तर प्रान्त में भी अपने बीच से किसी को जज बनाने की माँग उठी। पश्चिमोत्तर प्रान्त में जो लोग यह माँग कर रहे थे उनमें से एक बालकृष्ण भट्‌ट थे। सरकार ने बिहार से बैरिस्टर शरफुद्दीन को कलकत्ता हाई कोर्ट का जज नियुक्त कर दिया। इससे बिहार में ख़ुशी की लहर दौड़ गयी। पूरे बिहारी भद्रवर्ग ने इस पर गर्व महसूस किया क्योंकि तब तक कोई भी बिहारी हाई कोर्ट बेंच तक नहीं पहुँचा था। इसी के साथ जब सरकार ने पश्चिमोत्तर प्रान्त में सैयद अहमद के इंग्लैंड से बैरिस्टरी पास कर के आये बेटे महमूद को इलाहाबाद हाई कोर्ट का जज नियुक्त कर दिया तो बालकृष्ण भट्‌ट ने इसके ख़िलाफ़ तीखी प्रतिक्रिया ज़ाहिर करते हुए ***हिन्दी प्रदीप*** में लिखा कि "जो महाशय इस पद पर नियुक्त हुए हैं, वे जिस कम्युनिटी समाज के रिप्रेजेंटिव प्रतिनिधि हैं, हिन्दू हई नहीं। अतएव हम हिन्दुओं की हमदर्दी तो इन पर किसी तरह से हो ही नहीं सकती।" बालकृष्ण भट्‌ट पश्चिमोत्तर प्रान्त में अपनी जाति के हिन्दू को इस पद पर सुशोभित करने की माँग कर रहे थे। उन्होंने लिखा–"एक मियाँ को जज बना दिया गया है। इससे बड़े दुख की बात और कोई हो ही नहीं सकती। हमारी ख़ुशी तो तब होती जब एक हिन्दू को बनाया जाता और हमारी ही जाति के आदमी को।" (***हिंदी प्रदीप***, मार्च, 1882) ज़ाहिर है कि पश्चिमोत्तर प्रान्त में बालकृष्ण भट्‌ट की हिन्दी जाति की जो अवधारणा थी, उसमें पश्चिमोत्तर प्रान्त के मुसलमान शामिल नहीं थे।

यह फ़र्क़ था 19वीं सदी के उत्तरार्द्ध में बिहार और पश्चिमोत्तर प्रान्त के बीच। एक ओर शरफुद्दीन को जज बनाने से सभी बिहारियों में ख़ुशी की लहर दौड़ पड़ती है, दूसरी ओर पश्मिोत्तर प्रान्त में जस्टिस महमूद की नियुक्ति होने पर वहाँ कलेजे पर साँप लोटता है। इसी तरह का एक दूसरा उदाहरण देखिए। वायसराय के लॉ मेम्बर के रूप में लॉर्ड सिन्हा जब रिटायर हुए तो वायसराय ने बिहार के एक प्रमुख नेता और ***हिन्दुस्तान रिव्यू*** के सम्पादक सच्चिदानन्द सिन्हा से सलाह माँगी कि अब अगला लॉ मेम्बर किसको बनाया जाये? तो सच्चिदानन्द सिन्हा ने अली इमाम का नाम सुझाया। जब वायसराय ने पूछा कि वे राज़ी होंगे या नहीं, तो सिन्हा ने कहा कि इसकी ज़िम्मेदारी मैं लेता हूँ। वे अली इमाम के पास गये और उन्हें हर तरह से राज़ी किया। सिन्हा ने अपने संस्मरणों में लिखा है कि अली इमाम को राज़ी करने के लिए उन्होंने जो सबसे कारगर तर्क दिया, वह यह था कि लॉ मेम्बर के रूप में अली इमाम बिहार को

बंगाल से अलग करने की माँग सरकार से मनवाने में बहुत महत्त्वपूर्ण भूमिका अदा कर सकेंगे। बिहार को बंगाल से अलग करने के आन्दोलन में बिहार के हिन्दू और मुसलमान, दोनों एक साथ थे। उनमें एक ही बिहारीपन की भावना थी जबकि पश्चिमोत्तर प्रान्त के हिन्दू-मुसलमान भद्रवर्ग में एक जाति की भावना नहीं थी। सिन्हा ने लिखा है कि जब वे अलीम इमाम को लेकर पटना स्टेशन पर पहुँचे तो उनके स्वागत में पटना के लोग उमड़ पड़े।

19वीं सदी में पश्चिमोत्तर प्रान्त के जो पूरब वाले इलाक़े थे, ख़ासकर बनारस और इलाहाबाद। ये परम्परावादी हिन्दुओं के गढ़ बने हुए थे, जहाँ वैष्णव धर्म का बोलबाला था। पश्मिोत्तर प्रान्त के पश्चिमी इलाक़ों मेरठ, बरेली और सहारनपुर वग़ैरह में एक तो आर्य समाज का, दूसरे देवबन्द के 'दारूल उलूम' का बोलबाला था। ये दोनों एक हद तक शुद्धतावादी आन्दोलन थे। फंडामेंटलिस्ट नहीं थे, पर इनमें फंडामेंटलिज्म के रुझान थे। पश्चिमोत्तर प्रान्त की तुलना में बिहार में आपको उस वक़्त न सनातनियों का गढ़ मिलेगा, न आर्य समाजियों का और न देवबन्दियों का।

19वीं सदी में धर्म और समाज सुधार के सबसे पहले बड़े रेशनलिस्ट (बुद्धि-विवेकवादी) नेता राजा राममोहन राय हुए। धार्मिक क्षेत्र में उनके बुद्धि-विवेकवादी चिन्तन की जड़ें कहाँ थीं? इतिहासकार सुमित सरकार ने इस ओर इशारा किया है। उन दिनों पटना अरबी-फ़ारसी अध्ययन का एक बड़ा केन्द्र था जहाँ राजा राममोहन राय अरबी-फ़ारसी पढ़ने आये थे। राजा राममोहन राय का जो बुद्धि-विवेकवादी धार्मिक चिन्तन था, उसकी जड़ें यूरोप में या अंग्रेज़ी साहित्य में नहीं लगतीं। सभी प्रमुख धर्मों की आलोचना करते हुए उन्होंने जो सबसे पहली क़िताब लिखी थी 'तुहफत-अल-मुवाहिद्दीन', वह 1804 में लिखी गयी थी जब वे रंगपुर में थे और उस समय तक वे अंग्रेज़ी नहीं जानते थे। अंग्रेज़ी भाषा-साहित्य से उनका सम्बन्ध 1815 में तब हुआ जब वे कलकत्ता आकर स्थायी रूप से बस गये। राजा राममोहन राय के बुद्धि-विवेकवादी और एकेश्वरवादी धार्मिक चिन्तन की जड़ें अरबी-फ़ारसी की ज्ञान परम्परा में प्रतीत होती है। वास्तव में भारत के बाहर इस्लामी ज्ञान की परम्परा में और भारत के अन्दर भी 17वीं-18वीं सदी में अरबी-फ़ारसी की ज्ञान परम्परा में ऐसी कई बौद्धिक प्रवृत्तियाँ मिलती हैं जो धर्म के प्रति बुद्धि-विवेकवादी चिन्तन का पक्ष मज़बूत करती हैं। ऐसी ही परम्पराओं की ओर इशारा करते हुए सुमित सरकार ने मुताजिलों की परम्परा का भी ज़िक्र किया। आज अमेरिका की मेहरबानी से

इराक में जो धार्मिक फंडामेंटलिज्म पैदा हुआ है, उसी इराक के एक बड़े शहर बसरा में 12वीं सदी में मुताजिल हुए थे जिनकी बुद्धि-विवेकवादी परम्परा पटना के इस्लामिक अध्ययन केन्द्र में मौजूद थी जिसका प्रभाव आगे चलकर राममोहन में दिखायी पड़ता है। 'तुहफत-अल-मुवाहिद्दीन' में धर्मों का तुलनात्मक अध्ययन करते हुए तर्क और विवेक की कसौटी पर उन्हें जाँचा गया है और सभी धर्मों के अन्धविश्वासों तथा चमत्कारों को कड़ाई के साथ ठुकरा दिया गया है। विभिन्न धर्मों के तुलात्मक अध्ययन की ऐसी ही एक क़िताब 17वीं सदी में फ़ारसी में लिखी गयी थी—'दाबिस्ताने मज़ाहिब'। पाण्डित्यपूर्ण फ़ारसी में लिखा गया यह ग्रन्थ काफ़ी उच्चकोटि की ज्ञान परम्परा का उदहारण है। सुमति सरकार समझते हैं कि इसका पूरा अनुवाद अभी तक नहीं होने के कारण फ़ारसी भाषा से अपरिचित आधुनिक इतिहासकार इसका अध्ययन नहीं कर पाते हैं। सुमित सरकार को शायद मालूम नहीं है (और बहुतों को नहीं मालूम है) कि पंजाब के सनातनी हिन्दू नेता और साहित्यकार श्रद्धाराम फिल्लौरी ने, जो फ़ारसी भाषा के बहुत बड़े विद्वान थे, 1870 के दशक में इस ग्रन्थ का फ़ारसी से उर्दू में अनुवाद किया था। लाहौर की लाइब्रेरी में खोजा जाये तो वह शायद मिल जाये। इस ग्रन्थ का अंग्रेज़ी में भी अनुवाद हुआ है। यह अंग्रेज़ी अनुवाद डेविड शिए और एंथनी ट्रॉयर ने 1843 किया था। पर शायद इस अनुवाद में कुछ कमियाँ हैं जिसकी ओर सुमित सरकार ने इशारा किया है। ***दाबिस्ताने मज़ाहिब*** के एक संस्करण का प्रकाशन लखनऊ के नवल किशोर प्रेस से 1877 में हुआ था। लेकिन यह ग्रन्थ उपलब्ध नहीं होने के कारण पता नहीं चलता है कि नवल किशोर प्रेस ने इसके मूल फ़ारसी संस्करण का प्रकाशन किया था, या अंग्रेज़ी अनुवाद का या उर्दू अनुवाद का।

19वीं सदी में पश्चिमोत्तर प्रान्त के जिन कुछ-एक लोगों से अयोध्याप्रसाद खत्री को समर्थन मिलने की उम्मीद की जाती थी, उनसे भी उन्हें खुला समर्थन नहीं मिला। अयोध्याप्रसाद खत्री उर्दू को नागरी लिपि में लिखने के पक्षधर थे लेकिन मुसलमान विरोधी नहीं थे। राजा शिवप्रसाद 'सितारैहिन्द' हिन्दू-उर्दू की एकता की बात तो करते थे, लेकिन कट्टर मुस्लिम विरोधी थे। यह बहुत बड़ा कारण था कि उन्होंने भी खत्री जी को कोई समर्थन नहीं दिया। यह भी सम्भव है कि खुद राजा शिवप्रसाद भी खड़ीबोली में कविता लिखना नामुमकिन समझते हों! पश्चिमोत्तर प्रान्त में खड़ीबोली हिन्दी में कविता करने के हिमायती उस युग में ले-देकर एक ही बचते थे—श्रीधर पाठक। वे खड़ीबोली हिन्दी के नये उभरते हुए कवि थे। लेकिन श्रीधर पाठक का खत्री जी से क्या फ़र्क़ था,

इसे आसानी से समझा जा सकता है। राजीव रंजन गिरि ने खड़ीबोली के आन्दोलन पर महत्त्वपूर्ण शोध कार्य किया है और अच्छी तरह दिखाया है कि खत्री जी की लाइन को मानते हुए भी श्रीधर पाठक किस तरह उनसे अलग थे। वास्तव में श्रीधर पाठक ने भी खत्री जी को किसी तरह का श्रेय नहीं दिया, उनका नाम तक नहीं लिया। इसकी वजह यह थी कि खड़ीबोली हिन्दी का जो स्वरूप खत्री ने रखा था, श्रीधर पाठक की खड़ीबोली हिन्दी की धारणा उससे बहुत अलग थी। श्रीधर पाठक ने खड़ीबोली की कविता का समर्थन इस संकल्प के साथ किया था कि उस कविता में उर्दू के शब्द घुसने नहीं पायें हम इसके (खड़ीबोली हिन्दी के) परीक्षण में डटे रहेंगे। यह परीक्षण शब्द ही बताता है कि श्रीधर पाठक के सामने खड़ीबोली हिन्दी का कौन-सा रूप था और खत्री जी के सामने कौन सा रूप था। श्रीधर पाठक ने लिखा है कि जब हम उसके परीक्षण में डटे रहेंगे तो उर्दू की ताव कहाँ जो घुस जाए खड़ीबोली कविता में। श्रीधर पाठक बहुत दूसरी तरह से खड़ीबोली के समर्थक थे।

वास्तव में पश्चिमोत्तर प्रान्त में खत्री जी के आन्दोलन का कोई समर्थक 19वीं सदी में मिलता ही नहीं है। बिहार में जिन लोगों ने उनके आन्दोलन का समर्थन किया, उन पर अगर नज़र डालेंगे तो पायेंगे कि वे अपने समय के सबसे जागरूक और प्रखर लोग थे। बिहार में भुवनेश्वर मिश्र खत्री जी के सबसे बड़े समर्थकों में थे। भुवनेश्वर मिश्र एक नये तरह के यथार्थवादी उपन्यासकार थे। पूरी 19वीं सदी में आपको ऐसा दूसरा कोई हिन्दी उपन्यासकार नहीं मिलेगा। किसानों, भू-स्वामियों, ज़मींदारों का और उनके शोषण-उत्पीड़न का जैसा यथार्थपरक चित्र उन्होंने खींचा है, 19वीं सदी के हिन्दी कथा-साहित्य में वह दुर्लभ है। खत्री जी के आन्दोलन के दूसरे बड़े समर्थक थे केशवराम भट्ट, जिनकी चर्चा एक-दूसरे प्रसंग में मैं ऊपर कर चुका हूँ। वे बहुमुखी प्रतिभा के धनी साहित्यकार थे। शिक्षाविद होने के अलावा वे अपने समय के प्रमुख पत्रकार, नाटककार, उपन्यासकार और इतिहास लेखक भी थे। बिहार में खत्री जी के समर्थकों में एक विशेष नाम महेश नारायण का है। आज महेश नारायण को कम लोग जानते हैं क्योंकि 1907 में बहुत कम उम्र में उनकी अकाल मृत्यु हो गयी थी। 19वीं सदी के आखिरी दशक और 20वीं सदी के पहले दशक में बंगाल से बिहार को अलग करने का जो ऐतिहासिक आन्दोलन चला, उसके सबसे बड़े सिद्धान्तकार थे महेश नारायण। उन्होंने ही अपनी लेखनी, व्याख्यानों और पत्रकारिता से उस आन्दोलन का ढाँचा खड़ा किया था।

वे अंग्रेज़ी के विद्वान थे और अंग्रेज़ी में ***बिहार टाइम्स*** अख़बार निकालते थे। महेश नारायण ख़ुद भी हिन्दी के रचनाकार थे। उन्होंने हिन्दी में ***स्वप्न*** नाम से एक लम्बी कविता लिखी जिसे खत्री जी ने अपनी क़िताब ***खड़ीबोली का पद्य, भाग एक*** में शामिल किया था। वह कविता सन 1882 में लिखी गयी थी जो अपनी भाषा की दृष्टि से ऐतिहासिक महत्त्व की है। महेश नारायण ने खत्री जी और उनके आन्दोलन के बारे में अंग्रेज़ी में लेख लिखकर दिखाया कि कैसे खत्री जी अपने समय से बहुत आगे की बात कर रहे हैं। उन्होंने लिखा कि "अपने समय से आगे की बात करने वाले इस विचारक को समझने वाले बहुत कम हैं।" यह तारीफ़ की है महेश नारायण ने खत्री जी की।

अयोध्याप्रसाद खत्री सचमुच अपने समय से आगे चलने वाले और बहुत विकसित चेतना के व्यक्ति थे। हिन्दी भाषा का विकास कैसे हो? 19वीं सदी में इस सवाल पर सोचते हुए वे कह रहे थे कि हिन्दी भाषा का विकास करने के लिए विज्ञान के ग्रन्थों का हिन्दी में अनुवाद किया जाना चाहिए। उस वक़्त विज्ञान की चेतना को लेकर हिन्दी भाषा के विकास के बारे में सोचने वाले वे शायद अकेले व्यक्ति थे। आप देखेंगे कि अयोध्याप्रसाद खत्री को अपने आन्दोलन के लिए बिहार में जिन लोगों ने समर्थन दिया वे अपने समय के सबसे प्रगतिशील, धर्मनिरपेक्ष और आगे बढ़कर सोचने वाले खुले विचारों के लोग थे।

आखिर में मैं एक सवाल भी रखना चाहता हूँ। क्या वजह थी कि अयोध्याप्रसाद खत्री का खड़ीबोली में कविता लिखने का आन्दोलन अपने समय में सफल नहीं हुआ? क्यों पश्चिमोत्तर प्रान्त में किसी ने भी उनका समर्थन नहीं किया? क्या इसकी वजह सिर्फ़ यही थी कि वे हिन्दी और उर्दू को अलग-अलग भाषाएँ नहीं मानते थे और वे हिन्दू-मुसलमान, दोनों के लिए एक साझी भाषा के पक्षधर थे? या इसके साथ कोई और भी कारण था, उनके आन्दोलन के लोकप्रिय न होने का? उन्होंने हिन्दी कविता की जो विभिन्न शैलियाँ बतायीं और जिनकी सिफ़ारिश की, क्या उनमें से कुछ एक अरबी-फ़ारसी की ओर ज़्यादा झुकी हुई नहीं थी? क्या यह भी एक वजह नहीं थी कि पहले से चल रहे उस साम्प्रदायिक दौर में लोग उनके प्रति कठोर हो उठे? दयानन्द सरस्वती सैयद अहमद के अच्छे दोस्त थे। एक सभा में दयानन्द ने प्रस्ताव रखा कि मुसलमानों को भी चाहिए कि वे वेदों को मान लें, क्योंकि इस्लाम की तरह वेदों में भी ऐकेश्वरवाद है और वेद भी मूर्ति पूजा के ख़िलाफ़ है। इस समानता और सचाई के बावजूद न सैयद अहमद ने वेदों को स्वीकार किया, न दूसरे मुसलमानों ने

किया। क्यों? इसकी एक बड़ी वजह यह थी कि इस सचाई और समानता के बावजूद मुसलमानों की अपनी एक अलग सांस्कृतिक परम्परा भी थी। इसलिए वे दयानन्द का सुझाव नहीं मान सकते थे। क्या कुछ ऐसा ही कारण, एक अलग सांस्कृतिक साहित्यिक परम्परा का भी रहा था कि उस ज़माने के ज़्यादातर हिन्दी लेखकों ने खत्री जी का सुझाव नामंजूर कर दिया?

मैं निश्चिम तौर पर कुछ नहीं कह सकता। लेकिन मेरे मन में यह सवाल उठता है। इस सवाल पर सोचने की ज़रूरत है।

बहरहाल, खत्री जी को अपनी साझी भाषा नीति के आन्दोलन में सफलता नहीं मिली। बहुत बाद में गाँधी जी ने भी उसी से मिलती-जुलती हिन्दुस्तानी भाषा का सुझाव दिया था और बदनसीबी देखिए कि खत्री जी की तरह गाँधी जी को भी इसमें सफलता नहीं मिली।

बहुत मुमकिन है कि खत्री जी में कमियाँ रही हों। कोई गहरी कमी रही हो। लेकिन क्या इसीलिए खत्री जी का आजीवन जो उपहास किया जाता रहा उसे उचित ठहराया जा सकता है? हिन्दी के आलोचक और साहित्यकार लम्बे समय तक उनकी मृत्यु के बाद भी, उन्हें बावला मानकर उनकी हँसी उड़ाते रहे। लेकिन उनके आन्दोलन में सचाई भी थी और आख़िर उस सचाई की जीत हुई। हिन्दी साहित्य में वह समय भी आया जब गद्य और पद्य की भाषा के बीच विभाजन ख़त्म हो गया और खड़ीबोली हिन्दी में महत्त्वपूर्ण कविता लिखी जाने लगी। इतिहास ने खत्री जी के रुख को सही ठहराया। फिर भी खत्री जी को हिन्दी साहित्य जगत में यह मान्यता नहीं मिली जिसके वे हक़दार थे और जो उन्हें बहुत पहले मिल जानी चाहिए थी। क्या वजह है इसकी? आप देखेंगे कि सिर्फ़ खत्री जी ही नहीं, हिन्दी में ऐसे कई उदाहरण भरे पड़े हैं जिनके साथ कमोबेश वैसा ही वर्ताव किया गया जैसा खत्री जी के साथ हुआ है। कई ऐसे साहित्यकार हुए जिनकी कुछ कमियों की वजह से उनकी तमाम खूबियों को ढक दिया गया है, उनकी तमाम खूबियों पर मिट्टी डाल दी गयी। ऐसी ही बदनसीबी वाले साहित्यकार थे खत्री जी। दूसरी ओर कई ऐसे भी साहित्यकार हुए हैं जिनकी खूबियों का बखान ऐसा हुआ है कि उनकी कमियों पर नज़र डाली ही नहीं जाती, चाहे वे कितनी ही बड़ी कमियाँ क्यों न हों—नज़र डालना पाप समझा जाने लगा है।

खत्री जी को याद करने का जो यह अवसर है, वह हमें इसके लिए भी अवसर प्रदान करता है कि हम अन्यायों से भरी हिन्दी आलोचना में ऐसे तमाम साहित्यकारों पर ज़्यादा-से-ज़्यादा खुलकर पुनर्विचार करने की परम्परा विकसित करें।

1857 और नवजागरण
अध्ययन की जगह सूचनाएँ और राजनीतिक भावावेश

प्रदीप सक्सेना ने अपनी क़िताब ***अट्ठारह सौ सत्तावन और भारतीय नवजागरण*** (आधार प्रकाशन, पंचकूला, 1996) में सन् 57 के विद्रोह और तथाकथित हिन्दी नवजागरण के बारे में डॉ. रामविलास शर्मा द्वारा फैलायी गयी कई भ्रामक बातों और अप्रासंगिक प्रश्नों की धुँध को हटाने की कोशिश की है। लेकिन यह कोशिश एक तो डॉ. शर्मा के ही वैचारिक चौखटे के अन्दर रहकर की गयी है, दूसरे, प्रदीप सक्सेना के लेखन में इतना बिखराव, भटकाव और सूचनाओं का अम्बार है कि उनकी कोशिश इन सबके बीच से झाँकती भर है, ठीक से उभरती नहीं। पंजाबी में जिसे 'खिलारा डाल कर बैठ जाना' कहते हैं, वही इस क़िताब में है—एक चीज़ निकालने के लिए सैकड़ों चीज़ें बिछाकर रख दी गयी हैं। लेखक ने भूमिका में ठीक ही लिखा है कि "पूर्व और पश्चिम से जितनी सूचनाएँ मैं बटोर सका था, उनका विवरण है।" (पृ. 7) और "विश्लेषण अक्सर संक्षिप्त रहा है क्योंकि सामग्री का दबाव पर्याप्त था।" (पृ. 8) लेखक यह विवेक नहीं दिखाता कि दुनिया भर के विवरणों और उद्धरणों में से क्या लेना और क्या छोड़ देना है। जैसे बात से बात निकलती है, वैसे ही क़िताब में प्रसंगों से प्रसंग निकलते चलते हैं। वह एक उल्लेख से दूसरे उल्लेख तक कूदता-फाँदता है। मैंने यह भी देखा है और वह भी देखा है—वाले दृष्टिकोण के साथ सन्दर्भ-सामग्री का उल्लेख करता जाता है जबकि हर जगह उनकी अर्थपूर्ण प्रासंगिकता नज़र नहीं आती। जैसे मार्क्स एंगेल्स के भारत में भू-स्वामित्व सम्बन्धी विचारों के प्रसंग में वह हरबंस मुखिया के लेख ***क्या भारत में फ़्यूडलिज़्म था?*** का उल्लेख करता है, लेकिन उसकी किसी स्थापना पर विचार करने के लिए नहीं, जबकि वह लेख मार्क्स-एंगेल्स के विचारों और भारतीय सामन्तवाद सम्बन्धी प्रचलित धारणाओं के ख़िलाफ़ लिखा गया है।

हिन्दी साहित्य के जो पाठक सिर्फ़ रामविलास शर्मा की क़िताबों को पढ़कर 1857 का इतिहास जानते हैं, उन्हें पता नहीं है कि 1857 के विद्रोह पर दुनिया में कितना साहित्य रचा गया है। हिन्दी पाठकों की जानकारी की इस कमी को दूर करना ही मानों लेखक ने अपना एक मुख्य उद्देश्य बना लिया। लिहाज़ा, उन्होंने अपनी क़िताब में 1857 के विद्रोह से सम्बन्धित क़िताबों, संस्मरणों, पैंफलेटों, इश्तेहारों आदि की लम्बी-लम्बी सूचियाँ पेश कर दी हैं और उनके लम्बे-लम्बे उद्धरण भर दिये हैं। इससे क़िताब 476 पृष्ठों तक फैलकर भारी-भरकम हो गयी है। इसकी सार्थकता क्या है? यह सिर्फ़ लेखन पद्धति का मामला नहीं। इसका ताल्लुक उसकी इतिहास दृष्टि से भी है जिस पर हम आगे विचार करेंगे। लेकिन इस पद्धति का एक बुरा नतीजा यह निकला कि इस फैलाव के कारण उसने चीज़ों को बहुत चलते ढंग से, ऊपर-ऊपर से देखा। इसी को वह "विश्लेषण अक्सर संक्षिप्त रहा' कहता है क्योंकि 'सामग्री का दबाव पर्याप्त था।" ऐसे सतही सर्वेक्षण की एक मिसाल वहाबी आन्दोलन का प्रसंग है। 'वहाबी' आन्दोलन पर डॉ. कयूमुद्दीन की क़िताब जल्दी-जल्दी पढ़कर उसने एक सतही राय बना ली जो किसी काम की नहीं। वहाबी आन्दोलन की विशेषताएँ वह इस क़िस्म के वाक्यों में बताता है—"उन्होंने अन्तिम संस्कार दफनाने के मामले तक अपनी परिवर्तनशीलता समझ रखी। उन्होंने दर्शाया कि इस्लाम भी एक जीवन पद्धति है, ऐसी, जो एक कम्युनिटी को और व्यक्ति को पूरी तरह प्रभावित करती है।" (पृ. 415) वहावी आन्दोलन भारत में, बिहार और युक्त प्रान्त में, मुस्लिम नवजागरण की परम्परा में हुआ फंडामेंटलिस्ट सुधार का एक आन्दोलन था जिसका लक्ष्य एक धार्मिक राज्य क़ायम करना था। इस आन्दोलन से जुड़े पटने के सादिक अली परिवार के प्रति डॉ. कयूमुद्दीन बहुत श्रद्धा रखते हैं। वहाबी आन्दोलन के प्रति अपनी श्रद्धापूर्ण दृष्टि के कारण ही डॉ. कयूमुद्दीन उसके फंडामेंटलिस्ट चरित्र को उद्घाटित नहीं कर पाते जिसके कारण वह साहसपूर्ण आन्दोलन उत्तर-पश्चिम सीमान्त (फ्रंटियर) के स्थानीय मुसलमान कबीलों के बीच पिट गया था। भारत में मुस्लिम नवजागरण की परम्परा और उसके ऐतिहासिक परिप्रेक्ष्य से बेख़बर होने के कारण ही प्रदीप सक्सेना ने इस क़िस्म के विचारों के प्रति कोई आलोचनात्मक दृष्टि नहीं दिखायी है कि 'व्यक्ति की जगह धर्मग्रन्थ को आधार बनाकर वहाबियों ने भीम डग भरे। जैसा कि क़दम अकबर के समकालीन सैयद अहमद सरहिन्दी ने उठाया था।' (पृ. 415) धर्मग्रन्थ को आधार बनाना फंडामेंटलिज्म की पहली शर्त होती है।

कट्टर फंडामेंटलिस्ट सरहिन्दी अकबर के दरबारी थे जो अकबर की उदार धार्मिक नीतियों और शासन में हिन्दुओं को ऊँचे पद देने की कड़ी आलोचना करते थे।

इसी तरह क़िताबों की जो लम्बी सूचियाँ लेखक ने पेश की हैं, लगता है, उन सबकी विषयवस्तु की सही सूचना उसे नहीं है। जैसे 1907 से 1957 के बीच 1857 के विद्रोह पर लिखी गयी क़िताबों की सूची में उसने सुप्रकाश राय की एक क़िताब ***भारतेर वैप्लविक संग्रामेर इतिहास*** को भी जोड़ लिया है, जबकि इस क़िताब का 1857 से कोई ख़ास लेना-देना नहीं है। (मैंने सुप्रकाश राय की सहमति से इस क़िताब के कुछ लेख पहली बार अपनी पत्रिका ***फिलहाल*** में छापे थे।) सुप्रकाश राय भारत की कम्युनिस्ट पार्टी के सदस्य थे और उन्होंने भारत में हुए विभिन्न स्थानीय जन विद्रोहों का सामान्य परिचय देते हुए उपरोक्त क़िताब लिखी थी जो हिन्दी में इस ढंग की लिखी गयी अयोध्या सिंह की एक क़िताब सरीखी है।

हालाँकि लेखक ने 1857 से सम्बन्धित पूरब और पश्चिम की क़िताबों का विवरण देने में ही सबसे ज़्यादा मेहनत की है—फिर भी उसमें कई क़िताबों का ज़िक्र-जिनमें से कुछ-एक बहुत महत्त्वपूर्ण हैं— छूट गया है जो लेखक की ताजा जानकारी के अभाव को दिखाता है! मसलन विदेश में लिखी गयी क़िताबों में एक महत्त्वपूर्ण क़िताब एरिक स्टोक्स की ***दी पेजेंट आर्म्ड : दी इंडियन रिवोल्ट ऑफ 1857*** है जो सी.ए. बेली के सम्पादन में 1986 में ऑक्सफोर्ड प्रेस से छपी। स्टोक्स ने अफ्रीका और दक्षिण-पूर्व एशिया के सशस्त्र किसान विद्रोहों का महत्त्वपूर्ण अध्ययन किया था, जिसे वे पूरा नहीं कर पाये। उनके अध्ययन का एक अंश-जो 1857 से भी सम्बन्धित है—रोबिन जेफरी की अगुआई में एक सम्पादक मण्डल द्वारा प्रकाशित क़िताब ***इंडिया : रेबेलियन टू रिपब्लिकय सेलेक्टेड राइटिंग्स 1857-1990*** (स्टर्लिंग पब्लिकेशन, बंगलौर, 1990) में भी छपा है। सन् 57 के विद्रोह पर भारतीय लेखकों की क़िताबों में इधर की सबसे महत्त्वपूर्ण क़िताब रूद्रांशु मुकर्जी की ***अवध इन रिवोल्ट' 1857-58 : ए स्टर्ड ऑफ पॉपुलर रेजिस्टेंस*** हैं जो 1984 में दिल्ली से छपी। प्रदीप सक्सेना सन् 57 के विद्रोह में जन क्रान्ति के जिस रूप को ढूँढ़ते हैं, उसका ज़्यादा अद्यतन, वस्तुनिष्ठ और बारीक विश्लेषण और विवरण इन्हीं क़िताबों में मिलेगा।

प्रदीप सक्सेना की लेखन पद्धति का बहुत-कुछ सम्बन्ध उनके राजनीतिक भावावेश के अलावा उनकी इतिहास सम्बन्धी दृष्टि से है। क़िताब के शुरू में उन्होंने लिखा है—"मैंने कुछ कहने के लिए तथ्यों का चुनाव नहीं किया है बल्कि

तथ्यों की ओर से कुछ कहना उचित समझा है।" (पृ. 8) तथ्यों की ओर से कुछ कहना? यानी तथ्यों का प्रतिनिधित्व करना? थोड़ा घुमाकर कही गयी इस बात का मतलब है कि तथ्य खुद जो कहते हैं, उसी को मैंने कहा है। वास्तव में तथ्य खुद कुछ नहीं कहते। तथ्य वही कहते हैं जो हम उनसे कहलवाना चाहते हैं। इतिहासकार कोई जड़ माध्यम-भर नहीं होता जिसके ज़रिये तथ्य अभिव्यक्त होते हैं : बल्कि वे इतिहासकार की आलोचनात्मक चेतना और विवेक दृष्टि से गुज़रकर एक विशेष अर्थ ग्रहण कर लेते हैं। आधुनिक इतिहास लेखन की इस बुनियादी मान्यता को ई.एच. कार ने बहुत पहले इतने साफ़ ढंग से प्रतिपादित किया था कि तथ्य तो समुद्र से निकाली गयी मछलियों के ढेर जैसे होते हैं उनसे आप क्या पकायेंगे, यह आप पर निर्भर करता है। तथ्य इतिहास लेखन का कच्चा माल भर है, वह इतिहास नहीं है। तथ्य अपनी व्याख्या के मुहताज होते हैं। उसकी व्याख्या इतिहासकार के दृष्टिकोण पर निर्भर करती है, उसके समय, परिप्रेक्ष्य और उद्देश्य से तय होती है। इतिहास कोई बनी-बनायी चीज़ नहीं है, वह हमेशा बनाया जाता है, एक पुनर्निमिति (री-कंस्ट्रक्शन) है। अगर ऐसा न होता तो सन् 57 के विद्रोह के इतने भिन्न-भिन्न, एक दूसरे से इतने उल्टे इतिहास न लिखे जाते। क्या 1857 की कोई राष्ट्रीय-जातीय स्मृति है? इस सवाल के सिलसिले में वह लिखता है—"अवश्य ही कोई घटना जनता में किस रूप में सुरक्षित रहती है, उससे उसकी अन्तर्वस्तु को जाना जा सकता है।" (पृ. 402) इतिहास की खोज जातीय स्मृति में करते हुए वह 1908 के बाद शुरू हुए गदर पार्टी के आन्दोलन का ज़िक्र करता है जिसने अपनी प्रेरणा सन् 57 के विद्रोह से ली थी। यहाँ पहली बात तो यह है कि जिस जनता की स्मृति की बात कही गयी है, वह जनता कोई शुद्ध चीज़ नहीं होती। उस पर भी अपने समय के तरह-तरह के वर्गीय प्रभाव मौजूद रहते हैं। 1857 की स्मृति में गीत बनाने वाली 19वीं सदी की जनता पर अपने सामन्तों के शौर्य का काफ़ी प्रभाव था, साथ ही स्थानीय अन्तर्विरोधों से सम्बन्धित उचित-अनुचित की नैतिक मूल्य दृष्टि का भी प्रभाव था। उसका अध्ययन इस दृष्टि से होना चाहिए कि तत्कालीन जनता ने 1857 के विद्रोह को किस दृष्टि से देखा था, न कि 1857 का वस्तुनिष्ठ इतिहास खोजने की दृष्टि से? दूसरी बात यह कि जातीय-राष्ट्रीय स्मृतियाँ भी बनती हैं, बनायी जाती हैं, वह अपने-आप में कोई सिद्ध तथ्य नहीं होतीं। प्राचीन आर्य गौरव, मध्यकालीन मुस्लिम अत्याचार या शिवाजी और राणा प्रताप वग़ैरह से सम्बन्धित हमारी बहुत सी जातीय-राष्ट्रीय स्मृतियाँ 19वीं सदी के इतिहास लेखन से बनी है।

ताजा उदाहरण विश्व हिन्दू परिषद द्वारा जनता के कुछ हिस्सों में रामजन्म भूमि से सम्बन्धित जातीय राष्ट्रीय स्मृतियों को क़ायम करना है। जातीय स्मृतियों की तरह अपनी प्रेरणा के स्रोत भी अलग-अलग ऐतिहासिक सन्दर्भों में, ऐतिहासिक ज़रूरतों के मुताबिक़ खोज निकाले या बनाये जाते हैं। यही कारण है कि 1908 ई. के साम्राज्यवाद विरोधी दौर में अगर गदर पार्टी के लोग सन् 57 के विद्रोह में अपने ब्रिटिश विरोधी गुप्त आन्दोलन का मॉडल पाते थे तो 40-50 साल बाद कम्युनिस्ट पार्टी के स्तालिनवादी और बी.टी. रणदिवे-दौर के रामविलास शर्मा उसमें मार्क्सवादी क़िस्म की क्रान्ति का मॉडल पाते हैं।

दरअसल, 1857 का विद्रोह आधुनिक भारतीय इतिहास की सबसे जटिल घटना है। इसके विभिन्न पक्षों पर, विभिन्न दृष्टियों से सारी दुनिया में इतना साहित्य लिखा गया है इसका कारण उसकी जटिलता ही है। इसमें एक साथ कई पक्ष गुँथे हुए थे जिनके इरादे अलग-अलग थे, जिनके कारनामों का मक़सद अलग-अलग था। इसका मतलब यह भी नहीं है कि उनके बीच सामान्य कुछ नहीं था। प्रदीप सक्सेना ने 1857 के विद्रोह की विचारधारा का सवाल उठाया है और उसमें उभरी राष्ट्रीय एकता और राष्ट्रीयता की चेतना की चर्चा की है। यह इन शब्दों का उदारतापूर्वक इस्तेमाल करना है और इनकी बारीकियों को, इनमें निहित तनावों और विरोधों को नज़रअन्दाज़ करना है। ख़ुद लेखक ने क़िताब के आख़िर में उस विद्रोह की जानी पहचानी कमज़ोरियों और सीमाओं को मंजूर करते हुए माना है कि 1857 में उभरा राष्ट्रवाद (?) और देशभक्ति दुर्बल तत्त्वों से बनी थी। (पृ. 466-67) 1857 की विचारधारा कहने के बजाय 1857 का राजनीतिक सिद्धान्त कहना ज़्यादा उचित होगा। इस मुद्दे पर रजतकान्त राय ने अपने एक लेख में ज़्यादा वस्तुनिष्ठ ढंग से विचार किया है। (मुशिरूल हसन और नारायणी गुप्ता द्वारा सम्पादित ***इंडियाज कोलोनियल इनकाउंटर***, मनोहर, 1993, में शामिल निबन्ध ***रेस, रीलिजियन् एंड रीलम : दी पॉलिटिकल थ्योरी ऑफ 'दी रेइग्निंग इंडियन क्रूसेड'*** 1857) अपने लेख में रजतकान्त राय ने 1857 के विद्रोह में मौजूद कुछ व्यापक सामान्य भावनाओं को दिखाते हुए विद्रोह के इश्तेहारों, ख़ासकर रोहिलखण्ड के नवाब खान बहादुर खान और मुग़ल साम्राज्य के सिद्धान्तकार सैयद गुलाम हुसैन खान के लेखन के आधार पर विद्रोह के राजनीतिक सिद्धान्त को-जिस हद तक वह एक सिद्धान्त कहलाने लायक हो सकता था—समझने की कोशिश की है। उन इश्तेहारों और ऐलानों में, जो बागियों को सम्बोधित थे—जिस एक सम्बोधन का बार-बार इस्तेमाल हुआ, वह था—हिन्दुस्तान के

हिन्दुओं और मुसलमानो! इस सम्बोधन को रजतकान्त ने तत्कालीन सन्दर्भ में उतना ही राजनीतिक करार दिया जितना काफ़ी बाद में उभरे राष्ट्रीयता शब्द को दिया जाता है। इस सम्बोधन का इस्तेमाल सिर्फ़ हिन्दू-मुसलमानों के साम्प्रदायिक सद्भाव के अर्थ में नहीं किया जा रहा था। हिन्दू-मुसलमानों के बीच साम्प्रदायिक तनाव तो विद्रोह के दौर में भी मौजूद था जिसके सबूत मिलते हैं—मसलन विद्रोह के दौरान बहादुरशाह जफर ने जब अपनी शाही घोषणा में मुसलमानों की गोकशी पर पाबन्दी लगायी तो दिल्ली के आभिजात्य सुन्नी मुसलमानों ने उसका विरोध किया था। हिन्दुस्तान के हिन्दुओं और मुसलमानों का सम्बोधन इस राजनीतिक अर्थ में किया जा रहा था, जैसा कि रजतकान्त ने लिखा है कि इसमें हिन्दुस्तान को इन दो कौमों (समुदायों) के सह-अस्तित्व वाले राज्य के रूप में, एक राजनीतिक संघ (फेडरेशन) के रूप में मान्यता दी जा रही थी जो मेरी समझ में, तत्कालीन सामन्ती धार्मिक समाज में एकमात्र सम्भव राजनीतिक अवधारणा हो सकती थी। फिर भी यह सवाल अपनी जगह पर है कि हिन्दुस्तान के हिन्दुओं और मुसलमानों का जो राजनीतिक अर्थ रोहिलखण्ड के नवाब या मुग़ल साम्राज्य के सिद्धान्तकार लगा रहे थे, क्या वही अर्थ विद्रोह में अपने-अपने ढंग से शामिल एक छोटे ज़मींदार या अवध के एक किसान के दिमाग़ में भी था? भारतीय इतिहास लेखन में इस सवाल के जवाब की सबसे ज़्यादा उम्मीद-सीमाओं के बावजूद-सबाल्टर्न इतिहासकारों से ही हो सकती है जिनके बारे में प्रदीप सक्सेना ने चलते हुए ढंग से बहुत सतही टिप्पणी की है। अगर उन्होंने सबाल्टर्न इतिहास लेखन की आलोचना 1857 से सम्बन्धित उनके लेखन को आधार बनाकर की होती तो कोई बात भी होती। इस लेखन से परिचित हुए बिना उन्होंने सिर्फ़ सैद्धान्तिक छींटाकशी की है। इस सिलसिले में दर्शन पेरुसेक का लेख ***सबाल्टर्न कांशसनेस एण्ड हिस्ट्रियोग्रॉफी ऑफ इंडियन रेबेलियन ऑफ 1857*** (*ई.पी.डब्ल्यू.*, 11 सितम्बर, 1993) ग़ौरतलब है जिसमें सन् 57 के विद्रोह के सन्दर्भ में सबार्ल्टन इतिहास लेखन की वास्तविक कमियों को दर्शाते हुए उनके योगदान को भी समझने की कोशिश की गयी है। विद्रोह में शामिल अलग-अलग लोगों के लिए विद्रोह का क्या अर्थ था, इस सिलसिले में दर्शन ने एक सवाल्टर्न इतिहासकार गौतम भद्र के लेख ***फोर रेबेल ऑफ एट्टीन फ़िफ़्टी सेवेन (सेलेक्टेड सबाल्टर्न स्टडीज, 1857*** में शामिल निबन्ध) में आये चार विद्रोहियों शाहमल (एक भू-स्वामी), देवी सिंह (एक ज़मींदार), गुनू (एक आदिवासी रैयत) और मौलवी अहमदुल्ला शाह (एक शाही परिवार का सदस्य) के कारनामों के मायने

और इरादों को समझने की कोशिश की है। चीज़ों की इन बारीकियों, उनमें निहित तनावों और अन्तर्विरोधों से बेख़बर प्रदीप सक्सेना 1857 के विद्रोह को जनक्रान्ति के अपने राजनीतिक चौखटे में वैसे ही फिट करने की कोशिश करते हैं, जैसे रामविलास शर्मा। बेशक सन् 57 का विद्रोह सिर्फ़ थोड़े-से सामन्तों का स्वार्थपूर्ण या देशभक्तिपूर्ण विद्रोह नहीं था। यह एक जनविद्रोह भी था। लेकिन वह सिर्फ़ जनविद्रोह भी नहीं था। सन् 1857 की ऐसी जटिलता की विश्वसनीय अभिव्यक्ति न प्रदीप सक्सेना में मिलती है, न रामविलास शर्मा में। वह अगर हिन्दी की किसी एक क़िताब में, किसी हद तक, मिलती है तो वह कमलाकान्त त्रिपाठी का उपन्यास—***पाहीघर*** है, हालाँकि इस उपन्यास का साहित्यिक मूल्य ज़्यादा नहीं है।

हिन्दी में लोग इतिहास में वैसे ही विचरण करते हैं जैसे साहित्य में और भारतीय इतिहास लेखन तथ्यों की दृष्टि से कितना दरिद्र है—ऐसी शिकायतें करते हुए प्रदीप सक्सेना का बड़बोलापन क़िताब में कई जगह दिखता है। मसलन, अभी तक विद्रोह के सही तथ्य तक जमा नहीं किये गये, यह कहते हुए वे बदायूँ शहर में विद्रोह के बारे में सुरेन्द्रनाथ सेन के 1957 में पेश किये गये तथ्यों का हवाला देते हैं, जिनका खण्डन 1960 में चार जिल्दों में छपे ***हिस्ट्री आंफ दी फ्रीडम मूवमेंट*** से होता है। पहली बात तो यह कि अगर कोई 1990 में बैठकर 1957 में जमा किये गये तथ्यों का रोना रोता है, तो वह अपनी ही दयनीय हालत को ज़ाहिर करता है। दूसरे, क्या बाद में सामने आये तथ्य भी भारतीय इतिहास लेखन की ही उपलब्धि नहीं हैं?

राजनीतिक भावावेश में अध्ययन करने से कई बार चीज़ें अपनी असली शक्ल में नहीं दिखतीं। वे सिर्फ़ पिटे-पिटाये ढंग से, एक ही रंग में रंगी नज़र आती हैं। इसकी छोटी-सी मिसाल चार्ल्स वुड के एक कथन पर लेखक की टिप्पणी है। चार्ल्स वुड ने कहीं कहा कि विभिन्न रेजिमेंटों में भिन्न और विरोधी भाव बना रहे ताकि आवश्यकता पड़ने पर सिक्ख हिन्दू पर और गोरखा दोनों में से किसी पर बिना झिझक गोली चला सकें। इस पर लेखक की टिप्पणी है—"यह थी साम्राज्यवाद की भारतीय विकास की रूपरेखा।" (पृ. 300) इसमें साम्राज्यवाद की क्या बात है? चार्ल्स वुड ने जो कुछ कहा, वह एक राजनीति है जो किसी भी क़िस्म की शासन व्यवस्था में पायी जा सकती है और न सिर्फ़ फ़ौज के बल्कि किसी भी विभाग के मामले में अपनायी जा सकती है। ऐसी राजनीति कौटिल्य के अर्थशास्त्र में मिल जायेगी, मुग़लों के शासन में मिल जायेगी और

स्वतन्त्र भारत के शासन में भी मिल जायेगी जो बंगाल के जनआन्दोलनों को कुचलने के लिए हरियाणा के जाटों की सी.आर.पी. बटालियन भेजता है और हरियाणा के जनआन्दोलन को कुचलने के लिए आन्ध्र प्रदेश में तैयार बटालियन भेजता है ताकि वे बिना झिझक गोली चला सकें। वामपन्थियों के बीच साम्राज्यवाद, पूँजीवाद, प्रतिक्रियावाद आदि शब्द चीज़ों को सरलीकृत ढंग से सोचने-देखने के काम आने लगे हैं। जैसे-रामविलास शर्मा ने एक सिद्धान्त गढ़ लिया कि भारत में साम्प्रदायिकता साम्राज्यवाद की देन है जो राजाओं और नवाबों के सहयोग से बढ़ी। वे न भारतीय समाज में इसकी जड़ों को और इसके पैदा होने की परिस्थितियों को देखते हैं, न स्वतन्त्र भारत में इसका फैलाव करने वाली ताक़तों और विचारों को देखते हैं। एक साम्राज्यवाद शब्द ने चिन्तन को आसान कर दिया है।

प्रदीप सक्सेना की क़िताब का एक मुख्य विषय 1857 के विद्रोह के साथ नवजागरण के सम्बन्धों पर विचार करना है। इस मुद्दे से सम्बन्धित बहस में उलझकर वे रामविलास शर्मा के विचारों का खण्डन करते हुए लिखते हैं कि विद्रोह का सम्बन्ध सिर्फ़ हिन्दी नवजागरण ने नहीं था, बल्कि पूरे भारतीय, बल्कि एशिया के नवजागरण से था। (पृ. 211) यह रामविलास शर्मा की मान्यता का खण्डन करना नहीं हुआ, उसका विस्तार करना हुआ। न रामविलास शर्मा कभी इसे साबित कर पाये हैं, न प्रदीप सक्सेना साबित करते हैं कि 19वीं सदी के नवजागरण का 1857 के विद्रोह से क्या सम्बन्ध था? यह असफलता जो इस क़िताब की एक बड़ी असफलता है—लाजिमी थी क्योंकि वास्तव में ऐसा कोई सम्बन्ध था ही नहीं। 1857 का विद्रोह, अपनी सीमाओं और सम्भावनाओं के बावजूद, ईस्ट इंडिया कम्पनी के शासन के ख़िलाफ़ पिछले सौ सालों से हो रहे विभिन्न स्थानीय-क्षेत्रीय विद्रोहों की कड़ी में हुआ सबसे बड़ा और सबसे आख़िरी विद्रोह था जो अपने उद्देश्य में पहले के विद्रोहों की ही तरह असफल रहा। उसे एक प्रतीक बनाकर आगे के राजनीतिक आन्दोलनों में प्रेरणा ली जा सकती थी—और ली भी गयी लेकिन कुल मिलाकर वह एक पुरानी परम्परा का ही प्रतिनिधित्व करता है जिसने उस परम्परा की कई सीमाओं को भी पार किया, जबकि नवजागरण एक नयी परम्परा की शुरुआत थी। दोनों के वर्गीय-सामाजिक आधारों में और लक्ष्यों में बुनियादी फ़र्क़ था। ब्रह्म समाज, प्रार्थना समाज, आर्य समाज या अलीगढ़ कॉलेज वग़ैरह आधुनिक संगठनों के ज़रिये फैलने वाले नवजागरण का सामाजिक आधार पश्चिमी शिक्षा प्राप्त भद्रवर्गीय शहरी हिन्दू

और मुसलमान थे, जिनका लक्ष्य अंग्रेज़ी शासन को ख़त्म करना नहीं था। ये लोग अंग्रेज़ी शासन से पैदा हुई नयी आर्थिक सामाजिक सांस्कृतिक परिस्थितियों और दबावों के बीच, अपनी धार्मिक-सामाजिक परम्पराओं को फिर से परिभाषित और निर्धारित करते हुए, समय के अनुरूप अपनी एक नयी सांस्कृतिक पहचान बनाने की कोशिश कर रहे थे। इनमें से कोई भी सन् 57 के विद्रोह का समर्थक नहीं था। इनके लक्ष्य सन् 57 विद्रोहियों से बिलकुल अलग थे। यह बिलकुल सही बात है कि विद्रोह के बाद हिन्दी में लिखे गये शिष्ट साहित्य में—जो भारतेन्दु मण्डल के लेखक लिख रहे थे—इस विद्रोह का समर्थन तो दूर, इसकी कोई ख़ास चर्चा भी नहीं मिलती। अगर कहीं है भी तो इसके विरोध में है—जैसे बदरीनारायण चौधरी 'प्रेमधन' और प्रतापनारायण मिश्र, दोनों ने अंग्रेज़ी शासन का पक्ष लेते हुए विद्रोह के ख़िलाफ़ टिप्पणी की है। ख़ुद भारतेन्दु के साहित्य में महज दो पंक्तियों को छोड़ इसका ज़िक्र कहीं नहीं मिलता। उन पंक्तियों में भी विद्रोह के बाद चले दमन और आतंक का ही ज़िक्र है। दमन और आतंक का ज़िक्र करना विद्रोह का समर्थन करना नहीं होता। ऐसे दमन और आतंक का और भी खुलकर, विस्तार से वर्णन सैयद अहमद ने विद्रोह होने के एक साल के अन्दर लिखी अपनी क़िताब ***असबाबे बग़ावते हिन्द*** में किया है। इसका मतलब यह नहीं कि वे विद्रोह के समर्थक थे। वास्तव में नवजागरण के सभी नेता और उनके भद्रवर्गीय अनुयायी ब्रिटिश शासन के मित्र थे और उससे सहयोग करते हुए (कई मुद्दों पर आलोचना भी करते थे) भारत को यूरोप की लोकतान्त्रिक प्रणाली और उसकी आधुनिक शिक्षा के अनुरूप ढालने की उम्मीद (और कोशिश) कर रहे थे।

जो लोग नवजागरण को सन् 57 के विद्रोह से जोड़ने का सवाल उठाते हैं, उनकी नवजागरण की अवधारणा क्या है? नवजागरण का मतलब क्या है? इस प्राथमिक प्रश्न का भी साफ़-सुथरे ढंग से कोई उत्तर प्रदीप सक्सेना नहीं देते, हालाँकि वे रेनेसां के शब्दकोशीय अर्थों का उद्धरण-विवरण देने में कई पेज रंग गये हैं। भारतीय सन्दर्भ में 19वीं सदी के नवजागरण का सही अर्थ स्पष्ट करने वाले दो लेखकों डेविड कोफ और डॉ. गौरीशंकर भट्ट को उद्धृत करने के बावजूद लेखक उस अर्थ को आत्मसात नहीं करता। इसके उलटे, वह अपने राजनीतिक भावावेश में भटकता हुआ रामविलास शर्मा की परम्परा का ही विस्तार करता है जिसमें नवजागरण को 19वीं सदी में हुए सशस्त्र विद्रोहों के इतिहास से जोड़ दिया गया है। साफ़तौर पर परिभाषित न करने के बावजूद क़िताब में कुछ ऐसे वाक्य हैं जिनसे ज़ाहिर होता है कि लेखक नवजागरण को विभिन्न वर्गों के किसानों,

ज़मींदारों और राजाओं के सशस्त्र संघर्षों के इतिहास से जोड़ता है। संन्यासी विद्रोह, चकमा विद्रोह और चेरो विद्रोह वग़ैरह विभिन्न स्थानीय विद्रोहों की लम्बी सूची पेश कर के वह पूछता है—"1757 से लेकर 1857 तक विद्रोहों की एक निरन्तरता विद्यमान रही लेकिन बंगला नवजागरण के पैरवीकारों ने इस पर ध्यान नहीं दिया सो समझ में आता है लेकिन जो विद्वान 1857 से नवजागरण की शुरुआत मानते हैं और उसकी सैद्धान्तिकी तैयार करते हैं, वे इन विद्रोहों की प्रक्रिया को क्यों नहीं देखते? ...इनमें से अनेक विद्रोह न केवल साम्राज्यवाद विरोधी थे, बल्कि कितने ही सामन्तवाद विरोधी भी थे।" (पृ. 414)

यह ज़ाहिर है कि 1857 से भारतीय नवजागरण की शुरुआत मानने का सवाल ही नहीं उठता क्योंकि इसके बहुत पहले से 1820 के दशक से ही बंगाल में और उसके बाद महाराष्ट्र में नवजागरण की शुरुआत हो चुकी थी। सभी तरह के साम्राज्यवाद-सामन्तवाद विरोधी आन्दोलनों को नवजागरण कहना इस पारिभाषिक शब्द के अर्थ में घपला करना और उसका मनमाना विस्तार करना है जिसका कोई वास्तविक आधार नहीं। सीधी-सी बात है कि 19वीं सदी में हिन्दू और इस्लाम धर्म में सुधार के जो आन्दोलन चले, सामाजिक रूढ़ियों और ग़लत रीति-रिवाजों के ख़िलाफ़ जो विद्रोह हुए, ज्ञान-विज्ञान की नयी शिक्षा का जो प्रचार-प्रसार हुआ, इन सबका मक़सद ब्रिटिश शासन में पैदा हुई नयी परिस्थितियों का सामना करने के लिए और उससे तालमेल बैठाने के लिए ख़ुद को नये सिरे से तैयार करना था—इसी को नवजागरण कहते हैं। कुछ हिन्दी लेखक इसके अर्थ को खींचकर इसका जैसा मनमाना विस्तार करते हैं, उसे देखते हुए लगता है कि अब इस शब्द को छोड़ देना ही बेहतर होगा। पहले इसका प्रयोग भारत की किसी भी भाषा में नहीं होता था। विश्वविद्यालयों में इतिहास की पाठ्यपुस्तकों में 19वीं सदी के पुनर्जागरण का अध्ययन होता था और वहाँ इसका अर्थ बहुत साफ़ था—सामाजिक और धार्मिक सुधारों का आन्दोलन। आज भी इतिहास की ज़्यादातर हिन्दी-अंग्रेज़ी क़िताबों में सामाजिक-धार्मिक सुधारों के रूप में ही इसका विवेचन होता है। ये शब्द ज़्यादा वस्तुनिष्ठ हैं।

हिन्दी में नवजागरण पर चली बहस में उठे कुछ सवालों की निरर्थकता को दिखाते हुए प्रदीप सक्सेना ने अपनी ओर से भी कुछ सवाल उठाये हैं—सन् 57 के विद्रोह के बारे में भी और नवजागरण के बारे में भी। लेकिन कुल मिलाकर वह उन्हीं सवालों के दायरे में घूमते रहते हैं जो रामविलास शर्मा ने उठाये हैं। उनके चंगुल से छूटकर वे अध्ययन का कोई नया परिप्रेक्ष्य नहीं बना पाते।

अलग से उन्होंने कुछ भावुकतापूर्ण प्रश्न उठाये हैं। जैसे, लम्बे उबाऊ विवरण देकर वे साबित करने की कोशिश करते हैं कि यूरोप में पुनर्जागरण की सबसे सुन्दर अभिव्यक्ति मार्क्सवाद में हुई। फिर सवाल पूछतें हैं क्या भारतीय पुनर्जागरण का भी ऐसा ही विकास हुआ? ऐसे भावुकतापूर्ण प्रश्न के अलावा कुछ सवाल जानकारी के अभाव में उठागे गये हैं। मसलन, वे पूछते हैं कि क्या इतिहासकार इससे इनकार करेंगे कि बंगला पुनर्जागरण कुल मिलाकर हिन्दू पुनर्जागरण में परिणित हुआ? क्या इस जागरण में साम्प्रदायिकता के मूलस्रोत भी विद्यमान नहीं थे? क्या ये इतिहासकार साम्राज्यवादी, पूँजीवादी, भू-अभिजात वर्ग के सम्बन्धों को नहीं छिपाते? पूर्व और पश्चिम से दुनिया भर की सूचनाएँ बटोरने वाले लेखक के इन सवालों से ज़ाहिर है कि उसकी दुनिया बहुत छोटी है। भारत के नवजागरण पर एक नहीं, ऐसी कई किताबें और लेख हैं जिनमें इस जागरण के धार्मिक स्वरूप को स्पष्ट किया गया है और उनके वर्ग-चरित्र को सामने रखा गया है। ऐसा ही एक मासूम सवाल है कि हिन्दी प्रदेश का नवजागरण हिन्दू और मुसलमान धर्मों में विभक्त क्यों हो गया? ताज्जुव की बात है कि यह सवाल सिर्फ़ प्रदीप सक्सेना और रामविलास शर्मा ने ही नहीं उठाया, बल्कि इन दोनों के मुक़ाबले ज़्यादा ताजा जानकारी रखने और बारीक़ियों पर ध्यान देने वाले डॉ. नामवर सिंह ने भी उठाया है। दरअसल, यह सवाल वामपन्थी विचारधारा के चश्मे से पैदा हुआ है जिसमें हम मानकर चलते हैं कि दोनो धार्मिक समुदायों के बीच किसी भी तरह का सामाजिक-सांस्कृतिक भेद नहीं है। जिसे हम नवजागरण का आन्दोलन कहते हैं, वे मूलतः अपने-अपने धर्मों में (और उनसे जुड़े सामाजिक-सांस्कृतिक पक्षों में) सुधार के आन्दोलन थे। ज़ाहिर है कि हिन्दू और मुसलमान धर्म में सुधार की अपनी-अपनी अलग समस्याएँ थी, अलग-अलग प्रथाएँ थीं, लिहाज़ा उनका कोई संयुक्त आन्दोलन नहीं हो सकता था। सामाजिक स्तर पर उनके बीच कुछ समान समस्याएँ भी थीं—जैसे नयी शिक्षा के प्रचार-प्रसार की, विधवा विवाह की या शादी-विवाह में फिजूलखर्ची की। लेकिन बहुत-सी समस्याएँ समान नहीं थीं। जैसे मौलूद जोर-शोर से मनाना चाहिए या नहीं? उसमें मिठाई बँटनी चाहिए या नहीं? अल्लाह और पैगम्बर से ज़्यादा महत्त्व पीरों-फकीरों को देना चाहिए या नहीं?

दूसरी बात यह है कि हिन्दी जाति जैसी एक इकाई मान ली जाती है और मान लिया जाता है कि इसमें मुसलमान भी उसी तरह शामिल है, जैसे हिन्दू। पहले तो हम हिन्दी प्रदेश कहना बन्द करें। मानों यहाँ क्षेत्रीय, जनपदीय भाषाओं

का अपना कोई स्वतन्त्र अस्तित्व ही नहीं। अगर साहित्यिक और सम्पर्क भाषा के आधार पर ही प्रदेश का नाम रखना है तो कम से कम हिन्दी-उर्दू प्रदेश कहें। इसमें अगर एक हिन्दी जाति आप बनायेंगे तो स्वभावतः दूसरी उर्दू जाति बन जायेगी या वह तथाकथित हिन्दी जाति से बाहर रह जायेगी। यह समस्या भी 19वीं सदी के नवजागरण की ही एक देन है या कम से कम उसके ज़रिये इसका विकास हुआ है। बँगाल में भी किसी बंगला जाति का नवजागरण नहीं हुआ था। वहाँ भी एक हिन्दू नवजागरण था—ब्राह्म समाज का, दूसरा मुस्लिम नवजागरण था—हाजी शरिअतुल्ला और करामत अली का। यही पंजाब में भी हुआ। पंजाब में आर्यसमाजियों और मुसलमानों के सुधार आन्दोलन न सिर्फ़ अलग-अलग थे, बल्कि एक दूसरे के विरोधी भी थे। वहाँ आर्यसमाजियों की प्रतिक्रिया में सनातनी हिन्दुओं ने अपना अलग सुधार किया और सिक्खों में सिंह सभा ने सुधार का अलग आन्दोलन चलाया। इसलिए यह सवाल फिजूल का है कि तथाकथित हिन्दी प्रदेश में तथाकथित हिन्दी जाति का नवजागरण दो धर्मों में विभक्त क्यों हो गया? जिसे हिन्दी जाति के नवजागरण के ग़लत नाम से पुकारा जाता है, वह दरअसल युक्त प्रान्त में हिन्दी भाषा का इस्तेमाल करने वाले भद्रवर्गीय हिन्दुओं का आन्दोलन था। हिन्दी-उर्दू प्रदेश के हिन्दी भाषी हिन्दुओं के नवजागरण की सबसे पहली विशेषता यह थी कि जहाँ भारत के दूसरे प्रान्तों में नवजागरण धार्मिक आधार पर हुआ, वहाँ युक्त प्रान्त में यह विभिन्न जाति-सभाओं (कास्ट एसोसिएशंस) के आधार पर हुआ। जैसे कायस्थ सभा, वैश्य सभा, क्षत्रिय सभा आदि। इसलिए सार्थक सवाल यह नहीं है कि तथाकथित हिन्दी नवजागरण दो धर्मों में क्यों विभक्त हो गया, बल्कि यह है कि एक ही धर्म का नवजागरण विभिन्न जाति-बिरादरियों में क्यों विभक्त हो गया? अपने पिछड़ेपन की सचाई से आँख चुराने वाले हिन्दी आलोचक जो अपनी हीनता की भरपायी अपने नवजागरण की भव्य रूपरेखाएँ खींचकर करते हैं, ऊपर उठाये सवाल से कभी नहीं जूझते; बल्कि ज़्यादातर को इस सवाल की ख़बर भी नहीं है।

जहाँ तक भारतीय नवजागरण के वर्ग चरित्र और सामाजिक आधारों का सवाल है, इस पर हुए महत्त्वपूर्ण अध्ययनों में कोई भी इसको नहीं छिपाता कि इस आन्दोलन के नेता और उनके अनुयायी ज़्यादातर कथित ऊँची जातियों के ज़मींदार, व्यापारी, महाजन और ऊँचे सरकारी अफ़सर थे। कई विदेशी विद्वानों ने भारतीय नवजागरण पर महत्त्वपूर्ण काम किया है, जैसे जे.टी.एफ. जोर्डन, डब्ल्यू. केनेथ जोन्स, चार्ल्स हिमसेथ, बारबरा मेटकॉफ, डेविड कोफ और गेल मिनाल्ट वग़ैरह।

इन सभी ने नवजागरण के भद्रवर्गीय चरित्र को कभी नहीं छुपाया और न ही भारत, पाकिस्तान या बंगलादेश के इतिहासकारों प्रो. रफीउद्दीन अहमद, हफीज मलिक, पार्थ चटर्जी या सुमित सरकार ने इसे कभी छुपाया। यह रामविलास शर्मा है जो अगर किसी चीज़ का समर्थन करना ठान लेते हैं तो किसी भी तरीक़े से उसे साम्राज्यवाद विरोधी, सामन्त विरोधी और जनवादी वग़ैरह साबित किये बिना नहीं मानते और अगर विरोध पर उतर आते हैं तो उसे हर तरीक़े से धूल में मिलाये बिना नहीं रहते। उनके भक्त उन्हीं की लकीर के फ़क़ीर बनकर चलते हैं।

प्रदीप सक्सेना ने निमाई साधन बोस के हवाले से एक सही सवाल उठाया है कि 18वीं-19वीं सदी के बंगाल में पल्टूदास और इसी तरह के कुछ दूसरे लोगों द्वारा समाज के निचले वर्गों में और देहाती इलाक़ों में स्थानीय स्तर पर जो जाति विरोधी और धार्मिक सुधार के आन्दोलन चलाये गये थे, उन्हें नवजागरण के इतिहास में जगह क्यों नहीं दी जाती? इसका जवाब भी उन्होंने डॉ. बोस के हवाले से ही दे दिया है कि ये आन्दोलन संगठन की दृष्टि से, सामाजिक-धार्मिक समस्याओं के तार्किक हल की दृष्टि से कमज़ोर थे, इसलिए कोई दीर्घकालीन प्रभाव लोगों पर नहीं डाल सके। प्रदीप सक्सेना यहाँ भी अपने भावावेश के कारण इस सवाल को सही ढंग से आगे नहीं बढ़ा पाये। इन्होंने इस पर ग़ौर नहीं किया कि सिर्फ़ बंगाल में ही नहीं, दूसरी जगह भी निम्न वर्गों और देहाती इलाक़ों में धार्मिक-सामाजिक सुधार के ऐसे आन्दोलन हुए थे। मसलन, छत्तीसगढ़ के दलितों के बीच गुरु घासीदास और बालकदास का सतनामी आन्दोलन (जिसमें अवध किसान आन्दोलन के नेता बाबा रामचन्द्र ने भी बाद में भाग लिया था), केरला के ईड़वा जाति के लोगों में श्रीनारायण गुरु का आन्दोलन, राँची और सिंहभूम जिले के मुण्डा-हो आदिवासियों में बिरसा मुण्डा का आन्दोलन। इस कड़ी में सबसे ज़्यादा शक्तिशाली और मशहूर महाराष्ट्र में हुआ जोतिबा फुले का सत्यशोधक आन्दोलन था। ये आन्दोलन इस दृष्टि से भी बहुत महत्त्वपूर्ण थे कि राममोहन राय, दयानन्द या रानाडे के नेतृत्व वाले भद्रवर्गीय नवजागरण से कई मुद्दों पर इनका बुनियादी फ़र्क़ था। निश्चय ही इन आन्दोलनों को भारतीय नवजागरण की दूसरी धारा मानना चाहिए जो भद्रवर्गीय नवजागरण की तथाकथित मुख्य धारा से अलग थी। इनके अध्ययन में काफ़ी हद तक वही सबाल्टर्न इतिहास दृष्टि काम आयेगी (उदाहरण के लिए सतनामी आन्दोलन पर सौरभ दुबे का काम) जिसका प्रदीप सक्सेना ने अन्ध विरोध किया है।

एक अध्याय में लेखक ने 1857 के महान संग्राम पर थोपे गये कुछ प्रश्नों का–जिन्हें वह वैचारिक षड्यन्त्र कहता है–'भण्डाफोड़' किया है। इनमें से ज़्यादातर प्रश्न रामविलास शर्मा के लेखन में उठाये गये या उनसे पैदा हुए प्रश्न है। इनसे नवजागरण का अध्ययन एक ख़ास दायरे के अन्दर ही कवायद करता नज़र आता है। कुछ प्रश्नों पर लेखक ने जिस दृष्टि से विचार किया है, वह भी विचारणीय है। उसके सबसे पहले प्रश्न को ही लें–भारत को सभ्य बनाने में अंग्रेज़ी शिक्षा की भूमिका क्या और कितनी है? इसका जवाब देते हुए लेखक ने कुछ अंग्रेज़ों के कथन उद्धृत किये हैं जिनके मुताबिक मुट्ठी भर भारतवासियों को अंग्रेज़ी शिक्षा देना इस देश में अंग्रेज़ी साम्राज्य क़ायम रखने के लिए आवश्यक होगा। पाश्चात्य शिक्षा पास हुए युवक स्वाधीनता के लिए प्रयत्न करना बन्द कर देते हैं।' (पृ. 326) इस तरह के उद्धरणों को पेश करते हुए लेखक अपने मूल प्रश्न भारत को सभ्य बनाने में अंग्रेज़ी शिक्षा की भूमिका को भूल जाता है और इस पर विचार करने लगता है कि अंग्रेज़ी शिक्षा का घोषित उद्देश्य क्या था? और अपना निष्कर्ष वह एक तीसरी ही चीज़ के बारे में निकालता है कि अंग्रेज़ी शिक्षा का नवजागरण से कोई सम्बन्ध नहीं था। वह लिखता है, "सहज ही प्रश्न उठता है कि जिस शिक्षा का सम्बन्ध केवल अभिजात वर्ग के दो-चार लोगों से था, उसे नवजागरण का आधार कैसे कहा जाये? यह बिलकुल भिन्न बात है कि कुछ तत्त्वों ने इससे राष्ट्रवादी संघर्ष में प्रकारान्तर से सहयोग दिया लेकिन वह न शिक्षा का चरित्र था, न उद्देश्य।" (पृ. 318) यह न सिर्फ़ एक उलझी हुई मानसिक दशा है, बल्कि अत्यन्त सतही और सरल दृष्टि है जो समझती है कि इतिहास में चीज़ें अपने घोषित या तयशुदा उद्देश्यों से बाहर नहीं जातीं। लेखक उनके वास्तविक परिणामों को नहीं देखता। यह दृष्टि मार्क्सवाद विरोधी भी है क्योंकि इस दृष्टि में किसी वास्तविक प्रक्रिया में निहित तनावों और अन्तर्विरोधों का, उस पर प्रभाव डालने वाले दूसरे कारक तत्त्वों का और उससे पैदा होने वाले नये नतीजों का बिलकुल निषेध है। अंग्रेज जिन उद्देश्यों से प्रेरित होकर इस देश में आये थे, क्या चीज़ें उन्हीं उद्देश्यों तक सीमित रहीं? क्या मार्क्स ने यह नहीं कहा कि अंग्रेज़ चाहे कितने ही निकृष्ट उद्देश्यों से यहाँ क्यों न आये हों, वे अनजाने में भारत में एक नयी सामाजिक क्रान्ति का सूत्रपात कर रहे हैं? चीज़ों को सिर्फ़ काले या सफ़ेद रंग में देखने वाली सपाट दृष्टि, जिसे मार्क्सवाद के नाम से रामविलास शर्मा ने हिन्दी साहित्य में चलाया, प्रदीप सक्सेना के परिश्रम को जगह-जगह डसती चलती है।

आख़िर में कुछ बातें क़िताब की भाषा के बारे में। इसमें सुपरिगठनात्मक, केन्द्रपद, आनुभविक-प्रायोगिक, अपघटित, संधारणाओं और अन्योन्य क्रिया जैसे सरकारी हिन्दी में चलने वाले गढ़े गये बनावटी संस्कृत शब्द हैं जो हिन्दी की आत्मा के ख़िलाफ़ हैं। दूसरी ओर एक्चुअल डायवर्सिटी के तनाव से नियन्त्रित रहे (पृ. 15), नारमेटिव हिस्ट्री में ऐतिहासिक सब्जेक्ट्रा ने जो किया है। (पृ. 13) औपनिवेशिक मस्तिष्क को सूट करता है और उनकी मिलट्री लाइफ कैसी थी। (पृ. 321) जैसे वाक्य भी है जो हिन्दी भाषा को भ्रष्ट करते हैं। इवेंजिलिकल शब्द को हर जगह ग़लत रूप में एवांगेलिकिल लिखने के अलावा कई जगह ऐसे अटपटे वाक्य भी मिल जाते हैं, जैसे—"उन्होंने अन्तिम संस्कार दफनाने के मामले तक में अपनी परिवर्तनशीलता समझ रखी।" (पृ. 415)

बग़ावत और वफ़ादारी
1857 और सैयद अहमद

दुनिया जानती है कि सर सैयद अहमद ख़ाँ अंग्रेज़ी राज के वफ़ादार आदमी थे। वे पहले ईस्ट इंडिया कम्पनी के, फिर ब्रिटिश शासन के ख़ैरख्वाह रहे। 1857 के विद्रोह में उन्होंने अपनी जान की बाजी लगाकर अंग्रेज़ों की जान बचायी थी। अंग्रेज़ सरकार ने उन्हें 'सर' का ख़िताब दिया था। 1857 की डेढ़ सौवीं बरसी पर ऐसे आदमी को याद करने का क्या मतलब? 1857 के गौरव-गान के बीच यह विसंवादी स्वर क्यों?

कभी-कभी ऐसा करना लाजिमी हो जाता है। इसलिए नहीं कि प्रबल स्वर में जो कोरस गाया जा रहा है, वह सही नहीं है, बल्कि उसके पूरी तरह से सही होने के बावजूद कुछ आवाज़ें हमेशा बाहर रह जाती हैं। उनका भी कुछ अर्थ है। वे कोरस को उसकी पूर्णता प्रदान करती हैं। उन्हें भी सुन लेना चाहिए। उनकी सचाई को परख लेना चाहिए। 1857 का विद्रोह और सैयद अहमद, बेशक, अलग रंगों से बने दो अलग-अलग चित्र लगते हैं। फिर भी उनके बीच एक सम्बन्ध है। वह सम्बन्ध कैसा है? उसके अन्दर के तनात और विडम्बनाएँ क्या हैं? 1857 और सैयद अहमद का सम्बन्ध इतिहास में काफ़ी साफ़ समझा जाता रहा है। लेकिन इतिहास के कुछ हिस्सों पर हमेशा धूल की परत पड़ी रहती है। उन्हें साफ़ करते रहने की ज़रूरत होती है क्योंकि कुछ सचाई वहाँ भी दबी पड़ी है। इतिहास का यह चित्र थोड़ी ट्रेजिडी और थोड़ी जटिलता लिये हुए है। ठीक इसीलिए इसे और भी ग़ौर से देखने की ज़रूरत है।

1857 की घटनाओं में सैयद अहमद न सिर्फ़ एक सरकारी मुलाज़िम की हैसियत से शरीक थे, बल्कि वे सबसे पहले भारतीय थे, जिन्होंने उसके बारे में लिखा, उसका विवेचन किया। इतिहास लेखन में सैयद की गम्भीर दिलचस्पी शुरू से रही थी। उनका सबसे महत्त्वपूर्ण इतिहास ग्रन्थ ***आसारूस सनादिद*** 1847

में छपा था जब सैयद महज बीस बरस के थे। इसमें पहली बार दिल्ली की सैकड़ों ऐतिहासिक इमारतों और हवेलियों का पुरातत्त्व और स्थापत्य की दृष्टि से अध्ययन किया गया था। इसमें दिल्ली शहर, शहर के मौसम और ज़ुबान का वर्णन करने के अलावा समाज के विभिन्न पेशों और क्षेत्रों में काम करने वाली दिल्ली की 120 मशहूर हस्तियों के बारे में भी लिखा गया था! इस ग्रन्थ के महत्त्व को समझते हुए रॉयल एशियाटिक सोसायटी, ब्रिटेन ने उन्हें अपना मानद सदस्य बनाया था। इसके बाद सैयद ने महाराज युधिष्ठिर से शुरू करके महारानी विक्टोरिया तक, दिल्ली पर राज करने वाले 203 हिन्दू और मुस्लिम शासकों का ऐतिहासिक विवरण तैयार किया जो ***सिलसिला-ए-मुल्क*** के नाम से 1852 में छपा।

1857 से सम्बन्धित सैयद की दो रचनाएँ मिलती हैं। पहली ***तारीख़े सरकशी-ए-बिजनौर*** जिसमें मई, 1857 से अप्रैल, 1858 तक ज़िला बिजनौर में घटी घटनाओं का तथ्यपरक प्रामाणिक विवरण दिया गया है। उस दौर में सैयद खुद बिजनौर में ईस्ट इंडिया कम्पनी के अमीन की नौकरी कर रहे थे। विद्रोह के दौरान ख़ुद को ख़तरे में डाल कर उन्होंने न सिर्फ़ वहाँ रह रहे अंग्रेज़ परिवारों की जान बचायी थी बल्कि विद्रोहियों को सँभालने में भी अहम भूमिका निभायी थी। विद्रोह पर काबू पाने के बाद प्रशासन द्वारा विद्रोहियों को सजा देने या न देने के मामले में भी उनकी भूमिका महत्त्वपूर्ण रही। विद्रोह की अफरातफरी के बीच भी उनके अन्दर का इतिहासकार मुस्तैद रहा। अपनी क़िताब के लिए ज़रूरी सामग्री-अपने नोट्स, सरकारी पत्राचार, विद्रोहियों से हुए पत्राचार और दूसरे दस्तावेज़ वग़ैरह-विद्रोह के दौर में भी वे सँभाल कर रखते गये थे। इस क़िताब का ज़िक्र सिर्फ़ बिजनौर की घटनाओं और वहाँ सैयद की भूमिका को जानने के लिहाज़ से किया जाता है।

उनकी दूसरी क़िताब ***रिसाला-ए-असबाबे बग़ावते हिन्द*** का महत्त्व सिर्फ़ स्थानीय स्तर का नहीं है। इसमें 1857 के विद्रोह के व्यापक रूप को ध्यान में रखकर बड़े व्यवस्थित ढंग से उसका विवेचन-विश्लेषण किया गया है। इससे विद्रोह के बारे में सैयद अहमद का नज़रिया सामने आता है। सैयद ने इसे 1858 में ही, बिजनौर से मुरादाबाद तबादला होने के तुरन्त बाद लिख डाला था। सैयद के अन्दर कोई गहरी बेचैनी रही होगी जिसने इतनी जल्दी यह क़िताब उनसे लिखवा ली। विद्रोह ख़त्म होने के फ़ौरन बाद के माहौल में, जब अंग्रेज़ मुसलमानों के ख़िलाफ़ गुस्से और नफ़रत से उबल रहे थे, ऐसी क़िताब लिखने

के लिए काफ़ी हिम्मत की ज़रूरत थी। सैयद में ऐसी हिम्मत थी कि उन्होंने विद्रोह के बारे में अंग्रेज़ों से अलग अपनी राय ज़ाहिर की और आगे के लिए उन्हें कुछ ऐसे सुझाव भी दिये जो कई अंग्रेज़ हाकिमों को हज़म होने मुश्किल थे। उर्दू में लिखने के बाद सैयद ने कुछ ही हफ़्तों के अन्दर आगरे के मुफस्सल गजट प्रेस से इसकी पाँच सौ कॉपियों छपवा लीं। वक़्त की नज़ाक़त और ख़तरे को भाँपते हुए उनके दोस्तों ने उन्हें क़िताब को किसी सरकारी हाक़िम या दफ़्तर को भेजने से मना किया। देहली कॉलेज के मशहूर प्रोफ़ेसर और गणितज्ञ मास्टर रामचन्द्र, जिन्हें हिन्दू धार्मिक रूढ़ियों की आलोचना करने और ईसाई धर्म अपना लेने की वजह से 1857 के विद्रोहियों ने कत्ल कर डाला था, के छोटे भाई शंकर (रायशंकर दास) सैयद अहमद के गहरे दोस्त थे और उन दिनों मुरादाबाद में ही मुंसिफ (सब-जज) के ओहदे पर थे। उन्होंने सैयद को आगाह किया कि अपनी जान ख़तरे में डालने से बेहतर है कि इस क़िताब को जला दिया जाये। (पृ. 93, ***हयाते जावेद***, अंग्रेज़ी में अनूदित, अल्ताफ हुसेन हाली) लेकिन सैयद को दृढ़ विश्वास था कि विद्रोह के कारणों की ओर सरकार का ध्यान खींच कर वे अपने कौम, अपने मुल्क और सरकार के प्रति अपना फ़र्ज़ निभा रहे हैं। सरकारी मुलाज़िम होने के नाते उन्होंने क़िताब आम लोगों के बीच नहीं बँटवायी, पर उसकी ज़्यादा से ज़्यादा कापियाँ इंग्लैंड में महारानी के शासन के पास और एक प्रति कलकत्ते में वायसराय लॉर्ड कैनिंग के पास भेज दी। बाक़ी बची कापियाँ अपने पास रख लीं। इंग्लैंड और भारत में शासन ने इसे गम्भीरता से लिया और अंग्रेज़ी में इसका अनुवाद कराया। सरकारी हल्कों के अन्दर इस पर गोपनीय बहसें हुईं। सैयद के एक अंग्रेज़ दोस्त कर्नल ग्राहम ने ऑकलैंड काल्विन के साथ इसका जो अंग्रेज़ी अनुवाद किया, वह विद्रोह ख़त्म होने के 15 बरस बाद 1873 में मेडिकल हाल प्रेस, बनारस से छपा। इस अंग्रेज़ी अनुवाद के साथ छपी छोटी-सी भूमिका में सैयद ने साफ़ कर दिया कि 1858 में विद्रोह के बारे में उन्होंने जो विचार लिखे थे, 15 बरस बाद भी उसमें किसी परिवर्तन-संशोधन की ज़रूरत महसूस नहीं करते। इस लेख में मैने जो उद्धरण दिये है, वे 1873 वाले संस्करण से ही है।

1857 के सन्दर्भ में सैयद अहमद के किरदार और लेखन पर विचार करते समय यह ख़याल रखना चाहिए कि भारत में अंग्रेज़ी शासन के प्रति सैयद पूरी तरह से वफ़ादार थे और उनकी वफ़ादारी कोई सतही या मौसमी चीज़ नहीं थी। 17 अक्टूबर, 1817 को जन्मे सैयद अहमद दिल्ली के आभिजात्य वर्ग के सदस्य थे।

उनके पुरखे पैगम्बर हजरत मुहम्मद की बेटी फ़ातिमा और दामाद अली के खानदान के वारिस थे जो ईरान और अफ़ग़ानिस्तान होते हुए 17वीं सदी में मुग़लों के दरबार में बेहतर नौकरी पाने के इरादे से हिन्दोस्तान आये और देहली में बस गये। सैयद अहमद के पिता दिल्ली के बड़े प्रतिष्ठित सुन्नी मुस्लिम परिवार के मुखिया थे, जिनके दादा औरंगजेब की फ़ौज में कमांडर रहे थे। सैयद अहमद के नाना मुग़ल सम्राट अकबर शाह द्वितीय के प्रधानमन्त्री थे। हफ़ीज मलिक ने सैयद के खान्दान की दो ऐसी पारम्परिक विशेषताओं का ज़िक्र किया है जिन्होंने सैयद के व्यक्तित्त्व पर गहरा असर डाला था। एक, विशेषता उनके पिता सैयद मुहम्मद मुत्तकी की थी—एक ऐसी आध्यात्मिक वैराग्य भावना जो व्यक्ति को दुनियादारी और दौलत के लालच से दूर ले जाती है। दूसरी, विशेषता उनके नानां फरीद अल दीन अहमद (1747-1828) की थी। पिता के उलटे नाना बिलकुल व्यावहारिक और सांसारिक आदमी थे। उनके पुरखे कश्मीरी ऊन और सिल्क के व्यापारी थे जो बाद में प्रशासनिक सेवा में आ गये। उस समय मुग़लों का प्रशासन सँभालने वाला एक ऐसा छोटा-सा वर्ग था जिसका सर्वोपरि मूल्य पूरी निष्ठा और निपुणता के साथ अपने शासक की सेवा करना था—फिर वह शासक चाहे जो हो। नाना इसी मूल्य को मानने वाले प्रशासनिक वर्ग के सदस्य थे। वे पहले ईस्ट इंडिया कम्पनी के लिए काम करते थे। उनकी योग्यता, प्रतिभा और निष्ठा को देखकर लॉर्ड वेलेजली ने 1803 में उन्हें कम्पनी का दूत बनाकर ईरान भेज दिया। बाद में कम्पनी ने उन्हें बर्मा में अपना पॉलिटिकल अफ़सर मुकर्रर किया। मुग़ल सम्राट ने उन्हें अपने प्रधानमन्त्री का ओहदा दिया। दरअसल, यह ओहदा उनके पिता मुत्तकी को पेश किया गया था। अपनी सहज विरक्ति-भावना के कारण उन्होंने इसे ख़ुद नहीं लेकर अपने ससुर यानी सैयद के नाना को देने का सुझाव दिया जो उस वक़्त कलकत्ता में ईस्ट इंडिया कम्पनी की नौकरी कर रहे थे। प्रधानमन्त्री बनने से पहले नाना जिस निष्ठा से कम्पनी की सेवा कर रहे थे, उसी निष्ठा से अब मुग़लों की सेवा करने लगे। मुग़ल बादशाह कम्पनी से मिलने वाली अपनी पेंशन से सन्तुष्ट नहीं था और कई तरह के आर्थिक संकटों में फँसा हुआ था। वह चाहता था कि उनका प्रधानमन्त्री अंग्रेज़ों से बात करके उनकी पेंशन की रक़म को बढ़वाये। लेकिन नाना ने अपनी जाँच से पाया कि सम्राट के आर्थिक संकटों का असली कारण पेंशन की रक़म नहीं बल्कि बादशाह के बजट का असन्तुलित होना है। उस बजट में आमदनी कम थी और ख़र्च ज़्यादा था, बल्कि फिजूलखर्ची थी। लिहाज़ा उन्होंने बड़ी योग्यता और कठोरता

के साथ बादशाह के बजट को सन्तुलित किया, उनके सभी कर्जों को चुकाया, फिजूलखर्ची बन्द करा दी और इस तरह बादशाह को आर्थिक संकटों से बाहर निकाला। इससे महल और दरबार में जिन लोगों के स्वार्थों और सुविधाओं को चोट पहुँची, उन्होंने बादशाह को नाना के ख़िलाफ़ भड़काया। नाना ने जब अपने साथ बादशाह के बर्ताव में रूखापन महसूस किया तो अपना इस्तीफ़ा देकर कम्पनी की नौकरी में कलकत्ता चले गये। बादशाह की गाड़ी फिर अटकने लगी। उन्हें दुबारा प्रधानमन्त्री के पद पर बुलाया गया। लौट कर उन्होंने जब बादशाह की पेंशन और उनके ख़र्च के बीच फिर तालमेल बैठाने की कोशिश की तो उनकी इस कोशिश को कम्पनी से उनके पुराने सम्बन्धों के आधार पर शक़ की नज़र से देखा गया। अब नाना ने अपने आत्मसम्मान की रक्षा करते हुए तीन साल के अन्दर 1822 में फिर इस्तीफ़ा दे दिया। 1828 में उनकी मौत हो गयी। तब सैयद ग्यारह साल के थे। हफीज मलिक ने लिखा है कि सैयद पर अपने पिता के बजाय नाना का प्रभाव कहीं ज़्यादा पड़ा। सैयद के व्यक्तित्त्व पर, ख़ासकर उनके जीवन मूल्यों पर अपनी माँ का असर भी काफ़ी पड़ा जिन्होंने सैयद को हमेशा दूसरों की मदद करने की और उदार धार्मिक मूल्यों की शिक्षा दी।

सैयद अहमद की शिक्षा घर पर ही हुई। अरबी, फ़ारसी और उर्दू के अलावा उन्होंने गणित, अलजबरा, ज्यामिति और चिकित्साशास्त्र का अध्यापन किया। 18 साल की उम्र में पढ़ाई छूट गयी। वे देहली कॉलेज में पढ़ने कभी नहीं गये लेकिन वहाँ पढ़ने और पढ़ाने वालों से उनके निजी और मित्रतापूर्ण सम्बन्ध काफ़ी थे। कुछ कारणों से सैयद की खानदानी जायदाद उनके हाथों से काफ़ी कुछ निकल गयी और उन्हें छोटी-मोटी नौकरियाँ करके अपना गुजारा करना पड़ा। अपने एक चाचा की देखरेख में उन्होंने क़ानून और प्रशासन की शिक्षा पायी और फिर ईस्ट इंडिया कम्पनी में नौकरी करने का सिलसिला शुरू हो गया।

बिजनौर में

जनवरी, 1855 में सैयद अहमद का तबादला बिजनौर में सदर अमीन के ओहदे पर हो गया। सवा दो साल के बाद 1857 का विद्रोह फूटा तो सैयद यहीं थे। सैयद के जीवनीकारों ने लिखा है कि बिजनौर के कलक्टर मि. शेक्सपीयर सैयद को जानते थे और उन पर भरोसा रखते थे। जब विद्रोह की आग बिजनौर में भी भड़क उठी तो शेक्सपीयर का परिवार घबरा उठा। उस समय क़रीब बीस

यूरोपीय और यूरेशियाई परिवार बिजनौर में मौजूद थे। अधिकारियों के प्रति कर्तव्य-निष्ठा और अपनी मानवीय भावनाओं के कारण सैयद उनकी सुरक्षा में जी-जान से जुट गये। अंग्रेज़ों के लिए भय और आतंक के माहौल में उन्होंने शेक्सपीयर की पत्नी को भरोसा दिलाया कि जब तक मैं ज़िन्दा हूँ, आपको कुछ होने नहीं दूँगा। कम्पनी के दूसरे हिन्दुस्तानी मुलाज़िमों के साथ सैयद हथियारबन्द होकर सारी रात कलक्टर के घर के सामने पहरा देते और गलियों में गश्त लगाते रहे। शहर के सभी यूरोपीय परिवार और यूरेशियाई परिवार अपनी सुरक्षा के लिए कलक्टर के मकान में जमा हो गये। विद्रोही मकान के सामने जमा होने लगे। सिर पर मण्डराते ख़तरे को भाँपकर कि आज की रात शायद सभी अंग्रेज़ परिवार कत्ल कर दिये जायें, हिम्मत करके सैयद खुद विद्रोहियों के नेता महमूद खाँ के पास गये और उससे पूछा कि इन बेकसूर यूरोपियों को मार कर उसे क्या मिलेगा? बेहतर होगा कि तुम इन्हें शहर से बाहर सुरक्षित निकल जाने दो, फिर शहर को अपने क़ब्ज़े में ले लेना। महमूद खाँ के पुरखे बिजनौर के नवाब रहे थे। उनके वारिस महमूद खाँ ने सैयद की सलाह मान ली। यूरोपीय परिवार सुरक्षित निकल कर रुड़की चले गये और महमूद ख़ाँ ने शहर को अपने क़ब्ज़े में कर लिया। अंग्रेज़ अफ़सरों के साथ मिलकर चतुराई से बनायी गयी योजना के मुताबिक़ सैयद ने महमूद खाँ से कहा कि जब तक अंग्रेज़ ज़िले पर फिर से हुकूमत क़ायम नहीं कर लेते, वह खुद अंग्रेज़ों की तरफ़ से इस पर हुकूमत चलाये। सैयद ने अंग्रेज़ों की ओर से इस आशय का पहले से तैयार किया हुआ एक पत्र भी महमूद ख़ाँ को दिया। इसके साथ ही महमूद खाँ की महत्त्वाकांक्षा को काबू में रखने के लिए एक कमेटी बना दी गयी जिसकी रजामन्दी से ही महमूद खाँ शासन चलायेगा। लेकिन महमूद खाँ ने कमेटी की परवाह नहीं की। सैयद ने कुछ हिन्दू-मुसलमान तहसीलदारों के जरिये ज़मींदारों और किसानों को सन्देश भिजवाया कि वे अपना लगान सीधे नवाब को न दें। अंग्रेज़ों ने ज़िले के हिन्दू ज़मींदारों को नवाब के ख़िलाफ़ भड़काने की कोशिश भी की कि अगर वे सब मिलकर हुकूमत अपने हाथ में ले लेंगे तो अंग्रेज़ भी उनका समर्थन करेंगे। चूँकि महमूद खाँ के पुरखे ही बिजनौर के नवाब थे, लिहाज़ा हिन्दू ज़मींदारों ने अंग्रेज़ों के सुझाव को ठुकरा दिया और नवाबी के लिए महमूद खाँ के दावे को वाजिब करार दिया। (पृ. 106, हफीज मलिक)। खुद महमूद खाँ ने सैयद अहमद की योग्यता और प्रशासनिक क्षमता को देखते हुए उसे अपने शासन में ऊँचा ओहदा देने की पेशकश की। लेकिन सैयद ने इसे नामंजूर कर दिया और अंग्रेज़ों

की हुकूमत लौटने का इन्तज़ार करते रहे। सैयद ने बड़ी साफ़गोई से नवाब को कहा कि मैं हर तरह से आपका शुभचिन्तक रहूँगा जब तक कि आप अंग्रेज़ों की ओर से शासन चलाते रहेंगे। अगर आप अंग्रेज़ों को हटा कर अपनी सत्ता क़ायम करना चाहेंगे तो मैं आपका साथ न दे सकूँगा। सैयद सचमुच इसमें यक़ीन करते थे कि अंग्रेज़ों की भौतिक सभ्यता और राजनीतिक प्रणाली को देखते हुए हिन्दुस्तान का सामन्त वर्ग अंग्रेज़ी सत्ता को उखाड़ नहीं सकता और अगर किसी तरह उखाड़ दे तो भी वह हुकूमत चलाने के क़ाबिल न होगा। नाराज नवाब ने दो बार सैयद को आधी रात हाजिर होने का हुक्म दिया और उनसे नज़राने की रक़म माँगी। इसके बाद उसके सिपाहियों ने बिजनौर में सैयद के मकान पर क़ब्ज़ा कर लिया और उनका सारा सामान ज़ब्त कर लिया (पृ. 74, हाली)। इस बीच नगीना से चार सौ फ़ौजियों को साथ लेकर एक बागी नेता मुनीर खाँ आया। उसने इस्लाम के नाम पर सैयद के सामने अंग्रेज़ों के ख़िलाफ़ जिहाद का सुझाव रखा। सैयद ने इसे यह कहते हुए ठुकरा दिया कि इस्लाम में ऐसा कुछ भी नहीं कहा गया है।

लेकिन बिजनौर में विद्रोहियों की हुकूमत ज़्यादा दिनों तक नहीं चल सकी। जिले के मुसलमान नवाब और हिन्दू ज़मींदारों के बीच जो फूट अंग्रेज़ नहीं डाल सके, एक-दूसरे कारण से वह फूट अपने आप पड़ गयी। ज़िले में बहुत से हिन्दू राजपूत ज़मींदार थे जिन पर कम्पनी की काफ़ी मालगुजारी बाक़ी पड़ी हुई थी। उन ज़मींदारों ने भाग गये अंग्रेज़ परिवारों का बहुत-सा क़ीमती साजो-सामान भी अपने क़ब्ज़े में कर लिया था। नवाब महमूद खाँ ने हुक्म दिया कि अंग्रेज़ों के घरों से लूटा हुआ सामान और कम्पनी की बकाया मालगुजारी उसके हवाले कर दी जाये, क्योंकि सत्ता अब उसकी है। हिन्दू ज़मींदारों ने इसे नामंजूर कर दिया। महमूद खाँ ने फ़ौज भेज कर उन हिन्दू ज़मींदारों से बकाया मालगुजारी जबरन वसूल कर ली और उनके साथ मारपीट भी की। इससे ज़मींदार उसके ख़िलाफ़ हो गये। सत्ता सँभालने से पहले महमूद खाँ हिन्दुओं और मुसलमानों, दोनों के बीच समान रूप से मान्य था। लेकिन अब आर्थिक कारणों से हिन्दू ज़मींदारों से उसका बैर हो गया। यह आर्थिक विरोध जल्दी ही हिन्दू-मुस्लिम साम्प्रदायिक विरोध में बदल गया। हल्दौर के हिन्दू ज़मींदारों ने मिलकर नवाब पर हमला कर दिया और उसे सत्ता से बेदखल कर खदेड़ दिया। इतना ही नहीं, उन्होंने नवाब के इलाक़े में जाकर गाँवों में लूट-मार मचायी और कुछ लोगों का क़त्ल भी कर दिया। सामूहिक रूप से सत्ता सँभालने के बाद हिन्दू ज़मींदारों ने ख़ुद को अंग्रेज़ों

की तरफ़ से शासन करने वाला बताया और सैयद अहमद से भी अच्छे सम्बन्ध बना लिये। उधर, नवाब महमूद खाँ ने फिर से फ़ौज इकट्ठी कर बिजनौर पर दूसरी बार हमला बोला और हिन्दू ज़मींदारों को खदेड़ दिया। उसने भी हल्दौर में जाकर उन ज़मींदारों के इलाक़े में तबाही मचायी और उनके घर जला दिये।

इस अराजकता के बीच सैयद अपने सहायक रहमत ख़ाँ के साथ अपनी जान बचाते हुए पैदल ही बिजनौर से निकल भागे। पलना और चान्दपुर में विद्रोहियों के ख़तरे का सामना करते हुए और तरह-तरह की मुसीबतें उठाते हुए, भूखे-प्यासे सैयद ने आख़िर बछराँव पहुँच कर अपने एक मौलवी दोस्त के घर पनाह ली। फिर वहाँ से मेरठ चले आये और अंग्रेज़ हाकिमों को रिपोर्ट दी।

फरवरी, 1858 तक अंग्रेज़ों ने बिजनौर को फिर से अपने क़ब्ज़े में लेने और विद्रोहियों को सज़ा देने की तैयारी कर ली। सवाल उठा कि विद्रोही कौन हैं? हिन्दू ज़मींदार या मुसलमान नवाब? हिन्दू ज़मींदारों ने ख़ुद को अंग्रेज़ों के साथ बताया था और नवाब को विद्रोही ठहराया था। सैयद ने अंग्रेज़ों को तर्क दिया कि हिन्दू ज़मींदार और नवाब एक-दूसरे के ख़िलाफ़ लड़े थे, अंग्रेज़ों के ख़िलाफ़ नहीं। लिहाज़ा उन्हें विद्रोही न माना जाये। अब जो अंग्रेज़ी फ़ौज बिजनौर पर क़ब्ज़ा करने जायेगी, तो उसके ख़िलाफ़ जो खड़ा हो, उसी को विद्रोही माना जाये। इस तर्क से सैयद ने कई लोगों की जान बचा ली, ख़ासकर मुसलमानों की। इसके बावजूद वापस लौटे अंग्रेज़ों ने कई मुस्लिम ज़मींदारों को पूरी तरह से तबाह कर दिया। अंग्रेज़ों ने चान्दपुर के दो बड़े ज़मींदारों मीर सादिक अली और मीर रुस्तम अली के इलाक़ों को ज़ब्त कर लिया और सादिक अली की रियासत का एक बड़ा इलाक़ा इनाम के तौर पर सैयद अहमद को पेश किया, जिसे सैयद ने लेने से मना कर दिया। (पृ. 83, हाली)

बिजनौर में घटी घटनाओं का विवरण लिखते हुए सैयद अहमद ने उससे चार नतीजे निकाले—1. अंग्रेज़ ही यहाँ हिन्दू-मुसलमानों के बीच सन्तुलन रखते हुए शान्तिपूर्ण क़ानूनी शासन चला सकते हैं। 2. हिन्दू और मुसलमान जब लड़ाई के दौरान भी अंग्रेज़ों के ख़िलाफ़ एकजुट नहीं हो सके तो फिर वे शान्तिकाल में एकजुट कैसे होंगे? 3. हिन्दू-मुसलमानों के बीच के आर्थिक झगड़े जल्द ही धार्मिक और साम्प्रदायिक झगड़े का रूप ले लेते हैं और 4. बिजनौर में हिन्दू और मुसलमान अंग्रेज़ों के ख़िलाफ़ लड़ने के बजाय आपस में लड़े।

हफ़ीज़ मलिक ने सैयद अहमद के इस इतिहास-लेखन पर टिप्पणी करते हुए बहुत सही लिखा है कि एक इतिहासकार होने के नाते सैयद ने बिजनौर में

घटी-घटनाओं का विवरण भले ही वस्तुनिष्ठ ढंग से दिया हो, लेकिन उस विद्रोह की जो आत्मा थी, उसका चरित्र और स्वरूप था, उसे वे वस्तुनिष्ठ ढंग से नहीं देख सके। उसे उन्होंने क़रीब-क़रीब उसी नज़रिये से देखा, जिस नज़रिये से अंग्रेज़ उस समय देख रहे थे। लेकिन हफ़ीज़ मलिक ने इस नज़रिये में शामिल एक विशेषता को, जो सैयद की अपनी विशेषता थी, नज़रअन्दाज़ नहीं किया। वह थी—अपने हमवतनों की जान, जहाँ तक बचायी जा सके, बचाने की भावना।

1857 के विद्रोह के कारण

बिजनौर के इतिहास की तुलना में ***असबाबे बग़ावते हिन्द*** कहीं ज़्यादा आगे बढ़ी हुई और महत्त्वपूर्ण रचना है। इसमें कही गयी कुछ बातें ब्रिटिश नज़रिये से मेल खाती हैं तो कई बातें न सिर्फ़ मेल नहीं खातीं बल्कि उसके ख़िलाफ़ जाती हैं। दोनों हालतों में इसकी वजह सैयद की वफ़ादारी ही है। मालिक के हित में सच को सच कहना ही सच्चे वफ़ादार की निशानी होती है। सच और झूठ का ख़याल किये बिना सिर्फ़ मालिक की हाँ में हाँ मिलाना चापलूसी और जी-हुजूरी हो सकती है, वफ़ादारी नहीं।

लेकिन अंग्रेज़ी राज के प्रति वफ़ादारी के अलावा इस क़िताब में एक और तत्त्व हम देखते हैं जिसने सैयद अहमद के इतिहास लेखन को प्रभावित किया है। वह है—हिन्दुस्तानियों के प्रति, ख़ासकर अपनी मुसलमान कौम के प्रति वफ़ादारी। यह नया सरोकार, जिसने उनके विचारों और लेखन को इतना प्रभावित किया, हालाँकि पहले भी मौजूद था, पर अब कहीं और ज़्यादा महत्त्वपूर्ण हो उठा। वजह क्या थी? इसे हम आगे देखेंगे। बहरहाल, ***असबाबे बग़ावते हिन्द*** में सैयद को इस दिक्क़त का सामना करना पड़ा है कि उनकी दोनों वफ़ादारियों, अपनी कौम के प्रति और अंग्रेज़ों के प्रति, कई जगह आपस में टकराती हैं। उनके बीच तालमेल बैठाने में कई जगह सैयद नाकाम रहे हैं। लिहाज़ा ऐसी जगह उनका विवेचन अन्तर्विरोधों से ग्रस्त और कमज़ोर हो गया है। इन दोनों वफ़ादारियों के बीच गहरा विरोध होने के कारण ही सैयद के विवेचन में यह फाँक नज़र आती है कि एक ओर वे विद्रोह के पीछे कई शिकायतों और कारणों को बिलकुल वाजिब समझते हैं, दूसरी ओर वे विद्रोह का किसी भी रूप में समर्थन नहीं करते।

यह एक अजीब बात है कि सैयद पर लिखने वाले कुछ महत्त्वपूर्ण विद्वानों ने, जैसे निकोलस बी. डर्क ने 1857 सम्बन्धी सैयद के इतिहास लेखन के बारे में यह कहा है कि "सैयद ने विद्रोह फूटने के पीछे सारा फोकस चर्बी लगे कारतूसों

वाली घटना पर केन्द्रित किया है जिसने सिपाहियों के अन्धविश्वासों को चोट पहुँचायी थी और ऐसा करके सैयद ने उन अंग्रेज़ लेखकों को मुतमइन किया जो इस विद्रोह को सिर्फ़ सिपाहियों की प्रतिक्रिया और उनके अन्धविश्वासों से जोड़ते थे।" (पृ. 72, डर्क) वास्तव में सैयद ने अपनी क़िताब ***असबाबे बग़ावते हिन्द*** में ऐसा कहीं नहीं लिखा है। जो बात डर्क कह रहे हैं, वह दरअसल क़िताब लिखी जाने के ग्यारह साल बाद 1869 में सैयद ने सर जॉन के (Kaye) को एक चिट्ठी में लिखी थी। यह जानकारी भी हमें ख़ुद डर्क से ही मिलती है, हालाँकि उन्होंने चिट्ठी की उन पंक्तियों को पूरी तरह उद्धृत नहीं किया है। इतने अरसे बाद सैयद ने जॉन के को ऐसी बात क्यों लिखी जिसे अपनी क़िताब में उन्होंने कहीं नहीं लिखा—इस बारे में हम कुछ भी नहीं कह सकते। लेकिन ग़ौरतलब बात यह है कि डर्क यह टिप्पणी सैयद की क़िताब ***असबाबे बग़ावते हिन्द*** के प्रसंग में करते हैं, जबकि फुटनोट में हवाला उन्होंने क़िताब का नहीं, उपरोक्त चिट्ठी का दिया है। डर्क से बहुत पहले सैयद के एक जीवनीकार अल्ताफ हुसैन हाली ने भी अपनी क़िताब ***हयाते जावेद*** में लिखा कि सैयद के अनुसार यह विद्रोह सिर्फ़ अज्ञानी और अन्धविश्वासी सिपाहियों की हुक्म उदूली की वजह से हुआ। (पृ. 92) इस तरह यह भ्रामक धारणा और भी पहले से चली आ रही थी। ख़ुद हाली की क़िताब में भी इस धारणा के ख़िलाफ़ जाने वाली सचाई दर्ज है कि 1857 सम्बन्धी अंग्रेज़ों के विवेचन से सैयद बिलकुल सहमत नहीं थे और उन्होंने जोख़िम उठाकर साहस के साथ सरकार के ख़िलाफ़ लोगों की शिकायतों को सामने रखा। (पृ. 93, वही) ऊपर आयी भ्रामक धारणा के फैलने का स्रोत चाहे जहाँ भी हो, मैं यह स्पष्ट करना चाहूँगा कि सैयद की क़िताब ***असबाबे बग़ावते हिन्द*** का इस धारणा से कोई सम्बन्ध नहीं है। अपनी क़िताब में सिपाहियों की प्रतिक्रिया या अन्धविश्वासों को विद्रोह के लिए ज़िम्मेदार ठहराने के बजाय बहुत साफ़ लफ़्ज़ों में सैयद ने कहा है कि इस विद्रोह के पीछे कोई एक या स्थानीय कारण न होकर कई तरह की शिकायतें थीं जो लम्बे अरसे से लोगों के दिलों में सुलगती आ रही थीं। वक़्त के दौरान यहीं चिंगारियाँ बारूद के ढेर में बदल गयीं और इसके विस्फ़ोट के लिए सिर्फ़ माचिस की एक तीली की ज़रूरत थी जो बाग़ी सिपाहियों ने जुटा दी। 'As regards the rebellion of 1857, the fact is that for a long period, many grievances had been rankling in the hearts of the people. In course of time, a vast store of explosive material had been collected. It wanted but the application of a match to light it, and that match was applied by mutinms Army.' (Page 3, *The Causes of the Indian Revolt*) इसलिए यह कहना कि सैयद ने विद्रोह को हिन्दुस्तानी सिपाहियों के अन्धविश्वासों का नतीजा बताकर अंग्रेज़ों की हाँ में हाँ मिलायी थी या विद्रोह सम्बन्धी अंग्रेज़ों के मूल्यांकन का समर्थन किया था—बिल्कुल बेबुनियाद और ग़लत बात होगी। यह सैयद के साथ सबसे बड़ी बेइंसाफ़ी होगी।

लेकिन एक बात जो इस क़िताब के बारे में सर्वमान्य है और व्यापक रूप से कही भी जाती है, बिलकुल सच है कि इस क़िताब का एक बड़ा मक़सद मुसलमानों और अंग्रेज़ों के बीच की दुश्मनी को कम करना, अंग्रेज़ों की नज़र में मुसलमानों को बेक़सूर साबित करना और अंग्रेज़ी राज के तौर-तरीक़ों में कुछ सुधार लाना था। यहाँ मुसलमानों पर जोर देने का मतलब यह नहीं है कि सैयद हिन्दुओं को दोषी ठहरा रहे थे। सैयद ने आमतौर पर सारे हिन्दुस्तानियों की बात की है। लेकिन उन्हें मुसलमानों की फ़िक्र ज़्यादा थी। यह स्वाभाविक था और 1857 के सन्दर्भ में इसकी ख़ास वजह भी थी जिसे हम आगे देखेंगे।

1857 में हिन्दोस्तान में जो कुछ हुआ, उसे क्या कहा जाये? अंग्रेज़ उसे म्यूटिनी (गदर, उपद्रव, बलवा) कहते थे। सैयद ने उसे बग़ावत (विद्रोह, रिवोल्ट) कहा। बेशक सैयद उसे भारत का स्वतन्त्रता संग्राम नहीं मान सकते थे। (हालाँकि उस विद्रोह में उन्होंने सरकार को बदलने के प्रयास देखे)। उस दौर में किसी ने भी उसे स्वतन्त्रता संग्राम नहीं कहा। यह तो बीसवीं सदी के शिक्षित राष्ट्रवादी थे, जिन्होंने 1857 की घटनाओं को नये सिरे से समझते हुए, उसकी फिर से तस्वीर बनाते हुए (री-कंस्ट्रक्ट करते हुए) उसे भारत का स्वतन्त्रता संग्राम कहा। इस तरह अपने नेतृत्व में चल रहे राष्ट्रवादी आन्दोलन को उन्होंने एक गौरवशाली अतीत की पृष्ठभूमि प्रदान की। बेशक, इंग्लैंड में बैठे कार्ल मार्क्स ने पहली बार उसे भारत के स्वतन्त्रता संग्राम के रूप में देखा था। लेकिन उनके इन विचारों की जानकारी भारतवासियों को एक पूरी सदी बाद जाकर तब मिली जब 1857 से सम्बन्धित मार्क्स के लेखों का अंग्रेज़ी में अनूदित एक संग्रह पहली बार 1959 में मास्को से छपकर आया।

1857 की घटनाओं को अंग्रेज़ों ने म्यूटिनी (गदर) और सैयद ने बग़ावत (रिवोल्ट) कहा। गदर का एक अर्थ बग़ावत भी होता है। दोनों लफ़्ज़ों के बीच बुनियादी फ़र्क़ उनकी व्यापकता और लक्ष्य को लेकर है। गदर एक सीमित क्षेत्र में हुए विद्रोह या अवज्ञा करने को कहते हैं। आमतौर पर इसका इस्तेमाल फ़ौज

में मातहतों के द्वारा अपने अफ़सरों का हुक्म न मानने के अर्थ में होता है। विद्रोह ज़्यादा व्यापक शब्द है जिसका इस्तेमाल आमतौर पर सरकार के हुक्म को न मानने और उसे उखाड़ फेंकने की कोशिशों के अर्थ में होता है। शुरू में ही सैयद ने विद्रोह की परिभाषा देते हुए उसके पाँच लक्षण बतलाये हैं

1. सरकारी मुलाजिमों का विरोध करना, उनके ख़िलाफ़ लड़ना।
2. हुक्मउदूली करके सरकार की सत्ता का प्रतिरोध करना।
3. सरकार के ख़िलाफ़ सीधे युद्ध करने वालों का साथ देना।
4. सरकार के ख़िलाफ़ असन्तोष के बीज बोना, ताकि ग़ैर-क़ानूनी उपद्रव भड़के।
5. लोगों के दिल से सरकार के प्रति सम्मान और वफ़ादारी की भावना को ख़त्म कर देना ताकि सरकार के ख़िलाफ़ लोगों से सक्रिय मदद हासिल की जा सके।

1857 में जो कुछ हुआ, सैयद ने उसे कम्पनी के शासन के ख़िलाफ़ एक ऐसा विद्रोह माना जिसे सिपाहियों ने शुरू भर किया था—फिर उसमें नवाब, राजा, ताल्लुकेदार, ज़मींदार और आम लोग, कूद पड़े। यहाँ यह भी ध्यान रखना चाहिए कि सैयद की परिभाषा के मुताबिक़ विद्रोह एक ग़ैर-क़ानूनी काम है। सरकार के ख़िलाफ़ एक ग़ैर-क़ानूनी कार्रवाई—फिर उसके कारण चाहे कितने भी वाजिब क्यों न हों। उन कारणों पर ध्यान देकर विद्रोह को समझा तो जा सकता है, उससे सबक सीखे जा सकते हैं, लेकिन उसे उचित नहीं ठहराया जा सकता। उसका स्वागत या समर्थन नहीं किया जा सकता।

सैयद ने उन कारणों पर विचार किया है, जिनके चलते 1857 में कम्पनी शासन के ख़िलाफ़ विद्रोह हुआ। इस सिलसिले में सबसे पहले उन्होंने ऐसे कई कारणों को ख़ारिज़ किया है जिन्हें उस दौर में कई लोग विद्रोह के साथ जोड़ रहे थे। जैसे सैयद ने यह मानने से इनकार किया कि जिले-जिले में जो चपातियाँ भेजी जा रही थीं, वह विद्रोह का सन्देश फैलाने के लिए थीं। उन्होंने इससे भी इनकार किया कि विद्रोह के पीछे रूस या ईरान का हाथ था। विद्रोह के कारणों में यह भी कहा जा रहा था कि दिल्ली के बादशाह ने ईरान के बादशाह को एक फ़रमान भेजा था। सैयद ने लिखा कि दिल्ली के इस बादशाह (बहादुरशाह जफ़र) को अपनी छुपी हुई दैवी शक्तियों के बारे में जैसी ख़ुशफ़हमियाँ रही हैं, उसे देखते हुए बेशक उसने ऐसा कोई फरमान भेजा होगा। लेकिन उसके फ़रमान के आधार पर किसी विद्रोह का होना बिलकुल नामुमकिन है।

अवध को हड़पा जाना भी इस विद्रोह का कारण नहीं हो सकता। अवध के हड़पे जाने से सबसे ज़्यादा डर दूसरे राजे-नवाबों को होना चाहिए था कि आगे उनके भी राज्य अंग्रेज़ हड़प सकते हैं। लेकिन उन्होंने विद्रोह करने के बजाय उल्टे अंग्रेज़ों का साथ दिया। यह समझना भी ग़लत होगा कि दिल्ली के बादशाह के साथ विद्रोहियों के पहले से सम्बन्ध थे और उन्होंने बादशाह को फिर से बहाल करने के लिए ही विद्रोह किया था। सैयद ने, जो कि बचपन से मुग़ल बादशाहों को क़रीब से देखते-सुनते आये थे और इसलिए उनकी कमज़ोरियों और कमियों से अच्छी तरह वाक़िफ़ थे, लिखा कि दिल्ली से बाहर के लोग इस मुग़ल बादशाह को चाहे जो समझते रहे हों, ख़ुद दिल्ली वालों को इस बारे में कोई मुग़ालता नहीं रहा है और वे इस बादशाह की असलियत और बेवकूफ़ियों से ख़ूब वाक़िफ़ हैं। इसलिए ऐसे बादशाह के हटाये जाने से उन्हें क्यों अफ़सोस होगा? न ही फ़ौज के अन्दर बग़ावत की कोई साज़िश रची गयी थी। बागी फ़ौजियों ने दिल्ली पहुँच कर बादशाह को फिर से बहाल किया तो इसकी वजह फौजियों के मन में बादशाह के प्रति किसी तरह की सम्मान-भावना नहीं थी बल्कि सरकार के ख़िलाफ़ विद्रोह कर देने के बाद बादशाह के इर्द-गिर्द जमा होने के सिवा उनके पास और कोई चारा नहीं था!

सैयद ने सबसे ज़्यादा इनकार इस बात से किया कि भारतीय मुसलमान लम्बे अरसे से अंग्रेज़ों के ख़िलाफ़ जिहाद की योजना बनाते आ रहे थे और बाग़ी सिपाही जब दिल्ली में दाख़िल हुए तो दिल्ली के बड़े मौलवियों ने फ़तवा जारी करके बक़ायदा जिहाद का ऐलान कर दिया। सैयद ने जोर देकर कहा कि अंग्रेज़ों ने मुसलमानों के धर्म में कभी कोई दख़ल नहीं दिया, लिहाज़ा मुसलमान उनके ख़िलाफ़ जिहाद क्यों करते? पैंतीस साल पहले मुहम्मद इस्माइल ने जिहाद की बात कही थी, लेकिन उन्होंने ही यह भी कहा कि हिन्दुस्तान के लोग ब्रिटिश हुकूमत में रहते हुए जिहाद नहीं कर सकते, लिहाज़ा जिहादी सरहद के पार चले गये थे, जहाँ उन्होंने सिक्खों के ख़िलाफ़ लड़ाई लड़ी। दिल्ली में सिपाहियों के दाख़िल होने के बाद जो फ़तवा जारी हुआ, वह सैयद के मुताबिक़ जाली था, जो किसी बदमाश ने सिपाहियों को उकसाने के लिए जारी किया था। जो सबसे पहला फ़तवा जारी हुआ था, उसका मूलरूप कहीं मिलता नहीं और जो दूसरा फ़तवा मिलता है, वह जाली है। इसके अलावा दिल्ली के बड़े मौलवी बहादुरशाह को एक सही धार्मिक आदमी ही नहीं मानते। ये मौलवी तो उस मस्जिद में नमाज तक पढ़ने नहीं जाते जिसमें बहादुरशाह जाता था।

मौलवी पहले भी बहादुरशाह के ख़िलाफ़ अपनी बुरी राय ज़ाहिर कर चुके थे। ऐसे बादशाह के नेतृत्व में जिहाद करने के लिए भला वे क्यों कहते? सैयद के मुताबिक़ 1857 में जिहाद का नारा जिन लोगों ने लगाया था, वे फटेहाल और पियक्कड़ क़िस्म के बेरोज़गार लोग थे। उन्हें धर्म का इल्म ही क्या था? वे तो सिर्फ़ सरकारी ख़ज़ाना लूटना जानते थे। लेकिन किसी को नमकहरामी करना मज़हब की नज़र में पहला जुर्म है!

विद्रोह के होने के पीछे सैयद ने पाँच कारण बताये और उनकी तफ़सील से व्याख्या की।

1. विद्रोह का पहला कारण, सैयद के विचार से, सरकार के इरादों के बारे में लोगों का शक़ था और सबसे बड़ा शक़ धर्म को लेकर था। लोगों में यह शक़ फैल गया कि हिन्दू और इस्लाम धर्म मानने वालों पर यह सरकार ईसाई धर्म और विदेशी तौर-तरीक़े थोपना चाहती है। हर कोई यह विश्वास करने लगा था—चाहे वह अनपढ़ हो या पढ़ा-लिखा। यही विद्रोह का एक बड़ा कारण बना। ऐसी कई घटनाएँ भी घटीं जिनसे लोगों का यह शक़ पक्का हुआ। लोग समझने लगे थे कि यह सरकार कई घुमावदार तरीक़ों से उन्हें ग़रीब और कमज़ोर बना कर ईसाइयत की ओर धकेलना चाहती है। मिसाल के लिए 1857 में पश्चिमोत्तर प्रान्त में अकाल के दौर में जो बच्चे अनाथ हो गये थे, उन्हें सरकार ने अपने क़ब्ज़े में लेकर ईसाई मिशनरियों को सौंप दिया, भले ही वे अनाथ बच्चे हिन्दू या मुसलमान परिवार से रहे हों। लोगों को यह भी यक़ीन हो गया था कि मिशनरियों को सरकार ने ही तैनात किया है और उनका ख़र्च भी वही उठाती है। लोगों के ऐसे ख़याल क्यों न बनते जबकि वे देख रहे थे कि सरकारी और फ़ौजी अफ़सर अपने हिन्दुस्तानी मातहतों से उनके धर्म के बारे में पूछताछ और बहस करते हैं और अपने नौकर-चाकरों तक को पादरियों का भाषण सुनने के लिए अपने घर में बुलाते हैं। ईसाई मिशनरी सवाल-जवाब के रूप में छपी हुई अपनी इन छोटी-छोटी क़िताबों को खुलेआम बेचते हैं, जिनमें दूसरे धर्म वालों के ख़िलाफ़ बहुत-सी चिढ़ाने वाली बातें हमलावर अन्दाज़ में लिखी होती हैं। मिशनरी उन मेलों और हाट-बाज़ारों में पहुँच कर, जहाँ सभी धर्मों के लोग जमा होते हैं, ईसाई धर्म का खुलकर प्रचार करते हैं। ये सिर्फ़ अपने धर्म का प्रचार-भर नहीं करते बल्कि दूसरे धर्मों और उनके पवित्र धार्मिक स्थलों के ख़िलाफ़ आक्रामक भाषा में निन्दा अभियान चलाते हैं। इससे उन धर्मावलम्बियों की भावनाएँ कितनी आहत होती होंगी, इसका अन्दाज़ा लगाया जा सकता है। ख़ास बात यह है कि

मिशनरियों के ऐसे प्रचार के वक़्त थाने के पुलिस अफ़सर भी उनकी हिफ़ाज़त के लिए साथ खड़े रहते हैं। इन सबके अलावा सरकार ने स्कूली पाठ्यक्रम से न सिर्फ़ संस्कृत और अरबी भाषाओं को हटा दिया जिससे कि लोग अपने धर्मग्रन्थों को नहीं पढ़ सकेंगे बल्कि स्कूलों में ईसाई धर्म के सिद्धान्तों को पढ़ाया जाता है और परीक्षा में ईसाई धर्म की बाबत सवाल पूछे जाते हैं जिनके जवाब ईसाई धर्म की जानकारी के बिना नहीं दिये जा सकते। इन सरकारी स्कूलों में बच्चों को भर्ती कराने के वास्ते जब शिक्षा विभाग के डिप्टी इंस्पेक्टर देहातों में जाते हैं तो लोग उन्हें देसी पादरी के नाम से पुकारते हैं। सरकारी नौकरी भी सिर्फ़ इन्हीं स्कूल-कॉलेजों से पढ़ कर निकले लड़कों को मिलती है। इससे यह शक़ पुख़्ता होता है कि ईसाई धर्म की शिक्षा देने वाले स्कूल-कॉलेजों से दूर रहने वालों को यह सरकार नौकरी देना नहीं चाहती ताकि वे लोग ग़रीब होते चले जायें और आख़िर में मजबूर हो ईसाइयत की पनाह में आयें। जब अपने धर्म को लेकर लोगों के दिलो-दिमाग़ इन्हीं शक़-शुब्हो से बेचैन थे, ठीक उसी वक़्त सरकार ने कुछ ज़िला-जेलों में हिन्दू और मुसलमान, दोनों तरह के क़ैदियों के लिए एक ही रसोइये के हाथ से खाना बनवाने का हुक़्म जारी कर दिया। यह जाति प्रथा के हिसाब से हिन्दू क़ैदियों के लिए बहुत आपत्तिजनक था और मुसलमान क़ैदियों ने भी इसे बहुत पसन्द नहीं किया और सबसे ऊपर, 1857 का विद्रोह फूटने से कुछ ही पहले, 1855 में कलकत्ता से मिस्टर एडमण्ड ने सभी सरकारी महकमों को एक चिट्ठी भेजी जिसमें यह कहा गया कि अब सारा हिन्दुस्तान एक ही हुकूमत के तहत आ गया है, बिजली के तारों ने भी पूरे हिन्दोस्तान को एक कर दिया है, लिहाज़ा सभी हिन्दुस्तानियों का धर्म भी अब एक हो जाना चाहिए। वह एक धर्म ईसाई धर्म ही हो सकता है, क्योंकि वही दुनिया का सबसे ज़्यादा विकसित और वैज्ञानिक सभ्यता का प्रतिनिधि है। इस चिट्ठी को पढ़ कर सरकारी महक़मों के देशी अफ़सरों के पाँवों तले की ज़मीन ही खिसक गयी।

2. सैयद के मुताबिक़ विद्रोह का दूसरा कारण कम्पनी के शासन द्वारा ऐसे क़ानूनों, नियमों और वैधानिक प्रक्रियाओं को लागू करना था जो न सिर्फ़ हिन्दुस्तान की स्थापित परम्पराओं और तौर-तरीकों के ख़िलाफ़ थीं बल्कि जिनका लागू होना अपने-आप में क़ाबिले ऐतराज़ था। मिसाल के लिए 1850 में पास किया गया एक्ट 21 जो भारत में विभिन्न धर्मों के बीच भेदभाव बरतता है। धर्मान्तरण से सम्बन्धित यह क़ानून हिन्दुओं के किसी काम का नहीं है, क्योंकि हिन्दुओं में धर्मान्तरण होता ही नहीं। इस्लाम धर्म अपनाने वालों को यह क़ानून

अपने पुरखों की जायदाद से महरूम करता है जबकि ईसाई धर्म अपनाने वालों को कई लाभ पहुँचा कर उन्हें प्रोत्साहित करता है। इसी तरह 1856 का एक्ट 15 अभिभावक की रज़ामन्दी के बिना भी विधवा हिन्दू औरत को दुबारा शादी करने का हक देता है और फ़ौजदारी अदालत में एक शादीशुदा औरत को, बिना किसी अभिभावक की मौजूदगी के, एक स्वतन्त्र व्यक्ति की हैसियत से गवाही देने का हक़ देता है। इन दोनों क़ानूनों को सैयद ने हिन्दुस्तानियों के धर्म और सामाजिक रीति-रिवाजों के ख़िलाफ़ माना।

1819 में पास किये गये रेग्यूलेशन-6 की सैयद ने कड़ी आलोचना की। इस रेग्यूलेशन के मुताबिक़ पहले जो माफ़ी वाली ज़मीन थी यानी जिस पर लगान माफ़ था, उस पर फिर से लगान वसूलना शुरू कर दिया गया था। इसे विद्रोह का एक महत्त्वपूर्ण कारण मानते हुए सैयद ने लिखा कि सरकार के इस क़दम से लोग बेज़मीन होकर भिखारी हो गये और गुस्से से भर गये कि इस सरकार ने उनके फ़ायदे के लिए तो कुछ नहीं किया, बल्कि पिछली सरकारों ने जो किया था, उसे भी उलट दिया। विद्रोहियों ने हिन्दुस्तानियों के साथ कम्पनी की धोखाधड़ी और ज्यादतियों के जो इश्तेहार लगाये उसमें उन्होंने दो मुद्दों का ज़िक्र ज़रूर किया। पहला, धर्म में दखलअन्दाज़ी, दूसरा, माफ़ी वाली ज़मीन पर फिर से मालगुजारी वसूलना। इस रेग्यूलेशन के शिकार यूँ तो सभी तरह के हिन्दुस्तानी हुए, पर मुसलमान ख़ास तौर से हुए।

बकाया मालगुजारी के लिए इलाक़े या ज़मींदारी का बिक जाना सैयद के मुताबिक़ विद्रोह का एक बड़ा कारण था। ज़मींदारी का एक हाथ से दूसरे हाथ में जाना पहले भी होता था, पर ऐसा बहुत कम होता था और जहाँ भी होता था, दोनों पक्षों की आपसी रजामन्दी से होता था लेकिन अंग्रेज़ी राज में बने क़ानूनों से उन ज़मींदारों की जमींदारियाँ धड़ल्ले से बिकने लगीं जिन पर सरकारी मालगुजारी कुछ भी बाक़ी रह गयी थी। इससे भूस्वामियाँ की बड़े पैमाने पर तबाही हुई। इस क़ानून ने बनिये और महाजनों को भी यह हक़ दे दिया कि क़र्ज़ की वसूली के लिए ये ज़मींदार या किसान की ज़मीन-जायदाद अपने क़ब्ज़े में ले लें, बिकवा दें या नीलाम करा दें। इस क़ानून का फ़ायदा उठाते हुए बनिये-महाजनों ने दीवानी अदालत में हज़ारों सच्चे-झूठे मुक़दमे ज़मींदारों के ख़िलाफ़ ठोंक दिये और कई जगह पुराने भू-स्वामियों को बेदख़ल कर ख़ुद ज़मीन के मालिक बन गये। सैयद ने लिखा कि जब से इस मुल्क में अंग्रेज़ी राज क़ायम हुआ है, एक भी गाँव ऐसा नहीं है जहाँ इस क़ानून से ज़मीन के

मालिकाने में उलट-फेर न हुआ हो। इसी तरह लोगों को तबाह करने वाली दूसरी वजह मालगुजारी की रक़म का बहुत ज़्यादा होना था। यह बढ़ी हुई रक़म भी स्थायी रूप से निश्चित कर दी जाती है और इसका ख़याल नहीं किया जाता कि किसी साल फ़सल अच्छी हुई है या बुरी। हर हालत में किसान को लगान और ज़मींदार को मालगुजारी देनी ही होगी। ऐसी कड़ाई से मालगुजारी चुकाने के वास्ते किसान और ज़मींदार दोनों को अक्सर क़र्ज़ लेना पड़ता। क़र्ज़ न चुका सकने से फिर ज़मीन उनके हाथ से निकल जाती। यही वजह है कि अंग्रेज़ी राज के भूमि-बन्दोबस्त में कई अच्छाइयाँ होने के बावजूद किसान और ज़मींदार मुग़ल शासन के पुराने दिनों को याद करते हैं, जब उनकी ऐसी तबाही नहीं थी।

सैयद अहमद को कृषि अर्थशास्त्र और भू-राजस्व-प्रणाली दोनों की गहरी जानकारी थी। विद्रोह के कारणों का विवेचन करते हुए उन्होंने अंग्रेज़ों की कृषि लगान की अवधारणा पर सवाल उठाया और उसे भारतीय परम्परा के ख़िलाफ़ पाया। उन्होंने लिखा कि अंग्रेज़ शासक लगान को जिस अर्थ में लेते हैं, उस अर्थ में लगान हिन्दुस्तान में कभी नहीं रहा। भारतीय परम्परा में लगान उपज के एक हिस्से को कहते हैं। किसान की उपज में राजा का भी हिस्सा होता था। वह हिस्सा कहीं एक तिहाई, कहीं एक चौथाई और कहीं छठा भाग होता था। उपज ज़्यादा होती थी तो वह हिस्सा भी अपने आप बड़ा हो जाता था। उपज कम होती थी तो वह हिस्सा भी छोटा हो जाता था। भारत में लगान इसी अर्थ में चलता था और मुग़लों ने भी इसी भारतीय परम्परा को अपनाया। लेकिन अंग्रेज़ों ने भारत में आकर लगान की एक बिलकुल नयी और अजनबी अवधारणा को लागू किया। उनकी अवधारणा के मुताबिक़ लगान उपज का हिस्सा न रहकर ज़मीन का किराया हो गया। हिन्दुस्तानियों के लिए यह अवधारणा न सिर्फ़ अजनबी, बल्कि अन्यायपूर्ण भी थी क्योंकि इसमें लगान का सम्बन्ध उपज से नहीं रह गया। ज़मीन के सलाना किराये के रूप में लगान की रक़म पक्की बन्ध गयी जो हर हाल में किसान को चुकानी होगी, खेत में उपज हुई हो अथवा नहीं। इस किराये को ज़मींदारी और सरकार अपनी मर्ज़ी से बढ़ाने का हक़ भी रखते थे।

अवध में ताल्लुकेदारों के अधिकारों को ख़त्म करना भी विद्रोह का एक प्रमुख कारण बना। यह सच है कि ताल्लुकेदारों में कई बुराइयाँ थीं और रैयत को उनके शोषण से बचाने का सवाल भी अहम था। इसके बावजूद यह एक तथ्य है कि उनके अधिकारों को अचानक छीन लेने से वे बेचैन हो उठे और सरकार के ख़िलाफ़ विद्रोहियों के साथ जा खड़े हुए।

अंग्रेज़ों द्वारा लागू किये गये नये क़ानूनी तौर-तरीक़ों में सैयद ने अदालतों में स्टैम्प पेपर की यूरोपीय प्रथा को भारत में लागू करना भी विद्रोह का एक कारण बताया। उन्होंने लिखा कि 1829 के रेग्यूलेशन-10 के तहत लागू की गयी स्टैम्प पेपर प्रणाली ग़रीब हिन्दुस्तानियों के लिए न सिर्फ़ बहुत महँगी है बल्कि न्याय हासिल करने की राह में यह एक रुकावट भी है। न्याय हासिल करने के लिए टैक्स की भारी रक़म माँगना (स्टैम्प पेपर के रूप में) ख़ुद न्याय के रास्ते में रुकावट खड़ी करना है। सैयद के मुताबिक़ इस प्रणाली की जो बुराइयाँ यूरोप में गिनायी जाती हैं, वे हिन्दुस्तान में उससे दस गुना ज़्यादा दिखायी देती हैं।

3. विद्रोह का तीसरा कारण शासन और जनता के बीच किसी भी तरह के संवाद का अभाव था। यह सरकार अपनी प्रजा के दुख-दर्द और उसकी भावनाओं-आकांक्षाओं से अनजान रही है। जनता के पास भी अपनी आवाज़ सरकार तक पहुँचाने की कोई प्रणाली या वैधानिक रास्ता नहीं है। सरकार को अपने मातहत अफ़सरों से आम लोगों की हालत के बारे में रिपोर्ट ज़रूर मिलती है लेकिन ये अफ़सर ख़ुद जनता की असली हालत और उसके विचारों से अनजान होते हैं, क्योंकि इन्हें जानने का उनके पास कोई तरीक़ा नहीं होता। सरकारी हाकिम आम जनता के साथ घमण्ड और अकड़ से भरा जैसा बर्ताव करते हैं, उसे कौन नहीं जानता? इस हुकूमत का अपनी प्रजा से पूरी तरह अलगाव रहा है। जनता के हक़ों के लिए खड़ा होने और उसे इनसाफ़ दिलाने वाला उसका कोई प्रतिनिधि सरकार के अन्दर नहीं रहा है। सरकारी प्रशासनिक नीतियों की वजह से ही हिन्दुस्तान के लोग आज ग़रीब हैं और तकलीफ़ों में ज़िन्दगी गुजार रहे हैं, ख़ासकर यहाँ के मुसलमान। हिन्दू इस देश के असली बाशिन्दे हैं और हमेशा से अपना रोज़गार जाति प्रथा के मुताबिक़ चलाते आये हैं। हिन्दुओं में सिर्फ़ कायस्थ ही नौकरियों पर निर्भर करते हैं। लेकिन मुसलमान इस देश के मूल निवासी नहीं हैं। वे बाहर से आये हैं और अपने गुज़र-बसर के लिए पूरी तरह से सरकारी नौकरियों पर निर्भर करते रहे हैं। अंग्रेज़ी राज में वे अब बड़ी तादाद में बेरोज़गार हो गये हैं। यही वजह रही कि जब विद्रोहियों ने आम लोगों से अपनी सेना में भर्ती होने के लिए कहा तो हज़ारों लोग रोज़ाना एक-डेढ़ आने की तनख्वाह पर भी उनकी फ़ौज में भर्ती होने के लिए वैसे ही टूट पड़े जैसे अकाल में भूखे लोग खाने पर टूटते हैं। अंग्रेज़ों से पहले की सरकारों ने कई तरह की सेवाओं के बदले लोगों को अनुदान के रूप में ज़मीनें दे रखी थीं। कम्पनी सरकार ने न सिर्फ़ इन प्रथाओं को ख़त्म कर दिया बल्कि पिछली सरकार द्वारा

दिये गये अनुदानों को भी वापस लेकर लोगों को बड़े पैमाने पर बेरोज़गार कर दिया और इस तरह उन्हें अपने ख़िलाफ़ खड़ा कर लिया। सिर्फ़ अमीर ही नहीं, ग़रीब भी अंग्रेज़ी राज में बेरोज़गार हुए। इंग्लैंड के साथ व्यापार शुरू होने से इस देश के छोटे-छोटे कारीगरों को भी तबाही का सामना करना पड़ा क्योंकि वे मशीनों से बने सामान की होड़ में टिक नहीं सकते थे। मशीनों से बने इंग्लैंड के सामान ने हिन्दुस्तान के बाज़ारों में इस क़दर अपना क़ब्ज़ा जमाया कि आज यहाँ देश के अन्दर बना धागा या दियासलाई तक कोई नहीं ख़रीदता। देश के बुनकर बर्बाद हो गये। ब्रिटिश शासन ने इन तबाह हो गये लोगों के लिए कुछ नहीं किया। ऐसे लोग विद्रोहियों के पक्ष में जा खड़े हुए।

सैयद ने बड़े साफ़ शब्दों में कहा कि पिछली सरकार के अधीन जो लोग सम्पन्न और शक्तिशाली थे, कम्पनी सरकार ने उन्हें ग़रीबी की हालत में धकेल दिया। यह विद्रोह का एक बड़ा कारण था। यही वजह है कि इन लोगों ने अंग्रेज़ी हुकूमत को हटाने की कोशिश की। यही वजह रही कि जहाँ अंग्रेज़ों ने अफ़ग़ानिस्तान को जीता तो इन लोगों को कोई ख़ुशी नहीं हुई। जब ग्वालियर और पंजाब को जीता गया और अवध को हड़प लिया गया तो इन लोगों के दिलों में सरकार के ख़िलाफ़ बैठा शक़ और विरोध भाव और गहरा हो गया, क्योंकि इन देशी राज्यों की हुकूमतों में देशी लोगों को ही ऊँचे ओहदे मिले हुए थे। सैयद ने लिखा कि बेशक कम्पनी सरकार ने कई अच्छे काम भी किये हैं, इसलिए मैं कम्पनी के शासन को पूरी तरह से ख़ारिज नहीं करता, लेकिन उन अच्छे कामों के बावजूद ऊपर बताये गये कारणों से लोगों में शासन के ख़िलाफ़ असन्तोष की भावना घर कर गयी थी।

4. चौथा कारण 'कई गम्भीर मामलों में इस सरकार ने लापरवाही और उपेक्षा का बर्ताव किया है जबकि उसे इनकी चिन्ता करनी चाहिए थी। इस सरकार ने अपनी प्रजा का विश्वास जीतने, समर्थन पाने और उससे मित्रतापूर्ण सम्बन्ध बनाने का अपना फ़र्ज़ पूरा नहीं किया। सैयद ने दो टूक ढंग से लिखा, "यह प्रजा का काम नहीं है कि वह सरकार की मित्रता पाने की कोशिश करे। यह सरकार का काम है कि वह अपनी प्रजा की मित्रता हासिल करने का प्रयत्न करे। लेकिन अफ़सोस की बात है कि ऐसा नहीं हुआ। अगर यह सरकार अब भी यही समझ रही है कि मैं (सैयद) जो कुछ कह रहा हूँ वह सही नहीं है और उसने लोगों की मित्रता हासिल करने की सचमुच कोशिश की थी लेकिन लोगों ने उसका बदला दुश्मनी से चुकाया तो मैं इतना ही कहूँगा कि अगर सरकार ने

सचमुच यह काम ढंग से किया होता तो उसके समर्थन में खड़े होने के बजाय लोगों ने आज उसके ख़िलाफ़ हथियार न उठाये होते।" (पृ. 40)।

सैयद के मुताबिक़ यह ध्यान रखना चाहिए कि अंग्रेज़ों से पहले इस देश को जीतने वाले मुसलमानों का ख़ून यहाँ के मूल निवासियों से अलग था। उनकी सामाजिक प्रथाएँ, शिष्टाचार और धर्म भी आपस में मेल नहीं खाते थे। दिल की गहराइयों में वे एक-दूसरे को पसन्द भी नहीं करते थे। शुरू-शुरू में उनके बीच मिलना-जुलना भी बहुत कम, नहीं के बराबर था। फिर भी धीरे-धीरे शासक और प्रजा के रूप में उनकी दोस्ती क़ायम होती चली गयी। यह कैसे हुआ? यह एक दिन में नहीं हुआ। उनकी दोस्ती दरअसल मुग़ल बादशाहों की, ख़ासकर अकबर की उन उदार नीतियों के चलते हुई जो शाहजहाँ के वक़्त तक चलती रही। औरंगजेब के शासन काल में दोस्ती की यह भावना ख़त्म हो गयी क्योंकि वह अपनी प्रजा के प्रति दोस्ती के बजाय बदले की भावना रखता था। उसने अपने हाकिमों को सबके साथ सख़्ती से निपटने और खिराज हर हाल में वसूलने का हुक्म दे रखा था। इससे लोगों के अन्दर असन्तोष उभरा और उसके ख़िलाफ़ विद्रोह होने लगे। "अब अंग्रेज़ सरकार पिछली एक सदी से यहाँ क़ायम है लेकिन आज तक वह अपनी प्रजा की सद्भावना और उसका प्रेम हासिल नहीं कर पायी।" (पृ. 41) सैयद ने लिखा कि हिन्दुस्तानियों के प्रति अंग्रेज़ अफ़सरों का बर्ताव अपमानजनक रहा है। जब अंग्रेज़ शुरू-शुरू में हिन्दुस्तान में आये थे, तब उनका व्यवहार ऐसा नहीं था और हिन्दुस्तानी भी उनके ख़िलाफ़ नहीं थे जैसे अब हो गये हैं। सरकार के बारे में लोगों का नज़रिया अफ़सरों के बर्ताव और तौर-तरीक़ों को देखकर तय होता है। अंग्रेज़ अफ़सर किसी भी हिन्दुस्तानी को 'शरीफ़' समझते ही नहीं। हिन्दुस्तानियों के साथ उनका बर्ताव पिछले कुछ सालों से और ख़राब होता जा रहा था। ईसाई धर्म तो दूसरों को अपना भाई समझ कर उनसे कोमलता और भलाई का बर्ताव करने का उपदेश देता है। लेकिन बदक़िस्मती से यहाँ उसके उल्टा हुआ है। हिन्दुस्तानी लोग अंग्रेज़ों को इतनी डरती हुई निगाहों से कभी न देखते अगर अंग्रेज़ अफ़सर अपने घमण्ड और हमलावर अन्दाज़ में हिन्दुस्तानियों से ऐसा बर्ताव न करते कि मानो वे कोई चीज़ ही नहीं। हिन्दुस्तान में सम्पन्न और ऊँचे तबके का कोई आदमी भी इन अफ़सरों के सामने घबराहट महसूस करता है। इन अफ़सरों के मातहत काम करने वाले कई अच्छे घरों के हिन्दुस्तानी भी यह कहते पाये जाते हैं कि काश मेरे पास कोई दूसरा रोज़गार होता। इनकी नौकरी करने से तो घास काट कर

ज़िन्दगी बसर कर लेना अच्छा है। अंग्रेज़ अफ़सरों का हमलावर बर्ताव वैसे तो सभी हिन्दुस्तानियों को अपमानजनक लगता है, लेकिन मुसलमानों को ख़ासतौर पर लगता है। वजह यह है कि यहाँ मुसलमान पिछली कई सदियों से ऊँचे सम्मानित पदों पर रहे हैं। लिहाज़ा ऐसे बुरे बर्ताव को हजम कर लेना उनके लिए मुमकिन नहीं। "इस दुर्व्यवहार से उन्हें गहरी पीड़ा होती है और इसीलिए वे दिल से चाहते हैं कि यह सरकार बदल जाये। जब भी कोई इस सरकार के ख़िलाफ़ कुछ बोलता या करता है तो उन्हें ख़ुशी होती है।" (पृ. 44)

सरकार के ख़िलाफ़ हिन्दुस्तानियों के, ख़ासकर मुसलमानों के, असन्तोष का एक और बड़ा कारण ऊँचे ओहदों से उन्हें दूर रखना है। अभी कुछ ही सालों पहले तक यहाँ के लोगों की अपनी सरकार थी और उसमें वे सबसे सम्मानित पदों पर बहाल किये जाते थे। वे अब भी ऐसा चाहते हैं, लेकिन अंग्रेज़ी राज में अपने रुतबे को बढ़ाने का उनके सामने कोई रास्ता नहीं है।

सरकार पर सैयद यह आरोप लगाते हैं कि विद्रोह को दबाने के बाद उसने बदले की भावना से काम किया। उसने गुस्से से भरकर विद्रोह में शामिल सभी तरह के लोगों को एक ही डण्डे से हाँका, जो सही नहीं था। विद्रोह से निपटने के सिलसिले में सरकार को पहले इस पर ग़ौर करना चाहिए कि विद्रोह क्यों हुआ, कब जाकर हुआ, किन परिस्थितियों में हुआ और इतनी ऊँचाइयों तक कैसे पहुँचा? सरकार को यह ध्यान रखना चाहिए कि पिछली कुछ शताब्दियों से हिन्दुस्तान की परिस्थितियाँ अनिश्चित-सी रही हैं। उसे यह भी ध्यान रखना चाहिए कि जब कोई शक्तिशाली राजा किसी इलाक़े पर जीत हासिल करता है तो उस इलाक़े के लोग आमतौर पर पहले वाले राजा को छोड़कर नये राजा की शरण में आ जाते हैं और उसकी चाकरी बजाने में कुछ भी अपराध नहीं समझते। इसीलिए हिन्दुस्तान में जब एक राजा दूसरे राजा को हराता है तो हारे हुए राजा के कर्मचारियों को, वे चाहे फ़ौजी हों या नागरिक, कभी सजा नहीं देता और ये कर्मचारी भी अपने नये राजा को स्वीकार कर उसकी सेवा में जुट जाते हैं। इसमें कुछ भी ग़लत नहीं समझा जाता है। यही वजह है कि 1857 में जब जीत रहे विद्रोहियों ने लोगों से अपनी फ़ौज में शामिल होने के लिए कहा तो हज़ारों लोग उन्हें विजेता मान कर उनके साथ हो लिये। उन्हें उनकी नौकरी करने में कुछ भी ग़लत नहीं लगा। कइयों ने यही समझा कि अब अंग्रेज़ी राज हिन्दुस्तान से ख़त्म हो गया है। इसलिए वे भी विद्रोहियों के झण्डे तले आ गये। इनमें से कुछ एक ने विद्रोह के दौरान अंग्रेज़ों को किसी तरह का नुक़सान नहीं पहुँचाया था।

लेकिन अंग्रेज़ी राज दुबारा क़ायम होने पर इन सबों के साथ सरकार ने एक ही जैसा बर्ताव किया जो सही नहीं है।

5. विद्रोह का पाँचवाँ कारण हिन्दुस्तानी फ़ौज की भावनाएँ थीं। हिन्दुस्तान में अंग्रेज़ों के फ़ौजी ढाँचे में हमेशा कुछ न कुछ दोष रहे हैं। उसका एक दोष यह भी था कि फ़ौज में ख़ुद अंग्रेज़ों की तादाद बहुत कम रही। एक और दोष भी था। नादिरशाह ने जब फारस और अफ़ग़ानिस्तान को जीता था तो उसने बराबर की संख्या में दो फ़ौजें रखीं—एक ईरानियों की फ़ौज, दूसरी अफगानों की। एक के सिर उठाने पर दूसरे को उसके ख़िलाफ़ काम में लाता था। अंग्रेज़ों से ग़लती यह हुई कि हिन्दुस्तान में उन्होंने ऐसा नहीं किया। उन्होंने एक-दूसरे से कुछ विरोध-भाव रखने वाले हिन्दुओं और मुसलमानों को एक ही रेजीमेंट में रख दिया। लगातार साथ रहते हुए स्वाभाविक है कि उनमें एकता की भावना पैदा हो गयी। अगर दोनों की रेजीमेंट अलग-अलग होती तो उनमें ऐसी एकता की भावना पैदा नहीं हो सकती थी जैसी विद्रोह में देखने को मिली। तब कम से कम मुस्लिम फ़ौजी नये कारतूसों के इस्तेमाल से इस तरह इनकार नहीं करते जैसे हिन्दू फ़ौजियों ने किया। इसके अलावा फ़ौज में गोरों की तादाद बहुत कम होने के कारण हिन्दुस्तानी फ़ौजियों ने उनकी ताक़त को कुछ भी नहीं समझा। और विभिन्न लड़ाइयों में जो जीत हासिल हुई, उसका श्रेय उन्होंने ख़ुद को दिया। फ़ौज में यह कहावत चल पड़ी कि बर्मा से लेकर काबुल तक हिन्दुस्तान को हिन्दुस्तानी फौजियों ने ही जीत कर अंग्रेज़ों के हवाले कर दिया। अपने महत्त्व का अहसास और उनका गर्व इतना बढ़ गया कि फ़ौज में वे जिस भी चीज़ को नापसन्द करते, उस पर अतराज़ करने लगते। उन्होंने समझ लिया था कि सरकार का काम उनके बिना नहीं चल सकता। ठीक इसी दौरान नये कारतूस आये जिनके बारे में उनका यक़ीन था कि उन पर ऐसी चर्बी लगी हुई है जिससे उनकी जाति जा सकती है। लिहाज़ा उन्होंने उन कारतूसों को मुँह से काटने से इनकार कर दिया। उनके इस इनकार पर जब बैरकपुर छावनी की रेजीमेंट को भंग कर दिया गया और ऐसे ही आदेश दूसरे रेजीमेंट को भी दे दिये गये तो सिपाही बेचैन हो उठे क्योंकि उन्हें लगा कि कारतूस लेने से इनकार करके उन्होंने कोई ग़लती नहीं की है और उनकी रेजीमेंट को भंग करना सरासर अन्याय है। उन्होंने सोचा कि अपना ख़ून बहाकर उन्होंने अंग्रेज़ों को इतने मुल्क जीत कर दिये और इसके बदले में उनकी जाति छीन लेने की कोशिश की गयी और अपने हक़ के लिए खड़े होने वाले सिपाहियों को सज़ा दी गयी। इन सब कारणों से उन्होंने तय

कर लिया कि हर हाल में कारतूस तो वे नहीं लेंगे। मई, 1857 में जब मेरठ के सिपाहियों के सामने सरकार ने यह हालत पैदा कर दी कि या तो कारतूस लेकर मुँह से काटो या फिर सज़ा भुगतने के लिए तैयार रहो—तो हताश सिपाहियों ने विद्रोह का झण्डा बुलन्द कर दिया क्योंकि इसके सिवा उनके सामने कोई चारा नहीं रह गया था। दिल्ली में आये बहुत से सैनिकों ने यह कहा कि हम और क्या करते जब हम पर सरकार का विश्वास ही नहीं रहा और वह हर हाल में हमें सज़ा देने पर तुली हुई थी? जो बाग़ी नहीं थे और सरकार के प्रति वफ़ादार बने रहना चाहते थे, वे भी बहुमत का साथ देने के नाते विद्रोह में शामिल हो गये। देहात और शहरों के आम लोग भी यही समझते थे कि यह सरकार हिन्दुस्तानी फ़ौज के बल पर ही चलती है। लिहाज़ा उन्होंने जब हिन्दुस्तानी सिपाहियों को बग़ावत करते देखा तो उन्हें यक़ीन हो गया कि अंग्रेज़ी राज अब यहाँ क़ायम नहीं रह सकता। उनके दिलों से सरकार का डर ख़त्म हो गया। वे भी विद्रोह में शामिल हो गये।

ऊपर के इन पाँच कारणों का विस्तार से विवेचन करते हुए सैयद ने विद्रोह का सबसे बड़ा कारण लेजिस्लेटिव काउंसिल में किसी भी हिन्दुस्तानी प्रतिनिधि को शामिल नहीं करना ठहराया। सैयद ने लिखा कि बाक़ी सारे कारण इसी एक मूल कारण से निकले थे क्योंकि काउंसिल में किसी भी भारतीय प्रतिनिधि के न होने से सरकार मुल्क की हक़ीक़त से बिलकुल बेख़बर थी और इसके बुरे नतीजे निकले। भारतीय प्रतिनिधि के नहीं होने से सरकार यह कभी नहीं जान पायी कि उसके पास किये गये क़ानूनों का जनता पर क्या असर पड़ा और जनता ने उन क़ानूनों को किस नज़र से देखा। अपने क़ानूनों और शासन प्रणाली के बारे में जनता की नापसन्दगी, नाराज़गी और विरोध भावना को सरकार कभी नहीं जान सकी। मौजूदा शासन प्रणाली में जनता के पास अपनी आवाज़ सरकार तक पहुँचाने का कोई रास्ता नहीं है। इस सरकार और जनता को जोड़ने वाला कोई पुल नहीं है। इससे दोनों पक्षों के बीच एक-दूसरे ख़िलाफ़ ग़लतफहमियाँ पनपी जिन्हें और कई बातों से मज़बूती मिलती गयी। इन सबका नतीजा विद्रोह में निकला।

विवेचन का मूल्यांकन

सैयद ने विद्रोह के जो कारण बताये और जिन्हें कारण मानने से इनकार किया, उन पर विचार करें तो सैयद के विवेचन की खूबियाँ, कमियाँ और उनके अन्तर्विरोध, सभी साफ़ हो जाते हैं। उनका यह अन्तर्विरोध बहुत आसानी

से दिख जाता है कि एक ओर तो वे हिन्दुओं और मुसलमानों के धर्म और धार्मिक स्थलों के ख़िलाफ़ ईसाई मिशनरियों के दुष्प्रचार और हमलावर रवैये की कई मिसालें देते हैं, दूसरी ओर यह भी कहते हैं कि अपने धर्म के मामले में मुसलमानों को अंग्रेज़ी राज से कोई शिकायत नहीं है। उनके विवेचन की यह कमज़ोरी भी बहुत आसानी से दिख जाती है कि जिसे सैयद विद्रोह का सबसे बड़ा और सबसे मूल कारण ठहराते हैं, वह दर हक़ीक़त न सबसे बड़ा कारण था, न सबसे मूल कारण था। लेजिस्लेटिव काउंसिल में भारतीय प्रतिनिधि के होने के कुछ फायदे हो सकते थे और यह तर्क समझ में आता है। ऐसा न होने से जो समस्याएँ पैदा होती रहीं, वह भी समझ में आता है। इसके बावजूद यह कहना कि इसी के कारण बाक़ी सारे कारण पैदा हुए और यही विद्रोह का सबसे मूल कारण था—यह चीज़ों को बहुत सीधा-सरल मानकर देखना था। यहाँ अंग्रेज़ों को इतना भलामानस, न्यायप्रिय और प्रजा-हितैषी मान लिया गया है जो अपने आर्थिक-राजनीतिक स्वार्थों की परवाह न कर लेजिस्लेटिव काउंसिल में भारतीय प्रतिनिधि की आवाज़ सुन कर उसके तर्क से प्रभावित हो जायेंगे और उसी के आधार पर क़ानून बनायेंगे या क़ानूनों को बदल देंगे।

लेकिन सैयद अहमद की ख़ूबी यह है कि 1857 की घटनाओं को उन्होंने सिर्फ़ सिपाहियों की हुक्म उदूली के रूप में न देख कर एक बड़े परिप्रेक्ष्य में देखा और उस परिप्रेक्ष्य के सामाजिक, सांस्कृतिक और आर्थिक पहलुओं को सामने ले आये। यह उन परिस्थितियों में अंग्रेज़ों के दृष्टिकोण से बहुत अलग और आगे बढ़ा हुआ चिन्तन था। उस समय प्रचलित कुछ एक और मान्यताओं से उनका इनकार करना भी सही लगता है। जैसे विद्रोह के पीछे फारस या रूस की भूमिका और दिल्ली के बादशाह द्वारा फारस के बादशाह को भेजे गये तथाकथित फरमान को विद्रोह का कारण मानने से इनकार करना। उनका यह कहना भी आंशिक रूप से सही हो सकता है कि विद्रोह किसी षड्यन्त्र का नतीजा नहीं था और उसमें जिहाद का नारा लगाने वाले कई लोग बेरोज़गार और पियक्कड़ क़िस्म के लोग थे जो सिर्फ़ लूट-पाट के लिए उसमें शामिल हो गये थे। लेकिन उनका यह कहना सही नहीं लगता कि हिन्दुस्तान के लोगों ने ब्रिटिश हुकूमत के क़ायम होते जाने के ख़िलाफ़ कभी कोई विद्रोह नहीं किया। 18वीं-19वीं सदी में अंग्रेज़ों के ख़िलाफ़, ख़ासकर पूरबी भारत में (जहाँ अंग्रेज़ पहले आये) ऐसे एक नहीं, कई विद्रोह हुए। ये स्थानीय विद्रोह थे जो हथियारबन्द संघर्षों के रूप में स्थानीय मुखियाओं, ज़मींदारों या राजाओं के नेतृत्व में हुए थे।

इनमें से कई विद्रोह झारखण्ड के आदिवासियों ने किये थे। 1820 का लरका विद्रोह, 1832 का कोल विद्रोह, 1855-56 का सन्थाल हूल, 1860 की सरदारी लड़ाई और 1890 का बिरसा आन्दोलन—ये सभी विद्रोह अंग्रेज़ों के ख़िलाफ़ 19वीं सदी में हुए थे। 1857 का विद्रोह इसी तरह के हथियारबन्द विद्रोहों की सबसे बड़ी और आख़िरी कड़ी थी।

सैयद का यह कहना भी सही नहीं लगता है कि 1857 के विद्रोह के पीछे मुसलमानों में लम्बे समय से सुलगती आ रही जिहाद की भावना नहीं थी। इस सिलसिले में सैयद ने मशहूर मौलवी मुहम्मद इस्माइल का ज़िक्र किया है जिन्होंने जिहाद का ऐलान करते हुए भी यह कहा था कि जिहाद के लिए ब्रिटिश हुकूमत की सरहदों के पार जाना होगा। इस ऐलान के मुताबिक़ ही शाह अहमद बरेलवी के नेतृत्व में उस वक़्त जिहादियों की फ़ौज ब्रिटिश हुकूमत की सरहदों के पार अफ़ग़ान कबीलों के इलाक़े में गयी थी। लेकिन इस आख़िरी तर्क से भी यह साबित नहीं होता कि हिन्दुस्तान के मुसलमानों में जिहाद का विचार नहीं था। हिन्दुस्तानी मुसलमानों में न सिर्फ़ फिरंगी के ख़िलाफ़ जिहाद की भावना मौजूद थी, बल्कि उन्होंने सरहद पार गये जिहादियों की हर तरह की मदद करने के लिए एक विशाल तन्त्र (नेटवर्क) भी क़ायम कर लिया था। दरअसल, सैयद अहमद ख़ुद एक दौर में शाह वली उल्लाह की विचारधारा और उससे प्रेरित वहाबी आन्दोलनकारियों (जिहाद के नेताओं) से काफ़ी प्रभावित थे। इसी प्रभाव के तहत 1850 में उन्होंने ***सुन्नत-दर-रद्द बिद्अत*** क़िताब लिखी थी। (पृ. 56, हाली)। इस सिलसिले में आगे चल कर सैयद में आये बदलाव की ओर ध्यान खींचते हुए के.एम. अशरफ ने लिखा है कि 1846 से पहले सैयद ख़ुद जिहाद का ऐलान करने वाले नेताओं के प्रति बहुत आदर भाव रखते थे। जैसे दिल्ली पर लिखी अपनी क़िताब ***असारूस सनादिद*** के पहले संस्करण में उन्होंने शाह अहमद बरेलवी और शाह अब्दुल अजीज को बहुत ऊँचा स्थान दिया और उनके प्रति गहरा सम्मान प्रकट किया है। मौलवी मोहम्मद इस्माइल इन्हीं नेताओं के सहायक थे। (पृ. 86, के.एम. अशरफ, पी.सी. जोशी द्वारा सम्पादित ***रेबेलियन 1857*** में संकलित निबन्ध) अशरफ ने अपने निबन्ध में 18वीं सदी से भारतीय मुसलमानों के उच्च वर्ग में उभरी पुनरुत्थानवादी विचारधारा के विकास और प्रसार का प्रभावशाली वर्णन किया है और दिखाया है कि कैसे इसी विचारधारा की एक परिणति 1857 के विद्रोह में हुई थी (और विद्रोह के बाद भी कई अलग-अलग घटनाओं में होती रही)। 1857 में जो कुछ घटा, उसे समझने के

लिहाज़ से उससे पहले हुई तीन घटनाएँ बहुत महत्त्वपूर्ण हैं—दिल्ली के शाह वली उल्लाह की पुनरुत्थानवादी विचारधारा का प्रसार, कर्नाटक में टीपू सुल्तान का संघर्ष और बंगाल में शरियतुल्लाह का फ़रायजी आन्दोलन। इन तीनों महान घटनाओं में दो महत्त्वपूर्ण समानताएँ थीं। पहली, इनमें निहित ब्रिटिश विरोधी भावना और दूसरी इन सबमें मौजूद एक रेडिकल सामाजिक आर्थिक कार्यक्रम। औरंगजेब की मृत्यु के बाद राजनीतिक सत्ता के कमज़ोर पड़ जाने से समाज में उलेमाओं का असर बढ़ा और उनकी भूमिका महत्त्वपूर्ण हो उठी। उसी दौर में दिल्ली में शाह वली उल्लाह सबसे प्रभावशाली उलेमा हुए जिन्होंने मुस्लिम समाज के पतन को रोकने के लिए और मुस्लिम राज्यसत्ता मज़बूत करने के लिए इस्लाम के बुनियादी मूल्यों को फिर से स्थापित करने का आन्दोलन शुरू किया था। उन्होंने धन-सम्पदा के कुछ एक परिवारों में सिमट जाने और आर्थिक विषमता के फैलने को सामाजिक पतन और अराजकता के लिए ज़िम्मेदार ठहराया। इसके साथ ही उन्होंने किसानों, व्यापारियों और कारीगरों पर करों के भारी बोझ को मुग़ल साम्राज्य के पतन का एक प्रमुख कारण बताया। उनके विचारों की परम्परा बहुत लम्बे समय तक चलती रही और उसने कई तरह के राजनीतिक, सामाजिक और सांस्कृतिक आन्दोलनों को जन्म दिया जिनमें वहाबी समेत कई ब्रिटिश विरोधी आन्दोलन शामिल थे।

फ्रांसीसी क्रान्ति से प्रभावित टीपू सुल्तान ने फ्रांसीसियों की मदद से आधुनिक सैन्य सिद्धान्तों के आधार पर अपनी फ़ौज का पुनर्गठन किया था और भारत में ब्रिटिश हुकूमत को अपना सबसे बड़ा दुश्मन करार दिया था। अशरफ ने लिखा है कि टीपू के ब्रिटिश विरोधी संग्राम की ही भावना 1806 में हुए वेल्लोर विद्रोह में दिखायी देती है जिसे दक्षिण भारत में घटित हुआ 1857 के विद्रोह का छोटा संस्करण कहा जा सकता है। इसके साथ ही टीपू ने अपने राज्य में शाही चिह्नों को ख़त्म कर सभी नागरिकों के बीच समानता को अपना आदर्श बनाया और राज्य के सभी मुसलमान नागरिकों को नौकरी और रोज़गार देने की नीति लागू की थी।

बंगाल में अंग्रेज़ों की आर्थिक लूट और नयी भूमि व्यवस्था से पुराने मुस्लिम भू-स्वामी तबाह हो गये थे। किसान और कारीगर भी तबाह हो गये थे। ढाका की आबादी डेढ़ लाख से उजड़ कर महज बीस हज़ार रह गयी। ऐसे में वहाँ फरीदपुर ज़िले के हाजी शरियतुल्लाह ने 1804 में फ़रायजी आन्दोलन शुरू किया जिसमें ज़मींदारों के शोषण के ख़िलाफ़ किसानों को संगठित किया गया। वे ब्रिटिश शासन के भी ख़िलाफ़ थे। उनके बाद नेतृत्व सँभालने वाले उनके बेटे

दूदू मियाँ ने खुलकर ब्रिटिश विरोधी प्रचार किया। उसने शाह वली उल्लाह की परम्परा में हुए वहाबी नेता शाह अहमद बरेलवी के आन्दोलन की भी मदद की। फ़रायजी आन्दोलन में इस बात पर जोर दिया जाता था कि सारी धरती ईश्वर की बनायी हुई है, लिहाज़ा किसी भी शासक को उस पर कर लगाने का हक़ नहीं है। ग़रीब मेहनतकश वर्गों से आये 80 हज़ार फ़रायजी आन्दोलनकारी बिना किसी धार्मिक भेदभाव के हिन्दू और मुसलमान, दोनों तरह के ज़मींदारों के ख़िलाफ़ संघर्ष करते रहे।

के.एम. अशरफ के अनुसार ऊपर के इन्हीं तीनों आन्दोलनों (शाह वली उल्लाह, टीपू सुल्तान और फ़रायजी) के रेडिकल आर्थिक-सामाजिक कार्यक्रम और उनकी ब्रिटिश विरोधी विचारधारा की परम्परा पहले वहाबियों में फिर उनके जरिये 1857 के विद्रोह तक पहुँची थी। हालाँकि वहाबियों के रेडिकल सामाजिक-आर्थिक कार्यक्रम धर्मशास्त्रों पर आधारित थे और उनके पास सामन्ती या औपनिवेशिक ढाँचे का कोई लोकतान्त्रिक विकल्प नहीं था, फिर भी अपने रेडिकल आह्वान से उन्होंने मुस्लिम समाज के बुद्धिजीवियों और आम लोगों, सभी को जगाया। इससे ब्रिटिश शासक के ख़िलाफ़ संघर्ष का जन-आधार व्यापक हुआ और धार्मिक सुधारों का कार्यक्रम आगे बढ़ा। अशरफ के मुताबिक़ वहाबियों ने भारत में, ख़ासकर उत्तरी भारत में जो विशाल नेटवर्क क़ायम किया, संगठन बनाया, पैसे का इन्तजाम किया, पैसा, हथियार और सन्देश एक जगह से दूसरी जगह सुरक्षित भेजने की जो प्रणालियाँ विकसित कीं, उन सबका फ़ायदा 1857 के विद्रोह को मिला। 1857 में वहाबियों ने दिल्ली और लखनऊ के बागियों के साथ विद्रोह को संगठित करने, उसे फैलाने और आगे बढ़ाने में महत्त्वपूर्ण भूमिका अदा की, फ़ौज के अन्दर जो कमेटियाँ बनीं और लाल क़िले के अन्दर जिस सैनिक परिषद की स्थापना हुई, उसके पीछे वहाबियों की विचारधारा और संगठन की क्षमता दिखायी देती है। दिल्ली में विद्रोहियों का शासन क़ायम हो जाने के बाद वहाबियों के नेतृत्व में ही नमक और शक्कर पर टैक्स ख़त्म करने और जमाखोरी ख़त्म करने के क़ानून पास हुए। 1857 के विद्रोहियों में जो प्रबल धार्मिक आग्रह थे और नये धार्मिक-सामाजिक सुधारों के प्रति विरोध भाव था, उनका भी एक प्रमुख कारण वहाबी ही थे। अशरफ के विवेचन से 1857 के विद्रोह में वहाबियों और जिहादियों की भूमिका साफ़ झलकती है और सैयद अहमद का इससे इनकार करना मुसलमानों को निर्दोष साबित करने के उनके राजनीतिक सरोकार से प्रेरित लगता है।

विद्रोह सम्बन्धी अपने विवेचन में सैयद ने अंग्रेज़ों की नज़र में मुसलमानों को पाक-साफ़ दिखाने, निर्दोष या उन्हें कम से कम कसूरवार ठहराने की कोशिश की है। इसी नज़रिये से उन्होंने अंग्रेज़ी राज की अच्छाइयों और नेक इरादों से मुसलमानों के अनजान रह जाने पर जोर दिया है ताकि मुसलमानों के प्रति अंग्रेज़ों का गुस्सा और नफ़रत कुछ कम हो सके।

विद्रोह के कारणों के विवेचन में सैयद की आभिजात्यवादी वर्गदृष्टि भी साफ़ दिखायी देती है। जब वे पिछले शासकों की प्रथा के विपरीत कम्पनी सरकार के द्वारा दरबार नहीं लगाने और चुने हुए ख़ास लोगों को तमगे, उपाधियाँ, जागीर और दूसरे अनुदान नहीं देने की शिकायत करते हैं तो वे शासन प्रणाली के बारे में अपनी आभिजात्यवर्गीय दृष्टि को ही ज़ाहिर करते हैं। (पृ. 46) साम्राज्य के प्रति लोगों को वफ़ादार बनाने के मक़सद से वे उन पुरानी सामन्ती प्रथाओं को चलाते रहने की वकालत करते हैं जो अंग्रेज़ बनियों को पहली नज़र में फिजूलखर्ची लगती थी। यह सैयद की आभिजात्यवर्गीय दृष्टि ही थी कि वे स्कूल-कॉलेजों में योग्यता का सर्टिफिकेट देते समय उम्मीदवारों के खानदान और उनकी खानदानी इज़्ज़त तथा रुतबे का ख़याल रखने को कहते हैं। इसी वर्गदृष्टि के कारण वे अंग्रेज़ों द्वारा फ़ौज में उच्चवर्ग से आये मुसलमानों को ऊँचे इज़्ज़तदार ओहदे न देकर उन्हें मामूली घरों से आये सिपाहियों के साथ रखने की नीति को भी वाजिब नहीं मानते। (पृ. 35)

इस विवेचन में सैयद की जो बात हमें बहुत चौंकाती है, वह फ़ौज में हिन्दू-मुस्लिम सिपाहियों को अलग-अलग रखने का उनका सुझाव है। एक तथ्य के रूप में उनकी यह बात तो समझ में आती है कि एक ही रेजीमेंट में एक साथ रहते हुए हिन्दू-मुसलमान सिपाहियों में एकता की भावना पैदा हो गयी थी जो विद्रोह के पक्ष में गयी। लेकिन इससे आगे बढ़कर अंग्रेज़ों को यह सलाह देना कि इन दोनों को अलग-अलग रखा जाये और ज़रूरत पड़ने पर इन्हें एक-दूसरे के ख़िलाफ़ इस्तेमाल किया जाये—यह बिलकुल चाणक्य या मैकियावेली जैसा दिया गया एक बेरहमी भरा सुझाव है। यहाँ सैयद निरे पेशेवर (प्रोफेशनल) वफ़ादर नज़र आते हैं जिसका राष्ट्र की भावना से कोई सम्बन्ध नहीं दिखता। यह बात कुछ अजीब और अन्तर्विरोधी इसलिए लगती है क्योंकि अपने पूरे विवेचन में सैयद ने विद्रोह के घटित होने के बारे में जो तरह-तरह की सफ़ाइयाँ दे रखी हैं, उन सबके पीछे एक बड़ा कारण अंग्रेज़ों के गुस्से से अपने ज़्यादा से ज़्यादा देशवासियों की जान बचाने की भावना रही है। उनकी इस भावना से ऊपर फ़ौज सम्बन्धी दिये गये सुझाव का कोई मेल नहीं दिखता।

कुल मिलाकर सैयद के विवेचन से जो बात उभर कर आती है, वह यह है कि एक बिलकुल परायी और अजनबी सामाजिक-आर्थिक-राजनीतिक प्रणाली वाले अंग्रेज़ों ने भारत की परम्परागत व्यवस्था और सामाजिक वर्गों को बिना ज़्यादा सोचे-विचारे जिस तेज़ी के साथ और जिस बेरहमी से तहस-नहस किया, 1857 का विद्रोह उसी का नतीजा है। इस विवेचन में सैयद का यह सुझाव अन्तर्निहित है कि अंग्रेज़ों को चाहिए कि वे भारत की परम्परागत व्यवस्था को एकबारगी पूरी तरह से न तोड़े। उन्हें चाहिए कि वे यहाँ की व्यवस्था से तालमेल बैठाते हुए और पुराने प्रभावशाली भद्रवर्ग को अपने साथ लेते हुए चलें। तभी वे भी मुग़लों की तरह यहाँ अपना एक स्थायी शासन क़ायम कर सकेंगे। अपनी इसी दृष्टि से सैयद ने विद्रोह का सबसे बड़ा कारण लेजिस्लेटिव काउंसिल में किसी भारतीय का न होना बताया था।

इसे विद्रोह का सबसे बड़ा कारण बताकर सैयद ने भारत में अंग्रेज़ी राज के बहुत सीमित और संकुचित विदेशी आधार की ओर ध्यान खींचा था। लेजिस्लेटिव काउंसिल में भारतीय प्रतिनिधि के रखने पर जोर देकर दरअसल सैयद यह राजनीतिक सुझाव दे रहे थे कि इस शासन को टिकाने के लिए इसमें भारतीयों की साझेदारी का होना ज़रूरी है। हफीज़ मलिक ने इसे सैयद की ***थ्योरी ऑफ पार्टिसिपेटरी रूल*** (भागीदारी वाले शासन का सिद्धान्त) कहते हुए इसकी व्याख्या की है कि सैयद चाहते थे कि अंग्रेज़ अपनी शासन प्रणाली में राजनीतिक सुधार लायें और अपनी प्रजा के आभिजात्य वर्ग को अपने साथ मिलाकर शासन के वर्ग आधार को कुछ व्यापक बनायें जैसाकि मुग़लों ने अपने सफल शासन में किया था।

इस तरह हम देखते हैं कि सैयद किसी भी रूप में 1857 के विद्रोह के समर्थक नहीं थे। विद्रोह के विवेचन में उन्होंने अंग्रेज़ी शासन की जो आलोचना की है, उसका मक़सद अपनी भूल-ग़लतियों से सबक लेकर, अपने शासन में सुधार लाने के लिए अंग्रेज़ों को प्रेरित करना था ताकि भारत में उनका शासन आगे इत्मीनान से, बिना किसी ख़तरे के चल सके।

वास्तव में आगे चलकर अंग्रेज़ों ने धीरे-धीरे ऐसा ही करने की कोशिश भी की। सैयद के विद्रोह सम्बन्धी विवेचन और उसमें निहित सुझावों को गम्भीरतापूर्वक लेते हुए अंग्रेज़ों ने अपने शासन की कुछ पुरानी नीतियों को बदलना शुरू किया। उन्होंने हिन्दुस्तानियों के धार्मिक-सामाजिक मामलों में दखल नहीं देने की नीति अपनायी। ताल्लुकेदारों और ज़मींदारों के परम्परागत अधिकारों

को न सिर्फ़ फिर से बहाल किया बल्कि उन्हें कुछ नये अधिकार भी दे डाले जो पहले नहीं थे। इसके साथ ही लेजिस्लेटिव काउंसिल में भारतीय प्रतिनिधियों को नियुक्त करने की प्रणाली शुरू की। पी.सी. जोशी ने इस आख़िरी क़दम को औपनिवेशिक भारत में राजनीतिक और संवैधानिक सुधारों की शुरुआत करने वाला एक महत्त्वपूर्ण क़दम माना है। लेकिन भारत में औपनिवेशिक शासन के इतिहास को देखते हुए यह बिलकुल साफ़ है कि अंग्रेज़ों ने राजनीतिक सुधार के जो भी क़दम उठाये, वे अनिच्छापूर्वक, बहुत मजबूर होकर उठाये और ज़रूरतों के लिहाज़ से वे क़दम बिलकुल नाकाफ़ी थे। औपनिवेशिक स्वार्थ और औपनिवेशिक मानसिकता उनकी सबसे बड़ी सीमा थी और इसलिए वे और कुछ कर भी नहीं सकते थे। आख़िरकार उन्हें भारत छोड़कर जाना पड़ा। ख़ुद सैयद अहमद, जिन्होंने 1857 के विद्रोह का विवेचन करते हुए पहली बार अंग्रेज़ों को राजनीतिक सुधारों के लिए प्रेरित किया था, अगले 28-30 सालों के बाद बदल जाते हैं। 1885 के बाद जब राष्ट्रीय कांग्रेस राजनीतिक सुधारों की माँग करने वाली सबसे बड़ी संस्था के रूप में उभर कर सामने आती है, तब सैयद ख़ुद उन सुधारों के विरोध में खड़े हो जाते हैं। अंग्रेज़ी शासन से शिकायतें करने और उसकी थोड़ी-बहुत आलोचना करने वाली कांग्रेस को ये विद्रोही संस्था मान बैठते हैं और अंग्रेज़ी राज की हिमायत में कांग्रेस के ख़िलाफ़ अपना ***लॉयल पैट्रियोटिक इंडियन एसोसिएशन*** क़ायम करते हैं। कांग्रेस की आलोचना से अंग्रेज़ी राज को बचाने के लिए वे इस हद तक आगे जाते हैं कि कभी हिन्दुओं और मुसलमानों, दोनों में समान रूप से लोकप्रिय रहे सैयद अहमद कांग्रेस को हिन्दू संस्था बताते हुए मुसलमानों को हिन्दुओं से अलग राह पर चलने का सुझाव देते हैं। वास्तव में सैयद अहमद शासक वर्ग की सेवा करने वाले जिस पुराने पेशेवर नौकरशाह वर्ग से आये थे और उन्होंने अपने युग और परिवेश से शासक वर्ग की निष्ठापूर्वक सेवा करने के जो परम्परागत मूल्य और संस्कार अर्जित किये थे, वे बदलते हुए ज़माने में बासी पड़ चुके थे। लेकिन सैयद अपनी पुरानी सीमाओं को तोड़ कर आगे नहीं निकल सके और इसीलिए उपनिवेशवाद विरोधी नये विचारों और आन्दोलनों के उभरने के साथ ही सैयद समय और समाज के लिए अप्रासंगिक होते चले गये।

1857 के विद्रोह के कारणों से सम्बन्धित सैयद अहमद के विवेचन पर विचार करते हुए यह ध्यान में रखना चाहिए कि 1857 का संग्राम एक समुद्र की तरह विशाल और अथाह था। उसके पीछे एक-दो नहीं बल्कि सैकड़ों तरह

के कारण थे जिनमें से कुछ काफ़ी जटिल भी थे। कुछ जगह बिलकुल स्थानीय कारण थे तो कुछ जगह सामान्य और व्यापक। वह संग्राम किसी एक स्तर पर नहीं बल्कि कई स्तरों पर और कई रूपों में लड़ा जा रहा था जिसमें समाज के विभिन्न वर्गों और तबकों के अनगिनत लोगों ने भाग लिया था। उस संग्राम में भाग लेने वालों के निजी स्वार्थ और सामूहिक या वर्गीय स्वार्थ, सब एक साथ सक्रिय थे। पिछले डेढ़ सौ सालों से सैकड़ों विद्वान उस महासंग्राम को विभिन्न दृष्टियों से जाँचने-परखने और उसके दबे-छुपे, अज्ञात पक्षों को खोज निकालने का काम करते आ रहे हैं। आज भी उस महासंग्राम के सभी कारणों, संघर्ष के सभी स्तरों और उसमें भाग लेने वाले सभी व्यक्तियों के बारे में पूरी जानकारी हासिल नहीं हो सकी है। इन सब पक्षों पर आज भी गहन शोध जारी है जिससे 1857 के विद्रोहियों की चेतना के विभिन्न स्तरों और स्रोतों के बारे में नयी-नयी जानकारियाँ मिल रही हैं और आगे भी मिलने की सँभावना खुली हुई है। 1857 पर शोध की इतनी लम्बी-चौड़ी परम्परा को देखते हुए, इसके मुक़ाबले में विद्रोह घटित होने के महज एक साल के अन्दर किये गये सैयद के विवेचन की सीमाओं और कमियों को आसानी से समझा जा सकता है। 1857 के बारे में आज हमारे पास जो विस्तृत जानकारी है उसके मुक़ाबले में सैयद उसके बहुत से स्रोतों और कारणों को अगर स्पष्ट नहीं कर पाये तो इसमें कुछ भी ताज्जुब नहीं। ताज्जुब की बात तो यह है कि अपनी कठिन सीमाओं के बावजूद उन्होंने जो विवेचन किया वह आज भी 1857 के विद्रोह को जानने-समझने का एक प्राथमिक स्रोत बना हुआ है। उसकी कई विशेषताएँ आज भी गौरतलब हैं। सैयद अहमद पहले व्यक्ति थे जिन्होंने उस विद्रोह को अंग्रेज़ों के दृष्टिकोण से अलग होकर उसके व्यापक रूप में देखा और विद्रोह के लिए हिन्दुस्तानियों को दोषी ठहराने के बजाय अंग्रेज़ी शासन की नीतियों को ज़िम्मेदार ठहराया। विद्रोह के पीछे धर्म के सवाल को एक बड़ा सवाल मानते हुए भी उन्होंने विद्रोह को सिर्फ़ धार्मिक कारणों तक सीमित नहीं माना बल्कि विद्रोह के आर्थिक कारणों पर और उसके सामाजिक, सांस्कृतिक और राजनीतिक पक्षों पर भी उतना ही जोर दिया। विद्रोह के पीछे उन्होंने अंग्रेज़ों द्वारा लागू की गयी नयी आर्थिक प्रणाली, भू-राजस्व के नये बन्दोबस्त और न्यायिक व्यवस्था में घुस आये अजनबी तत्त्वों पर ध्यान दिया। अंग्रेज़ी राज द्वारा भारतीय समाज के परम्परागत ढाँचे में तोड़-फोड़ करने और कई परम्परागत सामाजिक वर्गों को तहस-नहस करने के पीड़ादायक पहलुओं को उजागर किया। उन्होंने अंग्रेज़ों की औपनिवेशिक संस्कृति के काले पक्षों को,

हिन्दुस्तानियों के साथ उनके अपमानजनक, आक्रामक व्यवहार और नौकरियों में नस्ली भेद-भाव को खुलकर बताया। विद्रोह घटित होने के फ़ौरन बाद उसके इतने सारे पक्षों को देख पाना और उसकी कुरूप वास्तविकता को बेहिचक सामने लाना उनकी गहरी और सजग इतिहास दृष्टि का परिचायक था। सैयद अहमद पहले भारतीय थे जिनमें हमें ऐसी दृष्टि दिखायी देती है।

सैयद के विवेचन की एक बड़ी विशेषता उनकी निर्भीकता और स्पष्टवादिता है। वे ब्रिटिश राज के प्रति वफ़ादार थे, इसे देखते हुए उनकी यह विशेषता और भी महत्त्वपूर्ण हो उठती है। विद्रोह के जो भी कारण उन्होंने बताये, बिलकुल साफ़ लफ़्ज़ों में बताये। उन पर किसी तरह की लीपापोती नहीं की, न उन्हें खोल कर रखने में किसी तरह की हिचक दिखायी। उन कारणों को उन्होंने किसी झूठी प्रशंसा की आड़ में या किसी काव्यात्मक आवरण में ढंक कर पेश नहीं किया। जो कुछ दिखाया, आँखों में उँगली डाल कर दिखाया। जो कुछ कहा, दो टूक कहा। चाहे अंग्रेज़ी राज में ईसाई मिशनरियों द्वारा बहुत आपत्तिजनक तरीकों से ईसाई धर्म के प्रचार का और उसे अंग्रेज़ हाकिमों द्वारा संरक्षण देने का मामला हो अथवा हिन्दुस्तानियों के साथ उनके घमण्ड और अकड़-भरे बर्ताव का सवाल हो और चाहे नयी आर्थिक नीतियों से सामाजिक वर्गों में भारी उलट-फेर का मामला हो-हर जगह सैयद ने बड़े स्पष्ट शब्दों में अंग्रेज़ी राज की नीतियों को दोषी ठहराया और उन्हें विद्रोह का कारण बताया। सच तो यह है कि 1857 के लिए सैयद ने अंग्रेज़ी राज को खुल कर ज़िम्मेदार ठहराया। कड़वे सच को भी उन्होंने बेझिझक कहा। मिसाल के लिए अपने मालिकों से उन्होंने यह कहने में संकोच नहीं किया कि विद्रोही अपने विद्रोह के जरिये इस सरकार को बलदना चाहते थे। उन्होंने इस सचाई पर कोई लीपापोती नहीं की कि जिन सम्मानित और शक्तिशाली परिवारों और वर्गों को अंग्रेज़ों ने तहस-नहस किया और उन्हें ग़रीबी की हालत में पहुँचा दिया था, उन्होंने ही विद्रोह के जरिये हिन्दुस्तान के शासन को बदलने की कोशिश की। ***दे वेर इंक्लाइंड फॉर ए चेंज ऑफ रूलर्स।*** (पृ. 37) अपनी विचारधारा में अंग्रेज़ी राज के प्रशंसक होने के बावजूद सैयद ने अपनी विचारधारा के उलटे इस यथार्थ को भी स्पष्ट शब्दों में पेश किया कि अंग्रेज़ी शासन के तहत हिन्दुस्तान के लोग दिन-ब-दिन और ग़रीब होते गये हैं। (पृ. 31) सैयद ने अंग्रेज़ी शासन की ग़लतियों की ज़िम्मेदारी छोटे-मोटे हाकिमों पर डालकर बड़े हाकिमों को बचाने की कोशिश नहीं की, जैसा कि अंग्रेज़ों के बहुत-से वफ़ादार किया करते थे। इसके उलटे, अंग्रेज़ों के धार्मिक दुराग्रहों के

मामले में सीधे वायसराय के अधीन काम करने वाली सर्वोच्च संस्था लेजिस्लेटिव काउंसिल तक को स्पष्ट रूप से दोषी ठहराया। The Legislative Council is not free from the charge of having meddled with religious matters. (P. 24) हिन्दुस्तानियों के साथ अंग्रेज़ हाकिमों के भेद-भावपूर्ण बुरे बर्ताव के प्रसंग पर सैयद की स्पष्टवादिता काफ़ी तीखी और मार्मिक हो उठती है। दरअसल, यह मुद्दा उन्हें इतना बेचैन करता था कि वे किसी भी क़ीमत पर इस सचाई को सामने लाना चाहते थे। 'I feel it most necessary to say that which is in my heart and which I believe to be true even at the risk of its being distasteful to many of the ruling race.'—(P. 38) इस अध्याय में सैयद खुलकर कहते हैं कि अंग्रेज़ी सरकार ने अपने कर्तव्यों को पूरा नहीं किया जिन्हें उसे पूरा करना चाहिए था। अपने ग़लत बर्ताव से उसने उन लोगों को भी अपना दुश्मन बना लिया जो अन्यथा उसके साथ हो सकते थे।

1857 के विद्रोह के कारणों का सैयद द्वारा किया गया विवेचन कुल मिला कर अंग्रेज़ी राज के बारे में उनकी आलोचना (क्रिटीक) में बदल जाता है। इसे अंग्रेज़ी राज के प्रति उनकी निन्दा (कंडेमनेशन) तक कहा जा सकता है। उनका एक वाक्य ग़ौरतलब है जिसमें वे कहते हैं—'The English Government, had however many good points. I do not condemn it entirely.' इसके बाद उन्होंने अंग्रेज़ी राज के उन पक्षों को गिनाया है जिन्हें वे अच्छा समझते हैं, जैसे लोगों की सुरक्षा और स्वतन्त्रता, अच्छी सड़कें, लम्बे मार्गों पर डाकुओं, ठग, चोरों की धरपकड़, यात्रियों और व्यापारियों को अपना सामान कहीं भी लाने-ले जाने की सहूलियतें और अमीर-ग़रीब सबको एक जैसा क़ानूनी संरक्षण वग़ैरह। स्वामी दयानन्द सरस्वती ने भी अपने ***सत्यार्थ प्रकाश*** के पहले संस्करण में अंग्रेज़ी राज के ऐसे ही पक्षों की तारीफ़ की है। लेकिन ऊपर वाले वाक्य का यह अंश कि I do not condemn it entirely. अनजाने में यह ज़ाहिर कर देता है कि विद्रोह के कारणों का विवेचन करते हुए सैयद दरअसल अंग्रेज़ी राज की पहले आलोचना, फिर निन्दा की हद तक चले गये थे। 'I do not condemn it entirely.' में यह निहित है कि भले ही पूरी तरह नहीं, फिर भी, वे इसकी निन्दा कर ज़रूर रहे थे।

यह सच है कि सैयद के विवेचन से 1857 के महासंग्राम का वह चरित्र और स्वरूप नहीं उभरता जो बाद में राष्ट्रीय आन्दोलन के दौरान उभरा और जो आज उसका मूल रूप मान लिया गया है। (हालाँकि अब उसे भी कई दृष्टियों से चुनौतियाँ मिलने लगी हैं) सैयद के बताये कारणों में जो कमियाँ और कमज़ोरियाँ हैं, उन्हें भी हम पहले देख चुके हैं। इन सबके बाद भी सैयद के विवेचन में जो

कुछ बचा रहता है, वह आज भी उतना ही प्रामाणिक है जितना वह अपने समय में था। 1857 के अध्ययन की डेढ़ सौ साल की लम्बी परम्परा में आगे चल कर हुए सभी महत्त्वपूर्ण विद्वानों ने चाहे वे दक्षिणपन्थी हों या वामपन्थी, राष्ट्रवादी हों या मार्क्सवादी, विद्रोह का विवेचन करते हुए सैयद के बताये कारणों की समान रूप से पुष्टि की है। उदाहरण के लिए आर.सी. मजूमदार भारतीय इतिहास लेखन की दक्षिणपन्थी धारा के और एक हद तक मुस्लिम विरोधी इतिहासकार माने जाते हैं। 1857 के विद्रोह को वे कई कारणों से भारत का स्वतन्त्रता संग्राम नहीं मानते। लेकिन उस विद्रोह के कारणों का विवेचन करते हुए अपनी क़िताब ***सिपॉय म्यूटिनी*** में उन्होंने भी सैयद अहमद के ही बताये कारणों की पुष्टि की है। विद्रोह के कारणों को बताते हुए उन्होंने सैयद अहमद को प्रमाण मानते हुए उद्धृत किया है। 1780 में सैयद ग़ुलाम हुसैन खाँ की लिखी हुई एक क़िताब का हवाला देते हुए उन्होंने अंग्रेज़ों की नयी प्रशासनिक प्रणाली को विद्रोह के लिए ज़िम्मेदार ठहराया और लिखा कि इस नयी प्रशासनिक प्रणाली की ख़ामियों को 1860 में सैयद अहमद ने और भी प्रभावशाली ढंग से उजागर किया है। इस प्रणाली में ऊँचे पदों पर भारतीयों को बहाल न करना, भारतीयों के प्रति अंग्रेज़ों का अपमानजनक बर्ताव, न्याय प्रणाली, टैक्स, स्टैंप पेपर वग़ैरह की आलोचना शामिल है। (पृ. 29) मजूमदार ने धर्म परिवर्तन के भय को विद्रोह का एक प्रमुख कारण मानते हुए भी सैयद अहमद को उद्धृत किया। इस सन्दर्भ में उन्होंने विस्तार से सैयद के विवेचन से कई हवालों पर जैसे—मन्दिरों और मस्जिदों के पास ईसाई मिशनरियों द्वारा धर्म प्रचार करने, उन्हें पुलिस का सहयोग मिलने और कम्पनी सरकार द्वारा धर्मान्तरण को बढ़ावा देने वाले क़ानून बनाने वग़ैरह को दोहराया है। इसी तरह 1857 का विवेचन करने वाले राष्ट्रवादी और वामपन्थी लेखकों ने भी सैयद के बताये कारणों की पुष्टि की है। जैसे पत्रकार सत्येन्द्र सिंह (***ताल्मिज खाल्दुन*** के नाम से) और पी.सी. जोशी ने 1857 पर विस्तार से लिखते हुए अंग्रेज़ों द्वारा लागू की गयी नयी राजस्व प्रणाली और उसकी बुराइयाँ जैसे बकाया मालगुजारी और ऋण वसूली के लिए इलाक़े और ज़मीन की बिक्री, उपज के हिस्से की जगह ज़मीन के आधार पर लगान की अवधारणा और लगान का बहुत ज़्यादा होना तथा पुराने भू-स्वामी वर्ग को तहस-नहस करना, वग़ैरह की पुष्टि की है। इनकी पुष्टि मजूमदार ने भी की है। रजनी पाम दत्त ने भी अपनी क़िताब ***आज का भारत*** (अनुवादक-आनन्द स्वरूप वर्मा, मैकमिलन, 1977)

में उपरोक्त कारणों को 19वीं सदी में उभर रहे जन असन्तोष का कारण बताया है। (पृ. 244-47) पी.सी. जोशी भारत की कम्युनिस्ट पार्टी के नेता थे तो रजनी पाम दत्त ब्रिटेन की कम्युनिस्ट पार्टी के नेता। यह बात अपने आप में बहुत दिलचस्प और महत्त्वपूर्ण है कि ब्रिटिश शासन के एक वफ़ादार द्वारा किये गये विवेचन को उसके 70-80 साल बाद आये कम्युनिस्ट भी प्रामाणिक मानते हैं। इन वामपन्थियों ने सैयद अहमद की सिर्फ़ पुष्टि नहीं की, बल्कि उन्हें अपने ज्ञान का स्रोत बनाते हुए उद्धृत किया है। सत्येन्द्र सिंह ने सैयद का हवाला दिया कि ब्रिटिश शासन के शुरू के दिनों में कई भू-सम्पत्तियाँ बिक गयीं जिससे भारतीय समाज में भारी उठा-पटक हो गयी। (पृ. 19) जोशी ने विद्रोह के कारणों का विवेचन करते हुए ऊँचे ओहदों से हिन्दुस्तानियों को दूर रखने, उनके धार्मिक मामलों में दख़लअन्दाज़ी करने, धार्मिक दृष्टि से भेद-भावपूर्ण क़ानूनों को लागू करने, मिशनरियों के धार्मिक प्रचार को सरकारी संरक्षण देने और सभी हिन्दुस्तानियों पर ईसाई धर्म थोपने से सम्बन्धित मि. एडमंड की चिट्ठी—इन सभी प्रसंगों में प्रमाण के रूप में सैयद अहमद को ही उद्धृत किया है। राष्ट्रवादियों और मार्क्सवादियों के बीच सैयद अहमद के विवेचन की प्रामाणिकता को मिली यह मान्यता बताती है कि एक इतिहासकार के रूप में सैयद काफ़ी विश्वसनीय थे और ब्रिटिश शासन के प्रति उनकी वफ़ादारी ने उनके इतिहास लेखन को दूषित नहीं किया। गहरी ईमानदारी की वजह से ही वे अंग्रेज़ों को उनके ख़िलाफ़ हुए विद्रोह के सच्चे कारणों से परिचित करा सके। यही वजह है कि 1857 के विद्रोह के दौरान अंग्रेज़ों के साथ होने के बावजूद सैयद को कोई गद्दार नहीं कहता। उनकी वफ़ादारी के बावजूद 1857 के सन्दर्भ में उनकी निर्भीकता और स्पष्टवादिता को आदर के साथ याद किया जाता है और उनके किये विवेचन को इतिहास लेखन का एक प्रामाणिक स्रोत समझा जाता है।

× × ×

1857 के सन्दर्भ में यह सैयद का एक पक्ष हुआ। इस सन्दर्भ में उनका एक और पक्ष भी था जो अगर इससे ज़्यादा नहीं तो कम से कम इतना ही महत्त्वपूर्ण ज़रूर है। आमतौर पर उस पक्ष की चर्चा लोग 1857 के सन्दर्भ में नहीं करते, लेकिन उसकी जड़ें वहीं पर हैं। यह पक्ष है हिन्दुस्तानियों के प्रति उनकी वफ़ादारी का, ख़ासकर मुस्लिम कौम के प्रति।

1857 का विद्रोह कोई आम विद्रोह नहीं था। ब्रिटिश साम्राज्य के इतिहास में हुआ वह ऐसा अभूतपूर्व विद्रोह था जिसका कडुवा स्वाद अंग्रेज़ आज तक नहीं भूले हैं। काले-भूरे लोगों पर हिंसा करने, उनके बीवी-बच्चों को मारने का अनुभव अंग्रेज़ों के लिए नया नहीं था। लेकिन काले लोगों के हाथों अपने बीवी-बच्चों का मारा जाना उनके लिए बिलकुल नया अनुभव था। भारत में उनके शासन के सौ वर्षों में ऐसा पहली बार हुआ। अंग्रेज़ गुस्से से पागल हो उठे। प्रतिहिंसा की आग में जलते हुए उन्होंने हिन्दुस्तानियों पर ऐसे-ऐसे ज़ुल्म ढाये और कत्लेआम मचाया, ख़ासकर लखनऊ और दिल्ली में, जो ब्रिटिश भारत के इतिहास का सबसे काला पन्ना है। हिंसा और ज़ुल्म की उन घटनाओं ने सैयद को अन्दर तक हिला दिया था। 1857 का विद्रोह सैयद के लिए सिर्फ़ एक सार्वजनिक घटना नहीं थी। इससे उनका सम्बन्ध बहुत व्यक्तिगत स्तर पर भी था। वे विद्रोह के किनारे पर खड़े सिर्फ़ चश्मदीद गवाह नहीं थे। वे उसके ऐन बीच में थे और दो परस्पर विरोधी भूमिकाओं में उससे गहरे जुड़े हुए थे। एक ओर हिन्दुस्तानियों की, ख़ासकर मुसलमानों की अंग्रेज़ों के ख़िलाफ़ बर्बर हिंसा और क्रूरता थी जिसको ख़ूब प्रचारित भी किया गया और इंग्लैंड में बैठे मार्क्स तक ने बड़े क्षोभ के साथ उसकी भर्त्सना की। क्षोभ इसलिए कि इसमें न सिर्फ़ अंग्रेज़ फ़ौजियों और हाकिमों को मारा गया था बल्कि उनके घरों की निर्दोष स्त्रियों और छोटे बच्चों तक को बेरहमी से कत्ल किया गया था। (विद्रोह के इस पक्ष पर 1857 के एक महत्त्वपूर्ण अध्येता रुद्रांशु मुखर्जी ने 11 नवम्बर, 2006 के ***डेली टेलीग्राफ़***, कोलकाता, में छपे अपने लेख में काफ़ी सूचनाएँ दी हैं)। बाग़ियों द्वारा अंग्रेज़ स्त्रियों से बलात्कार करने की ख़बरें भी फैली थी, हालाँकि इनकी प्रामाणिकता विवादों के घेरे में रही। सैयद ने भी इन ख़बरों को सच नहीं माना। दूसरी ओर विद्रोहियों की इस हिंसा से कई गुना ज़्यादा हिंसा अंग्रेज़ों ने विद्रोह कुचलने में की। उन्होंने भारतीयों पर अकल्पनीय ज़ुल्म ढाये, ख़ासकर मुसलमानों पर। 1857 के विद्रोह में दोनों पक्षों की ओर से हुई इस हिंसा और तबाही ने सैयद को एक गहरे द्वन्द्व में डाल दिया। एक ओर अंग्रेज़ थे, दूसरी ओर उनकी अपनी कौम। वे किसके ख़िलाफ़, किसका साथ दें? वे अंग्रेज़ों के मातहत उनकी नौकरी में थे। वफ़ादारी उनके ख़ून में थी। विद्रोह के दौरान उस वफ़ादारी की परख हो चुकी थी। उसमें वे खरे उतरे थे। लेकिन अपनी कौम के प्रति उनकी वफ़ादारी? उनका फ़र्ज़?

अंग्रेज़ों ने हिंसा लखनऊ में भी कम नहीं की थी। अपनी तहजीब, शानो-शौक़त और ख़ूबसूरत इमारतों के लिए लखनऊ मशहूर था और हिन्दुस्तान का बगदाद कहलाता था। यह उत्तरी भारत का सबसे बड़ा शहर था जिसकी आबादी उस वक़्त चार लाख की थी। विद्रोह को कुचलने और फिर बदला लेने के लिए अंग्रेज़ों ने इसे इतनी बुरी तरह उजाड़ा कि इसकी आबादी विद्रोह को कुचल देने के पन्द्रह साल बाद भी दो लाख अस्सी हज़ार से ज़्यादा नहीं हो सकी। (पृ. 194, फ्रांसिस रोबिंसन) लेकिन दिल्ली में अंग्रेज़ों ने लखनऊ से कई गुना ज़्यादा तबाही मचायी। लखनऊ के मुक़ाबले दिल्ली उस वक़्त एक छोटा शहर था, हालाँकि बौद्धिक और राजनीतिक दृष्टि से सबसे महत्त्वपूर्ण शहर था। सैयद का सम्बन्ध इसी दिल्ली से था। यहाँ उन्होंने अपना बचपन बिताया था, उनके लड़कपन की खट्टी-मीठी यादें बसी हुई थीं। यहाँ की महफिलों और रंगीनियों में उन्होंने अपनी जवानी के शौक़ पूरे किये थे और यहीं उनके व्यक्तित्व का निर्माण हुआ था। यहाँ उनका घर था, माँ, चाचा और रिश्तेदार रहते थे; उनके सभी युवा मित्र रहते थे। यही दिल्ली 1857 में अंग्रेज़ों की प्रतिहिंसा और बर्बरता का सबसे ख़ास निशाना बनी। उस प्रतिहिंसा की कुछ झलक अपने शागिर्द मुंशी हरगोपाल तफ़्ता को लिखे ग़ालिब के पत्रों में मिलती है। 19वीं सदी के भारतीय मुस्लिम समाज और राजनीति के महत्त्वपूर्ण अध्येता फ्रांसिस रोबिन्सन ने अपने एक निबन्ध ***दी मुस्लिम ऑफ इंडिया एंड दी शॉक ऑफ दी म्यूटिनी*** में बहुत संक्षेप में इस प्रतिहिंसा और तबाही का स्तब्ध कर देने वाला प्रामाणिक विवरण दिया है। रोबिंसन लिखते हैं कि दिल्ली शहर में अंग्रेज़ों ने बिना किसी तरह का फ़र्क़ किये क़रीब तीस हज़ार लोगों को कत्ल कर डाला। उन्होंने मुग़ल सम्राट को गिरफ़्तार कर लिया और उसके दो बड़े बेटों को कत्ल कर दिया। सम्राट के बाक़ी बेटे, उनकी बहुएँ और बच्चे जान बचाने के लिए शहर छोड़ कर भाग गये और ज़िन्दगी भर दर-दर की ठोकरे खाते रहे। शहर में जो लोग ज़िन्दा बच गये उन्हें शहर से बाहर खदेड़ दिया गया और मुश्किल से एक हज़ार लोगों को छोड़ कर क़रीब-क़रीब पूरा शहर ख़ाली करा लिया गया। सात-आठ महीने बाद जून, 1858 में हिन्दुओं को शहर के अन्दर वापस आने दिया गया, लेकिन मुसलमानों को इसके काफ़ी बाद भी जुलाई, 1859 तक वापस आने नहीं दिया गया। 1857 में दिल्ली इस तरह उजड़ी कि अगले 40 सालों तक (1900 ई. तक) उसकी आबादी वापस 1857 की हद तक नहीं पहुँच सकी। जो लोग शहर से बाहर खदेड़ दिये गये, उनकी ज़मीन-जायदाद अंग्रेज़ों ने अपने

मुखबिरों और एजेंटों के बीच नीलाम कर दी। शहर पर अपना दबदबा रखने के लिए ख़ाली कराये गये शहर में इतनी तोड़-फोड़ की गयी कि उसका नक़्शा ही बदल गया। दिल्ली के प्रति अंग्रेज़ों की प्रतिशोध भावना इतनी भयंकर थी कि एक समय में उन्होंने पूरे शहर को हमेशा के लिए नेस्तनाबूद कर देना तय कर लिया था। पर आपस में कुछ असहमतियों के कारण फिर दूसरे तरीकों से उसका ध्वंस किया। शहर के सबसे बड़े और पवित्र धार्मिक स्थल जामा मस्जिद को अगले पाँच सालों तक के लिए सिक्ख सिपाहियों की बैरक बना दिया गया। दूसरी सबसे बड़ी फतेहपुरी मस्जिद को एक हिन्दू के हाथों बेच दिया गया मानो वह मस्जिद नहीं, कबाड़ी की दुकान हो। अगले बीस सालों तक वह मस्जिद उसी के क़ब्ज़े में रही। शहर की सबसे ख़ूबसूरत इमारत जीनत की मस्जिद बिस्कुट और पावरोटी बनाने के कारख़ाने में बदल दी गयी और अगले पचास सालों तक वहाँ यह कारख़ाना ही चलता रहा। लाल क़िले के अन्दर जो अलग-अलग शाही इमारतें बनी हुई थीं, उन सबको ध्वस्त कर डाला गया। दरबारे आम को फ़ौजी अस्पताल में और दरबारे ख़ास को फौजियों की बैरक में बदल दिया गया। बाहर क़िले से लेकर जामा मस्जिद तक जो मुहल्ला आबाद था उसमें दिल्ली के आभिजात्य वर्ग के सबसे सम्मानित और मशहूर परिवार बसते थे। उन्हें सजा देने के लिए उस पूरे मुहल्ले को ध्वस्त कर एक समतल मैदान बना दिया। वहाँ आज तक यही मैदान है, पुराने मुहल्ले का नामोनिशां तक नहीं मिलता। उसी मुहल्ले के साथ ख़ास बाज़ार और उर्दू बाज़ार जैसे रौनक भरे बाज़ारों का निशान हमेशा के लिए मिटा दिया गया। ग़ालिब ने लिखा है कि वहां के बाशिन्दे जब शहर में लौट कर आये तो उन जगहों को पहचान नहीं सके, जहाँ कभी उनके मकान और दुकानें हुआ करती थीं। जो मुसलमान ख़ुद को बेकसूर साबित नहीं कर पाये उनकी ज़मीन-जायदाद ज़ब्त कर ली गयी और हिन्दू महाजनों के क़ब्ज़े में चली गयी। अब दिल्ली मुग़लों की दिल्ली नहीं रही, हिन्दुओं की दिल्ली में तब्दील हो गयी। शहर की पूरी आबादी को अपना पहचान पत्र (आइडेंटिटी कार्ड, जिसे टिकट कहा जाता था) रखना ज़रूरी कर दिया गया। बिना पहचान पत्र के कोई भी न शहर से बाहर जा सकता था, न अन्दर आ सकता था। 1859 में जब ईस्ट इंडिया कम्पनी की जगह महारानी विक्टोरिया का शासन क़ायम हुआ और लोगों को आम माफ़ी दे दी गयी, तब जाकर शहर से खदेड़ दिये गये मुसलमानों को वापस आने दिया गया। जब वे वापस आये तो वह दिल्ली कहीं नहीं थी जिसे वे छोड़कर गये थे। दिल्ली का इतिहास लिखते हुए सैयद अहमद

ने जिन ऐतिहासिक स्थलों और इमारतों को दर्ज किया था, उनमें से कई का अब कहीं पता नहीं था। उन बड़ी लाइब्रेरियों का भी कहीं पता नहीं चला जिनमें अरबी-फ़ारसी की महत्त्वपूर्ण दुर्लभ क़िताबें होती थीं। उन विद्वानों, बुद्धिजीवियों और उलेमाओं का भी कहीं पता नहीं था जिनके नाम से दिल्ली जानी जाती थी। वे सभी या तो दिल्ली से खदेड़ दिये गये या मार डाले गये। सैयद अहमद के ख़ास दोस्त मौलवी जकाउल्लाह जब कूचा चलान में गये जहाँ सबसे ज़्यादा बुद्धिजीवी और विद्वान रहते थे, तो यह देखकर काँप उठे कि वहाँ उनमें से अब कोई नहीं बचा है। सिर्फ़ एक मुहल्ले (कूचा चलान) में अंग्रेज़ों ने चौदह सौ लोगों को कत्ल कर डाला था। (पृ. 192-93, फ्रांसिस रोबिंसन) ग़ालिब ने अपने शिष्य मुंशी हर गोपाल को 5 दिसम्बर, 1857 के पत्र में लिखा—"वल्लाह! ढूँढ़ने को मुसलमान इस शहर में नहीं मिलता। क्या अमीर, क्या गरीब, क्या अहले हिर्फा। अगर कुछ हैं तो बाहर के हैं। हुनूद (हिन्दू) अलबत्ता कुछ आबाद हो गये हैं।" मिर्ज़ा ग़ालिब बचे रहे क्योंकि उनके मकान मालिक महाराजा पटियाला के ख़ास हकीम थे। महाराजा की फ़ौज अंग्रेज़ों के साथ मिलकर बग़ावत को कुचल रही थी। हकीम साहब ने हिफ़ाज़त के लिए महाराज से कहकर अपने और किरायेदारों के मकान पर सिपाहियों का पहरा बैठा लिया था। ग़ालिब ने लिखा, "चुनाँचे बादेफ़तह राजा के सिपाही आ बैठे और ये कूचा महफ़ूज रहा, वरना मैं कहाँ और ये शहर कहाँ? मुबालिगा न जानना, अमीर-ग़रीब सब निकल गये। जो रह रहे थे, वो निकाले गये। जागीरदार, पिंसनदार, दौलतमन्द, अहले हिर्फा कोई भी नहीं है। मुफ़स्सल हाल लिखते हुए डरता हूँ ...मेरा शहर में होना हुक्काम को मालूम है, मगर चूँकि मेरी तरफ़ बादशाही दफ़्तर में से या मुखबिरों के बयान से कोई बात पायी नहीं गयी, लिहाज़ा तलबी नहीं हुई वर्ना जहाँ बड़े-बड़े जागीरदार बुलाये हुए या पकड़े हुए आये हैं, मेरी क्या हक़ीक़त थी। ग़रज के अपने मकान में बैठा हूँ। दरवाज़े से बाहर नहीं निकल सकता। सवार होना और कहीं जाना तो बहुत बड़ी बात है। रहा ये के कोई मेरे पास आवे, शहर में है कौन जो आवे? घर के घर बेचिराग पड़े हैं...यहाँ बाहर से अन्दर कोई बग़ैर टिकट के आने-जाने नहीं पाता। तुम ज़िन्हार यहाँ का इरादा न करना। अभी देखा चाहिए मुसलमानों को आबादी का हुक्म होता है या नहीं।" (पृ. 39-40) इसके पूरे तीन महीने बाद ग़ालिब ने फिर लिखा—"मुसलमान आदमी शहर में सड़क पर बिना टिकट फिर नहीं सकता। नाचार तुमको खत न भेज सका।" (पृ. 43) इसी महीने एक और खत में लिखा—"वो इज्जत और वो रब्तोजब्त जो हम रईसजादों का था, अब कहाँ?

रोटी का टुकड़ा ही मिल जाये तो गनीमत है।" (पृ. 45) फिर तीन महीने बाद जून, 1858 में लिखा कि मेरी काव्यकला का हाल यह है कि "मैं शेर कहने का ढंग और पहले की हुई शायरी, सब भूल गया हूँ।"

ज़िन्दगी अपनी जब इस शक्ल से गुज़री ग़ालिब।
हम भी क्या याद करेंगे कि खुदा रखते थे ॥

1857 के विद्रोह में ग़ालिब के कई परिचित, दोस्त और शिष्य या तो विद्रोहियों के हाथों मारे गये या अंग्रेज़ों के दमन के दौरान मारे गये। ऊपर वाली चिट्ठी में ग़ालिब ने आगे लिखा, "ये कोई न समझे के मैं अपनी बैरौनकी और तबाही के ग़म में मरता हूँ। जो दुख मुझको है उसका बयान तो मालूम, मगर उस बयान की तरफ़ इशारा करता हूँ। अंग्रेज़ की क़ौम में से जो इन रूसियाह वालों के हाथों से क़त्ल हुए, उसमें कोई मेरा उमीदगाह था और कोई मेरा शफ़ीक और कोई मेरा दोस्त और कोई मेरा यार और कोई मेरा शागिर्द, हिन्दुस्तानियों में कुछ अज़ीज़, कुछ दोस्त, कुछ शागिर्द कुछ मामूक सो वे सबके सब खाक में मिल गये। एक अजीज का मातम सख़्त होता है जो इतने अज़ीज़ों का मातमदार हो, उसको जीस्त क्योंकर न दुश्वार हो? हाय, इतने यार मरे के जो अब मैं मरूँगा तो कोई रोने वाला भी न होगा।" (पृ. 54)

सितम्बर, 1857 में दिल्ली पर क़ब्ज़े के बाद गुस्से और नफ़रत से अन्धे होकर अंग्रेज़ों ने इस कदर अन्धाधुन्ध ज़ुल्म ढाये कि उनके ज़ुल्मों के शिकार जितने अंग्रेज विरोधी हुए, उतने ही वे भी हुए जिन्होंने अंग्रेज़ों के ख़िलाफ़ कुछ भी नहीं किया था, बल्कि उनमें कई अंग्रेज़ों से अच्छे सम्बन्ध रखना चाहते थे और कुछ एक ने तो उनकी मदद भी की थी। देहली कॉलेज 1830 से आधुनिक ज्ञान-विज्ञान की शिक्षा और नयी चेतना का सबसे महत्त्वपूर्ण केन्द्र था। यहाँ पढ़ने वाले मेधावी और प्रतिभाशाली नौजवान अंग्रेज़ों के प्रति दुश्मनी का भाव नहीं रखते थे, उल्टे अपने अंग्रेज़ प्रिंसिपल से उनके अच्छे सम्बन्ध थे। पश्चिमी ज्ञान-विज्ञान और बुद्धि-विवेकवादी दृष्टिकोण को अपनाने में उनकी गहरी दिलचस्पी थी। जकाउल्लाह ख़ाँ, अल्ताफ हुसेन हाली और मुहम्मद हुसेन 'आज़ाद' देहली कॉलेज से निकले ऐसे ही प्रतिभाशाली युवक थे जिन्होंने अपने-अपने कार्यक्षेत्र में महत्त्वपूर्ण भूमिका निभायी। विद्रोह के दौरान और विद्रोह के बाद इन पर और इनके परिवार वालों पर क्या गुज़री? उर्दू साहित्य के पहले इतिहासकार मुहम्मद हुसेन आज़ाद के पिता मुहम्मद बाकर साहित्य के बड़े विद्वान थे। उन्होंने ही दिल्ली से उर्दू का पहला

महत्त्वपूर्ण अख़बार ***देहली उर्दू अख़बार*** निकाला था। ख़ुद मुहम्मद हुसेन आज़ाद उर्दू के मशहूर शायर जौक के शिष्य थे; उसी जौक के जिसके एक शिष्य ख़ुद बादशाह बहादुर शाह जफर थे। दिल्ली पर क़ब्ज़ा कर लेने के बाद अंग्रेज़ी और सिक्ख फ़ौज ने जो कत्लेआम किया, उसमें मुहम्मद हुसेन आज़ाद के पिता मुहम्मद बाकर भी सिर्फ़ इसलिए मारे गये कि मुग़ल बादशाह से उनकी नज़दीक़ी थी, बावजूद इसके कि उन्होंने देहली कॉलेज के अंग्रेज़ प्रिंसिपल मि. टेलर की जान बचाने के लिए उन्हें अपने घर में शरण देने की कोशिश की थी। उनकी हत्या करने के बाद उनकी हवेली और जायदाद भी अंग्रेज़ों ने जब्त कर ली। आज़ाद' को अपना घर-बार और सब कुछ छोड़-छाड़कर जान बचाने के लिए भेष बदल दिल्ली से भागना पड़ा। वे सिर्फ़ एक चीज़ अपने साथ ले जा सके-अपने उस्ताद जौक की अप्रकाशित ग़ज़लों का संग्रह। (पृ. 186, रोबिंसन) विद्रोह के दौरान जो कहर टूटा था, उसने आगे चलकर 'आज़ाद' को मानसिक रूप से रोगी बना दिया। दिल्ली की सड़क पर अपने पिता की दिनदहाड़े हुई हत्या का दृश्य उन्होंने अपनी आँखों से देखा था। उसे वे कभी भूल नहीं पाये और वे विक्षिप्त-से हो गये थे। अल्ताफ हुसेन 'हाली' सैयद अहमद के अच्छे मित्र और अनुयायी थे। 1857 के दौरान वे दिल्ली के पास हिसार के सरकारी दफ़्तर में काम करते थे। विद्रोह फूटने पर उन्हें हिसार छोड़ कर अपने घर पानीपत भागना पड़ा। उनका सब कुछ छिन गया—सिर्फ़ गले में कपड़े से बँधी कुरान शरीफ़ की प्रति वे बचा सके। बग़ावत की दहशत और ख़ून-ख़राबे के नज़ारों ने और खुद की भोगी तकलीफ़ों ने उन्हें बीमार बना दिया। कई महीनों तक वे इस सदमे से उबर नहीं सके। अगले कई सालों तक वे कुछ भी काम नहीं कर सके। (पृ. 185, रोबिंसन)

सैयद अहमद के सबसे अच्छे मित्रों में एक जकाउल्लाह ख़ाँ 19वीं सदी के सबसे बड़े विद्वानों में एक थे। उन्होंने उर्दू में गणित, भौतिकशास्त्र, इतिहास और भूगोल जैसे आधुनिक विषयों पर ग्रन्थ लिखे थे। उनके पुरखे मुग़ल बादशाहों के उस्ताद (गुरु) रहे थे। देहली कॉलेज से पढ़कर निकलने के बाद जकाउल्लाह आगरा कॉलेज और म्योर कॉलेज, इलाहाबाद में पढ़ाते रहे। फिर वे दिल्ली आकर नॉर्मल स्कूल में हेडमास्टर हो गये। विद्रोह के दौरान हुए अपने भयावह अनुभवों को बरसों बाद उन्होंने अपने मित्र सी.एफ. एंड्रूज को बताया। (एन्ड्रूज ने जकाउल्लाह की जीवनी लिखी है) आधुनिक शिक्षा और हर चीज़ को बुद्धि-विवेकसम्मत ढंग से जाँचने का एक नया दृष्टिकोण लेकर निकले

दूसरे भद्रवर्गीय युवकों की तरह जकाउल्लाह के लिए भी 1857 का विद्रोह एक ख़ौफ़नाक सदमे जैसा था। इस सदमे ने इन भद्रवर्गीय शिक्षित शहरी युवकों के जीवन के सभी सपनों और भविष्य की योजनाओं को चकनाचूर कर दिया था। उनकी ज़िन्दगी बुरी तरह बिखर गयी। विद्रोहियों ने इन युवकों के बहुत प्रिय और आदरणीय प्रिंसिपल मि. टेलर की हत्या कर दी थी। कॉलेज के सबसे प्रतिभाशाली और विद्वान प्रो. रामचन्द्र की भी हत्या कर दी गयी। प्रो. रामचन्द्र हिन्दू धर्म की रूढ़ियों और अन्धविश्वासों की तीखी, कड़ी आलोचना किया करते थे। कुछ समय पहले उन्होंने हिन्दू धर्म छोड़ कर ईसाई धर्म अपना लिया था। अपने प्रिय प्रोफ़ेसरों की हुई हत्याओं से जकाउल्लाह और उनके दोस्त बेचैनी से भर उठे। जकाउल्लाह ने अपने जीवनीकार एंड्रूज को बताया कि विद्रोह के दौरान वे सभी युवक एक गहरे द्वन्द्व में पड़ गये। वे नहीं जानते थे कि वे क्या करें, किस ओर जायें? विद्रोहियों के और अपने ही देशवासियों के ख़िलाफ़ जाना उनके लिए नामुमकिन था। लेकिन उनके साथ विद्रोह में शामिल हो जाना और भी नामुमकिन था। ऐसे मैं वे सोच भी नहीं सकते थे कि क्या करें? देहली कॉलेज से पढ़ा एक भी विद्यार्थी उस विद्रोह में शामिल नहीं हुआ। जब विद्रोहियों ने शहर पर क़ब्ज़ा कर लिया तो देहली कॉलेज टूट गया क्योंकि कॉलेज का अंग्रेज़ों से अच्छा सम्बन्ध था। कॉलेज के प्रोफ़ेसर और विद्यार्थी विद्रोहियों के शक़ के घेरे में आ गये। जकाउल्लाह ने बताया कि उस उथल-पुथल और गहरे सदमे के दौर में वे अपने घर में बन्द होकर रहने लगे। घर से बाहर नहीं निकलते थे। ख़ून-ख़राबे का माहौल शान्त हो जाने का इन्तज़ार करते रहे। बरसात का मौसम ख़त्म होने से पहले ही सितम्बर, 1857 में शहर पर अंग्रेज़ों ने फिर से क़ब्ज़ा जमा लिया। सारा शहर अंग्रेज़ और सिक्ख फ़ौजियों की बर्बर हिंसा और लूट-पाट का शिकार बन गया। एक भी घर उनकी लूट से बच न सका। गुस्से और नफ़रत से पागल अंग्रेज़ों ने किसी भी मुसलमान को नहीं बख़्शा। शहर में कई दिनों तक खुलेआम ख़ून-ख़राबा चलता रहा और बेहद संवेदनशील स्वभाव के जकाउल्लाह उस ख़ून-ख़राबे के ख़ामोश गवाह बनने को लाचार थे। उन दहशत भरे दिनों की यादें उनके दिलो-दिमाग़ से कभी उतरी नहीं। अपने कॉलेज के जिस एक प्रोफ़ेसर को वे सबसे ज़्यादा चाहते थे—मौलवी इमाम बख़्श जो बिल्कुल सन्त आदमी थे और जिनका शिक्षित नवयुवकों के विचारों पर सबसे ज़्यादा असर पड़ा था—उनकी सरकारी फ़ौज ने हत्या कर दी। अंग्रेज़ सरकार ने जामा मस्जिद से लेकर लाल क़िले तक बसे हुए मुहल्ले के हर मकान को धूल में मिला देने का फ़रमान

निकाला तो जकाउल्लाह की खानदानी हवेली भी उसकी चपेट में आ गयी। किसी को भी मुआवजा नहीं दिया गया। खानदानी जायदाद और हवेली से मरहूम जकाउल्लाह के बूढ़े माता-पिता और परिवार के सदस्यों को वहाँ से खदेड़ दिया गया। बेघरबार और खाने के मुहताज होकर उन्होंने निज़ामुद्दीन औलिया के मकबरे में पनाह ली और रात खुले आसमान के नीचे काटी। भूख-प्यास, भय और आतंक के उन दिनों की यादें 46 साल. बाद जकाउल्लाह ने पहली बार मि. एंड्रूज को बतायीं। (पृ. 62-65, सी.एफ. एंड्रूज)

जिन दिनों यह तबाही दिल्ली में घट रही थी, उन्हीं दिनों बिजनौर में नवाब महमूद खाँ के हुक्म पर सैयद अहमद का मकान बाग़ियों ने लूट लिया और उस पर अपना क़ब्ज़ा जमा लिया। सैयद वहाँ से पैदल चलकर भूखे-प्यासे किसी तरह मेरठ पहुँचे और वहाँ चार-पाँच महीनों तक रहे। यहीं पर उन्हें दिल्ली में सरकारी फ़ौज के हाथों हो रहे कत्लेआम और तबाही की ख़बर मिली। यहीं उन्हें अपने दोस्तों और परिचितों के परिवारों पर टूटे कहर का पता चला। उन्हें पता चला कि ख़ुद उनके रिश्तेदारों को भी कत्ल कर दिया गया है। उनका पुश्तैनी मकान छीन लिया गया है। यह सब सुनकर सैयद अपनी माँ का हाल जानने और उनसे मिलने के लिए बेचैन हो उठे। उन्हें अपनी माँ से बेहद लगाव था। उनकी देखभाल करने वाला दिल्ली में और कोई नहीं बचा था। नाना और पिता की मौत बहुत पहले हो चुकी थी। हाली और हफीज़ मलिक, दोनों ने सैयद के दिल्ली जाने और अपनी माँ से मिलने का मार्मिक वर्णन किया है। उनके मुताबिक़ सैयद जब दिल्ली पहुँचे तो उन्हें पता चला कि दिल्ली पर क़ब्ज़े के बाद सरकारी फ़ौजों ने उनके मकान को पूरी तरह लूट लिया है। उनके दोनों चाचा और चचेरे भाइयों को कत्ल कर दिया गया और उनके बाक़ी सभी रिश्तेदारों को दूसरे मुसलमानों के साथ शहर से बाहर निकाल दिया गया है। इस अफ़रा-तफ़री में पीछे छूट गयी उनकी बूढ़ी माँ अपनी छोटी बहन के साथ एक ख़ाली पड़ी झोंपड़ी में रह रही थीं, जहाँ एक ग़रीब विधवा औरत जैबन उनकी खिदमत कर रही थी। उनकी माँ और मौसी को तीन दिन से खाना नसीब नहीं हुआ था। जब सैयद वहाँ पहुँचे तो उन्हें देख कर ये औरतें चौंक उठीं। ख़ौफ़ और दहशत की मारी औरतों ने उन्हें वहाँ से भाग जाने को कहा वरना वे भी सरकारी फ़ौज के हाथों मारे जायेंगे। जब सैयद ने उन्हें भरोसा दिलाया और बताया कि वे सरकारी इज़ाज़त से वहाँ आये हैं तो उन्हें कुछ इत्मीनान हुआ। कई दिनों से भूखी-प्यासी माँ ने अपने बेटे से पीने का पानी माँगा। उस झोंपड़ी में न पानी था, न पानी लाने का कोई बर्तन था।

काफ़ी देर तक पानी की खोज में लगे रहने के बाद आख़िरकार सरकार का विश्वासपात्र यह मुलाजिम लाल क़िले में गया और वहाँ से पानी ले आया। रास्ते में सैयद को बदहाल जैबन गिरी पड़ी मिलीं। सैयद ने उसके मिट्टी के टूटे कसोरे में पानी डाला तो उसने हाथ के इशारे से बताया कि झोंपड़ी में मालकिन प्यासी पड़ी हुई हैं। सैयद ने आकर माँ को पानी पिलाया। बाहर रास्ते पर जैबन की उसी वक़्त मौत हो गयी। माँ और मौसी को अपने साथ लेकर सैयद ने मेरठ चले जाना तय किया। लेकिन अंग्रेज़ों के ज़ुल्म से तबाह हो चुकी दिल्ली में कोई गाड़ी नहीं मिली। सरकारी हाकिमों से कह-सुन कर आख़िरकार उन्हें मेरठ जा रही एक डाक गाड़ी में जगह मिल गयी। मेरठ में उन्होंने अपनी माँ की काफ़ी देखभाल की लेकिन पहले बाग़ियों के, फिर अंग्रेज़ों के ख़ून-ख़राबे के बीच रहते हुए माँ ने इतनी तकलीफ़ें झेली थीं कि अब वे न दवा हजम कर पाती थीं, न खाना। कुछ दिनों में उनकी मौत हो गयी। उसके तीन साल के अन्दर 1861 में उनकी पत्नी भी मर गयीं। अपने दो छोटे-छोटे बेटों और एक बेटी की देखभाल करने के लिए सैयद अकेले रह गये।

सैयद की ज़िन्दगी में यह सबसे नाज़ुक दौर था। दिल्ली की तबाही और अपने नाते-रिश्तेदारों की मौत ने उनके दिलो-दिमाग़ को झकझोर दिया था। उन्हें विद्रोही हिन्दुस्तानियों से अंग्रेज़ों का बदला लेना और हत्या या लूट-पाट करने वाले बाग़ियों को सज़ा देना तो समझ में आता था। लेकिन गुस्से में अन्धे होकर इतने बड़े पैमाने पर तबाही मचाना, निर्दोष लोगों को कत्ल करना, इज्ज़तदार शरीफ़ घरानों को जिसमें ख़ुद सैयद के घरवाले भी शामिल थे—बेघर-बार कर देना और पूरे शहर को उजाड़ कर धूल में मिला देना, समझ में नहीं आया। अंग्रेज़ों की इस बर्बर प्रतिहिंसा ने उनके दिल को गहरे दुख और पश्चात्ताप से भर दिया क्योंकि वे ख़ुद अंग्रेज़ों के साथ खड़े थे। अंग्रेज़ी हुकूमत और अपनी कौम के बीच वे एक गहरे तनाव से घिर गये। अपनी कौम की तबाही और बर्बादी को देखकर उनके अन्दर शर्मिन्दगी और आत्मग्लानि का भाव पैदा हुआ (और शायद आत्मधिक्कार का भी!) इन भावनाओं ने उन्हें बेचैन कर दिया।

विद्रोह के क़रीब तीन बरस बाद अपने द्वारा स्थापित एजुकेशनल कॉन्फ्रेंस के एक जलसे में भाषण देते हुए उन्होंने 1857 के विद्रोह को याद किया। मानवतावादी भावनाओं से प्रेरित होकर अंग्रेज़ों की जान बचाने का ज़िक्र किया और साथ में अपने कौम की तबाही को भी याद किया। "बग़ावत के दौरान अंग्रेज़ परिवारों ने जो जिल्लते झेलीं और ख़ुद हमारी कौम की जो तबाही हुई,

कई सम्मानित परिवार धूल में मिल गये, उन सबको याद करके आज भी मेरा दिल काँप उठता है। विद्रोह ख़त्म हो जाने के बाद मुझे अपनी जायदाद खोने और अपनी हवेली लूटे जाने का इतना ग़म नहीं हुआ जितना अपने कौम की तबाही और हिन्दुस्तानियों के हाथों अंग्रेज़ों की तकलीफ़ों को देख कर हुआ। जब मेरे दोस्त मि. शेक्सपीयर ने, जिन्होंने मुसीबतों के बीच मेरा साथ दिया था, ब्रिटिश हितों के प्रति मेरी वफ़ादारी के इनाम में मुझे जहानाबाद के सैयदों का ताल्लुका देने की पेशकश की, जिसकी मालगुजारी उस वक़्त एक लाख रुपये सलाना की थी, तो मैं गहरी पीड़ा से भर गया। मैंने अपने आप से कहा—इस तबाही के दौर में सबसे ज़्यादा तबाह तो मैं खुद हो गया हूँ। मेरी कौम को इतनी तकलीफ़ें झेलनी पड़ीं और उसकी क़ीमत पर मुझे ताल्लुकेदार बनाया जा रहा है? मैंने उस पेशकश को ठुकरा दिया और मि. शेक्सपीयर से कहा कि मैं अब हिन्दुस्तान में रहना नहीं चाहता।

"उस वक़्त मुझे लगा था कि हमारी कौम अब फिर कभी उठ नहीं सकेगी और न पहले जैसी इज्ज़त हासिल कर सकेगी। अपने कौम की हालत मुझसे देखी नहीं जा रही थी। कई दिनों तक मैं गहरी निराशा में डूबा रहा। यक़ीन करें, उस पीड़ा ने मुझे वक़्त से पहले ही बूढ़ा बना दिया और मेरे बाल सफ़ेद कर दिये।" (पृ. 77, हफीज़ मलिक)

इन पंक्तियों में उस दौर के सैयद की मानसिकता झलकती है। पुराने आभिजात्य वर्ग का यह सदस्य अपने वर्ग और अपनी कौम की तबाही पर बहुत उदास और. हताश था। वे गहरे अफ़सोस और ग्लानि की भावना से भरे हुए थे। उन्हें लग रहा होगा कि अपनी कौम की इस बदहाली के लिए वे भी कहीं न कहीं ज़िम्मेदार हैं! अंग्रेज़ों के साथ रह कर भी वे इस तबाही से अपनी कौम को बचा नहीं सके! क्या यह लानत और शर्म की बात नहीं है? अब वे क्या करें? उन्हें कुछ सूझ नहीं रहा था। उनके सामने सिर्फ़ शर्म और अन्धेरा था। वे इस हालत का सामना नहीं कर पा रहे थे। इस शर्म और अन्धेरे से बचने के लिए ही वे हिन्दुस्तान को हमेशा के लिए छोड़ कर मिस्र चले जाने की बात सोचने लगे थे। यह शायद उन पर अपने पिता के व्यक्तित्व का प्रभाव था जो अपनी विरक्ति भावना के कारण सांसारिक झंझटों से दूर रहना चाहते थे और अपनी ज़िम्मेदारियों से बचते थे।

लेकिन इसी निराशा, ग्लानि और पीड़ा के बीच से एक नये सैयद का जन्म हुआ। पिता की जगह एक बार फिर नाना के व्यक्तित्व ने उन्हें प्रभावित किया

और यही प्रभाव निर्णायक साबित हुआ। सैयद ने हिन्दुस्तान से भागने का इरादा छोड़ दिया और यहीं रहकर अपने मुल्क और कौम के प्रति अपनी ज़िम्मेदारियों को पूरा करना तय किया। अपने उसी भाषण में उन्होंने आगे बताया, "1858 में मेरा तबादला मुरादाबाद में हो गया। यहाँ आकर मैंने पूरे शहर को ऐसे बड़े मातमख़ाने में तब्दील पाया जहाँ अपने कौम की बर्बादी और सम्पन्न परिवारों की मौत का स्यापा किया जा रहा था। इस नजारे ने मेरी पीड़ा को और गहरा कर दिया। उसी वक़्त मेरे जेहन में यह ख़याल आया कि अपने अमन-चैन के लिए किसी महफूज जगह में भाग जाने का मेरा इरादा अपनी मर्दानगी और दूसरों के साथ हमदर्दी के ख़िलाफ़ होगा। हर हाल में मुझे अपने कौम की तकलीफ़ों में हिस्सा बँटाना चाहिए—इसमें मुझे चाहे जितनी परेशानियों का सामना करना पड़े। अपने कौम की तकलीफों को कम करने में मददगार होना मेरा फ़र्ज़ है। उसी दम मैंने तय कर लिया कि मैं मुल्क छोड़ कर कहीं नहीं जाऊँगा और कौम की भलाई में अपनी ज़िन्दगी लगा दूँगा।" (पृ. 76, वही)

विद्रोह के तीन साल बाद 1861 में जब उनकी बेग़म गुज़री, सैयद 34 साल के जवान थे। एक लड़की के अलावा 10-11 साल के दो छोटे-छोटे लड़के थे। यह अपनी ज़िन्दगी को कौम की भलाई में खपा देने की उनकी भावना ही रही होगी कि भरी जवानी में भी उन्होंने दुबारा शादी नहीं की।

कौम की भलाई का संकल्प लेने के बाद सैयद के सामने दो समस्याएँ एक साथ खड़ी थीं—अंग्रेज़ों के दिलोदिमाग़ में मुसलमानों के ख़िलाफ़ भरे दुराग्रहों को कैसे दूर करें? और कैसे अंग्रेज़ी हुकूमत और आधुनिक शिक्षा के ख़िलाफ़ मुसलमानों के रुख़ को मोड़कर, मुल्क की बदली हुई राजनीतिक, आर्थिक परिस्थितियों में, उन्हें आधुनिक शिक्षा अपनाने के लिए तैयार करें? सैयद का मक़सद था कि अंग्रेज़ों और भद्रवर्गीय मुसलमानों के बीच दुश्मनी ख़त्म हो जाये और आधुनिक शिक्षा से लैस होकर भद्रवर्गीय मुसलमान सरकारी ओहदों पर पहुँच कर फिर से ऊँची सामाजिक हैसियत हासिल कर लें। यह काम चुनौती भरा था। अपने समय और इतिहास की दिशा को बदलने का था। सैयद ने यह बीड़ा उठा लिया। वे अंग्रेज़ों और मुसलमानों, दोनों के एक-दूसरे के प्रति नज़रिये को बदलने के संघर्ष में जुट गये। यह काम उन्होंने अपने लेखन, भाषण और संगठन के जरिये करना शुरू किया। अपने गुस्से के पीछे अंग्रेज़ों का यह यक़ीन था कि उनके ख़िलाफ़ युद्ध करते रहना मुसलमान अपना धार्मिक कर्तव्य समझते हैं। जब विद्रोहियों की धर-पकड़ और उन्हें सज़ा देने का दौर

शुरू हुआ तो कई हिन्दू भी विद्रोह का मुख्य दोषी मुसलमानों को ठहराने लगे। सरकार के सामने खुद को निर्दोष और वफ़ादार दिखाने का सबसे आसान रास्ता भी यही था क्योंकि सरकार खुद विद्रोह का मुख्य ज़िम्मेदार मुसलमानों को मानती थी। इसी सिलसिले में हाली ने लिखा कि विद्रोह का दोष मुसलमानों पर मढ़ने के लिए किसी सबूत की ज़रूरत नहीं थी। उनका मुसलमान होना ही उन्हें दोषी ठहराने के लिए काफ़ी था और कोई भी मुसलमान सरकार से हमदर्दी की उम्मीद नहीं कर सकता था। "To incriminate a Muslim there was no need for any proof. His merely being a Muslim was enough to establish his guilt and no Muslim could expect any sympathy from the Government." (पृ. 91, हाली) उस दौर में यानी 1860 के दशक में विद्रोह के बारे में जितनी भी क़िताबें छपीं, पत्र-पत्रिकाओं में जितने भी लेख आये, सब में विद्रोह के लिए ख़ासकर मुसलमानों को दोषी ठहराया जा रहा था। सैयद अच्छी तरह जानते थे कि ऐसे दुराग्रहों के रहते इस देश में मुसलमान अपनी हालत को कभी बेहतर नहीं बना सकेंगे। लिहाज़ा मुसलमानों के ख़िलाफ़ अंग्रेज़ों की भ्रामक धारणाओं का खण्डन करने के लिए सबसे पहले उन्होंने उस विद्रोह का ही विवेचन किया और अंग्रेज़ों को ख़ुद अपने गिरेबाँ में झाँकने को मजबूर किया। ***असबाबे बग़ावते हिन्द*** के बाद सैयद ने एक क़िताब और लिखी—***दी लॉयल मोहम्मडन ऑफ इंडिया।*** इसमें अंग्रेज़ों की नज़र में मुसलमानों की छवि बदलने के लिए सैयद ने ठोस उदाहरणों से दिखाया कि ये मुसलमान ही थे जिन्होंने विद्रोह के दौरान अंग्रेज़ों की जान बचाने में सबसे आगे बढ़कर अपना फ़र्ज़ निभाया था। काफ़ी छान-बीन कर, तथ्यों को जमा कर सैयद ने साबित किया कि और किसी भी कौम की तुलना में मुसलमानों ने अंग्रेज़ों की सबसे ज़्यादा मदद की। उनके बीवी-बच्चों की जान बचायी और उन्हें सुरक्षित बाहर निकाला। इस तरह सैयद उस विद्रोह की तस्वीर का दूसरा, दबा हुआ पहलू सामने लेकर आये। दूसरी ओर सैयद ने अंग्रेज़ों के ख़िलाफ़ मुसलमानों के दिमाग़ में बैठी कुछ धारणाओं को दूर करने की कोशिश की। हिन्दोस्तान के सन्दर्भ में उन्होंने जिहाद की धारणा को ग़लत ठहराया और इस पर जोर दिया कि अंग्रेज़ी हुकूमत के बावजूद हिन्दोस्तान इस्लाम के दुश्मनों का देश (दारूल हरब) नहीं बना है। यहाँ मुसलमानों को अपने धर्म का पालन करने की पूरी आज़ादी है और इसलिए यह दारूल उलूम है।

इसके बाद ईसाइयों और मुसलमानों के बीच आपसी धार्मिक दुराग्रहों को दूर करने के लिए सैयद ने ईसाई धर्म और इस्लाम का तुलनात्मक अध्ययन पेश किया।

धार्मिक अध्ययनों के इतिहास में सैयद अहमद शायद पहले मुस्लिम विद्वान थे जिन्होंने इन दो धर्मों का तुलनात्मक अध्ययन किया। लेकिन उनके इस अध्ययन का उद्देश्य राजा राममोहन राय द्वारा किये गये इसी ढंग के और भी विस्तृत तुलनात्मक धार्मिक अध्ययन ***तुहफ़ातुल मुवाहिद्दीन*** से काफ़ी अलग था क्योंकि दोनों के अध्ययन की प्रेरणा तो अलग थी ही, उनके उद्देश्य भी अलग थे। जहाँ राममोहन राय सभी धर्मों में निहित अतार्किकता और विवेकहीनता का खण्डन करते हुए उन्हें मानवीय विवेक और नैतिकता की कसौटी पर जाँचने के लिए उनका तुलनात्मक अध्ययन कर रहे थे, वहीं सैयद का उद्देश्य भारत में अंग्रेज़ों और मुसलमानों के बीच मौजूद विरोधभाव, अविश्वास और दुराग्रहों को दूर करके उनकी निकटता को स्थापित करना था। इस अध्ययन के लिए सैयद को कई भाषाओं के धार्मिक ग्रन्थ जुटाने पड़े जिसमें उनके काफ़ी रुपये भी लगे। विद्रोह के बाद सरकारी फ़ौज द्वारा अपना घर और सम्पत्ति लूटे जाने का जो मुआवजा उन्हें मिला था, उसके सारे पैसे उन्होंने इस अध्ययन के लिए क़िताबें जुटाने और अंग्रेज़ी तथा अरबी अनुवादकों का ख़र्च उठाने में लगा दिये। इसे छापने के लिए उन्होंने खुद पैसे लगाकर रुड़की में एक प्रेस खोला और उर्दू, अंग्रेज़ी तथा हिब्रू के टाइप ढलवाये। अपने अध्ययन में सैयद ने यह दिखाने का प्रयत्न किया कि इस्लाम और ईसाई धर्म आपस में सबसे ज़्यादा निकट हैं और उनमें कई समानताएँ हैं। इस्लाम के प्रति ईसाइयों की भ्रामक धारणाओं और संशयों को दूर करते हुए उन्होंने मुसलमानों की इस धारणा का भी खण्डन किया कि बाइबल एक अप्रामाणिक रचना है।

इस बीच 1860 में मुरादाबाद में अकाल पड़ा तो अकाल पीड़ित हिन्दुओं और मुसलमानों के बीच दिन-रात राहत काम चलाकर, अस्पताल खोलकर, हर तरह से लोगों की मदद कर सैयद ने अपनी ईमानदारी और प्रशासकीय क्षमता से सबको प्रभावित कर दिया। राहत कार्यों से छुट्टी पाकर सैयद ने अवध और पश्चिमोत्तर प्रान्त में दो महत्त्वपूर्ण संस्थाओं का गठन किया। इनमें से एक ***साइंटीफिक सोसायटी*** थी जो हिन्दी-उर्दू प्रदेश के भद्रवर्ग के बीच आधुनिक ज्ञान-विज्ञान और बुद्धिवादी विचारों को फैलाने के लिए बनायी गयी एक महत्त्वपूर्ण संस्था थी। संस्था की पहली बैठक 1864 की जनवरी में गाजीपुर में हुई। बाद में सैयद के अलीगढ़ चले जाने पर संस्था का मुख्यालय वहीं क़ायम हुआ। अरशद अली आजमी ने 1969 के इंडियन हिस्ट्री कांग्रेस में ***साइंटिफिक सोसायटी*** पर एक शोध आलेख पढ़ते हुए संस्था के इन उद्देश्यों पर रोशनी डाली–

1. संस्था का उद्देश्य यूरोप की कला और विज्ञान से सम्बन्धित ग्रन्थों का हिन्दुस्तानी में अनुवाद करना होगा ताकि हिन्दुस्तानी लोग भी इन ग्रन्थों को आसानी से पढ़ सकें।
2. संस्था खुद हिन्दुस्तान में ऐसे ग्रन्थों को खोजने और उन्हें प्रकाशित करने का काम करेगी। लेकिन ये ग्रन्थ धार्मिक नहीं होंगे।
3. हिन्दुस्तानियों के ज्ञान को बढ़ाने के लिए संस्था पत्र-पत्रिकाएँ और गजट का प्रकाशन करेगी।
4. समय-समय पर वैज्ञानिक विषयों पर व्याख्यानों का आयोजन तथा वैज्ञानिक उपकरणों के प्रदर्शन के साथ संस्था विज्ञान की उपलब्धियों का प्रचार करेगी।

इस संस्था ने धर्म को अपने कार्यक्षेत्र से बाहर रखा। हिन्दुस्तानी भाषा में यहाँ के लोगों के बीच वैज्ञानिक ज्ञान और चेतना को बढ़ावा देना, उन्हें वैज्ञानिक उपकरणों से परिचित करना संस्था का सबसे बड़ा उद्देश्य था। संस्था ने अपने काम तीन मुद्दों पर केन्द्रित किये—1. लोगों को अपने देश के प्राचीन और आधुनिक काल के इतिहास से परिचित कराना और उनके इतिहास सम्बन्धी अज्ञान को दूर करना ताकि चीज़ों को देखने का एक ऐतिहासिक परिप्रेक्ष्य विकसित हो। 2. लोगों में वैज्ञानिक और तकनीक सम्बन्धी ज्ञान का प्रसार करना, ख़ासकर कृषि उत्पादन के क्षेत्र में, 3. राजनीतिक अर्थशास्त्र के प्रति लोगों को शिक्षित और जागरूक बनाना।

इन उद्देश्यों को पूरा करने के लिए सोसायटी ने अंग्रेज़ी, अरबी और फ़ारसी में लिखे गये कई असाधारण महत्त्व वाले इतिहास ग्रन्थों का उर्दू में अनुवाद कराया। भौतिकशास्त्र, कृषि, विद्युत और अर्थशास्त्र सम्बन्धी ग्रन्थों के अनुवाद कराये। सबसे ज़्यादा ध्यान सोसायटी ने आधुनिक तरीक़ों से खेती करने की प्रणालियों को विकसित करने पर दिया। इसके लिए एक फार्म और बगीचे की स्थापना करके और नये वैज्ञानिक उपकरणों के प्रयोग का प्रदर्शन करके बड़े भू-स्वामियों को आधुनिक वैज्ञानिक कृषि उत्पादन प्रणाली की ओर मोड़ने की कोशिश की गयी। 1866 में सोसायटी ने ***दी अलीगढ़ इंस्टीट्यूट गजट*** नाम से साप्ताहिक समाचार पत्र प्रकाशित करना शुरू किया। इसके मुखपृष्ठ पर लिखा होता था—**प्रेस की स्वतन्त्रता को बहाल करना सरकार का फ़र्ज़ है और इस स्वतन्त्रता को क़ायम रखना लोगों का फ़र्ज़ है।** इस पत्र ने सरकारी शिक्षा प्रणाली और शिक्षा के अंग्रेज़ी माध्यम की काफ़ी आलोचना की।

इसने शिक्षण संस्थाओं की निगरानी के लिए सरकारी अफ़सरों के अलावा नागरिकों की व्यापक हिस्सेदारी वाली स्वायत्त निगरानी समितियाँ बनाने की वकालत की। इसने सभी *लोगों को देशी भाषाओं में ज्ञान-विज्ञान की आधुनिक शिक्षा देने की माँग* को उठाया। पत्रिका द्वारा लगातार होने वाली आलोचना से शिक्षा विभाग काफ़ी नाराज़ हुआ। लिहाज़ा इसके सम्पादक मुंशी मुहम्मद यार खाँ को 1868 में अपना पद छोड़ना पड़ा। (पृ. 420, इंडियन हिस्ट्री कांग्रेस, 1963) सैयद अहमद द्वारा क़ायम की गयी इस संस्था के सौ सदस्यों में (1875 में) दस यूरोपीय, 39 मुसलमान और 48 हिन्दू थे। आमतौर पर ये सदस्य सरकारी अफ़सर, ज़मींदार और वकील, इन तीन वर्गों से आते थे। (पृ. 87, हफीज़ मलिक)

1866 में सैयद अहमद ने एक दूसरी महत्त्वपूर्ण संस्था दी ***ब्रिटिश इंडियन एसोसिएशन*** बनायी जिसका मक़सद हिन्दुस्तानियों की आवाज़ को ब्रिटिश संसद तक पहुँचाने का प्रयत्न करना था। इस संस्था को सैयद ने कलकत्ता में 1851 में ठीक इसी नाम से बनी संस्था से प्रेरित होकर बनाया था। सैयद ख़ुद इसके ऑनरेरी सेक्रेटरी बने। इस संस्था ने पश्चिमोत्तर प्रान्त में स्थानीय स्तर के प्रशासन में भारतीयों की भागीदारी को बढ़ाने तथा सरकारी शिक्षा विभाग की कार्यप्रणाली और खर्चों पर नियन्त्रण और निगरानी रखने के लिए ज़िला स्तर पर समितियाँ बनाने का सुझाव रखा। इन मुद्दों पर यह संस्था साइंटिफिक सोसायटी के साथ काम करती थी। संस्था के ऑनरेरी सेक्रेटरी की हैसियत से सैयद ने 1866 में क़िताबों को डाक से भेजने पर लगने वाले महसूल को बढ़ाने के सरकारी क़दम की यह कहते हुए कड़ी आलोचना की कि यह ज्ञान हासिल करने पर टैक्स लगाना है। *1867 में एसोसिएशन ने सरकार से पश्चिमोत्तर प्रान्त में एक ऐसा विश्वविद्यालय खोलने की माँग की जहाँ आधुनिक ज्ञान-विज्ञान की शिक्षा देशी भाषा उर्दू में दी जा सके।* दयानन्द सरस्वती की तरह सैयद अहमद ने भी हिन्दुस्तानी विद्यार्थियों को, ख़ासकर मुसलमानों को यूरोप जाकर आधुनिक ज्ञान-विज्ञान की शिक्षा हासिल करने के लिए बढ़ावा दिया। लेकिन ज़्यादातर भारतीय मुसलमान अब भी अंग्रेज़ों और यूरोपीय लोगों से सम्पर्क रखना अपने धर्म और नैतिक चरित्र को अपवित्र करने जैसा समझते थे। लिहाज़ा 1869 में इंग्लैंड की शिक्षा प्रणाली का अध्ययन करने के लिए सैयद ने ख़ुद इंग्लैंड जाना तय किया।

समय के साथ भारतीय मुसलमानों को बदलने के लिए सैयद ने सबसे ज़्यादा जोर आधुनिक शिक्षा पर दिया। इस सिलसिले में सबसे पहले उन्होंने दो स्कूल खोले—एक मुरादाबाद में, दूसरा गाजीपुर में। इंग्लैंड से आधुनिक शिक्षा सम्बन्धी स्वतन्त्र संस्थाओं का अनुभव लेकर लौटे सैयद भद्रवर्गीय हिन्दुस्तानी मुसलमानों के लिए कैम्ब्रिज जैसा एक विश्वविद्यालय खोलना चाहते थे। लेकिन मुसलमानों में आधुनिक शिक्षा के प्रति दिलचस्पी बहुत कम थी। इस समस्या पर सैयद ने गहराई से विचार किया कि क्यों भारतीय मुसलमान अंग्रेज़ी शिक्षा से दूर रहना चाहते हैं? इस सवाल को उन्होंने कई लोगों के सामने विचार के लिए रखा और उनके विचारों का विश्लेषण करके समस्या के कारणों का पता लगाया। आधुनिक शिक्षा के प्रति मुसलमानों की भावनाओं और विचारों को बदलने के लिए उन्होंने एक व्यापक अभियान चलाया। इसके साथ ही उन्होंने सरकार से भी उसकी शिक्षा प्रणाली में मौजूद उन रुकावटों को दूर करने के लिए कहा, जिनके चलते मुसलमान सरकारी स्कूलों में अपने बच्चों को भेजना नहीं चाहते थे। अपनी निष्ठा और लगन से सैयद ने हर तरह की रुकावटों का मुक़ाबला करते हुए आख़िरकार 1877 में ***अलीगढ़ मोहम्मडन ओरिएंटल कॉलेज*** की स्थापना की जिसने आगे चलकर अलीगढ़ विश्वविद्यालय का रूप लिया। अलीगढ़ कॉलेज की स्थापना के लिए सैयद ने अपने हिन्दू और मुसलमान मित्रों-समर्थकों से एक लाख रुपये जमा किये थे। सैयद के आधुनिक उदार धार्मिक विचारों के कारण परम्परावादी और कट्टर उलेमा उनके सख़्त ख़िलाफ़ थे। नतीजतन, सैयद के आधुनिक शिक्षा सम्बन्धी प्रयासों में मुसलमानों ने उतना सहयोग नहीं किया, जितना हिन्दुओं ने किया। कॉलेज की स्थापना करने में सैयद की निष्ठा और गम्भीरता का एक छोटा-सा उदाहरण देखा जा सकता है। इस कॉलेज को खोलने के सिलसिले में सैयद ने उन्हीं दिनों ब्याहे गये अपने बड़े बेटे महमूद की शादी के बाद कोई दावत नहीं दी जिससे कई लोग उनसे नाराज़ हुए। सैयद ने उन्हें जवाब दिया—"मैं न तो ज़मींदार हूँ, न अमीर हूँ। अगर शादी की दावत देता तो मुझे उस पर पाँच सौ रुपये ख़र्च करने पड़ते। उन रुपयों को मैंने कॉलेज के फंड में जमा करा दिया। (पृ. 222, हाली)

अलीगढ़ कॉलेज में शिक्षित मुस्लिम युवकों की ऐसी पीढ़ियों का निर्माण हुआ जिन्होंने भारतीय मुस्लिम समाज में युगान्तरकारी परिवर्तन ला दिये। लेकिन सैयद शिक्षित मुस्लिम युवकों की जो सरकारपरस्त पीढ़ियाँ तैयार करना चाहते थे, यह मक़सद जल्द ही, महज 20-22 सालों के बाद, नाकामयाब साबित हुआ।

उस युग का प्रधान अन्तर्विरोध ब्रिटिश साम्राज्यवाद और भारतीय जनता के बीच था। इस अन्तर्विरोध के उभार की तीव्रता में सैयद के मक़सद को नाकामयाब होना ही था। अलीगढ़ के शिक्षा अभियान ने दो धाराओं को जन्म दिया। एक धारा ने मुस्लिम लीग का गठन कर साम्प्रदायिक रूप ले लिया। सैयद ने अपने शिक्षा अभियान के इस नतीजे की कल्पना शायद ही की होगी। दूसरी धारा सैयद के मक़सद को नाकामयाब करते हुए ब्रिटिश साम्राज्यवाद के ख़िलाफ़ राष्ट्रीय आन्दोलन में शामिल हो गयी। सैयद के राजनीतिक मक़सद की इस विफलता के बावजूद आधुनिक शिक्षा के उनके आन्दोलन ने अपना काम किया। उसने भारतीय मुस्लिम समाज में आधुनिक बदलावों की जो गति पैदा कर दी, उसे रोकना या उलटना असम्भव था।

इस तरह कुल मिलाकर 1857 के विद्रोह के बाद सैयद अहमद ने क़िताबें लिखने, सार्वजनिक संस्थाएँ खड़ी करने, व्याख्यान देने और इन सबके माध्यम से एक नयी चेतना पैदा करने के जो बहुत सारे काम किये—जिन्होंने मिलकर इस देश के मुस्लिम समाज और उसके इतिहास को एक नयी दिशा में मोड़ दिया—ये सभी काम सीधे 1857 के बग़ावत से जुड़े हुए थे। उनके ये काम बग़ावत के दौरान उपजी उनकी गहरी पीड़ा और ग्लानि की उन मार्मिक भावनाओं से जुड़े हुए थे जिनके बीच से कौम की भलाई में जीवन-अर्पित कर देने का संकल्प लेने वाले एक नये सैयद अहमद का जन्म हुआ।

सन्दर्भ ग्रन्थ

1. अल्ताफ हुसैन हाली--***हयाते जावेद*** (उर्दू से अंग्रेज़ी में अनूदित), रूपा एंड कम्पनी, नयी दिल्ली
2. हफीज़ मलिक-***सर सैयद अहमद खाँ एंड मुस्लिम मॉडर्नाइजेशन इन इंडिया एंड पाकिस्तान;*** कोलम्बिया यूनिवर्सिटी प्रेस, न्यूयॉर्क, 1980
3. पी.सी. जोशी द्वारा सम्पादित ***रेबेलियन*** 1857 (एन.बी.टी., दिल्ली, 2007) में शामिल तामीज खाल्दुन, के.एम. अशरफ, प्रकाशचन्द्र गुप्त और एहतशाम हुसेन के निबन्ध
4. आर.सी. मजूमदार-***सिपॉय म्यूटिनी,*** फर्मा के.एल. मुखोपाध्याय, कोलकाता, 1963
5. रजनी पाम दत्त-***आज का भारत,*** अनुवाद : आनन्द स्वरूप वर्मा, मैकमिलन, दिल्ली, 1977
6. निकोलस बी. डर्क-***दी इथनोग्राफ़िक स्टेट;*** सौरभ दुबे द्वारा सम्पादित ***पोस्ट कोलोनियल पैसेजेज*** में शामिल निबन्ध, ओ.यू.पी., 2004
7. फ्रांसिस रोबिंसन-***दी मुस्लिम ऑफ़ अपर इंडिया एंड दी शॉक ऑफ दी म्यूटिनी;*** मुशीरुल हसन और नारायणी गुप्ता द्वारा सम्पादित ***इंडियाज कोलोनियल एनकाउंटर*** में शामिल निबन्ध, मनोहर, नयी दिल्ली, 1993

8. श्रीराम शर्मा और श्रीराम निवास शर्मा (सम्पादक)-***ग़ालिब के पत्र,*** हिन्दुस्तानी एकेडेमी, इलाहाबाद, 1958
9. राजा शिवप्रसाद 'सितारेहिन्द'-***1857 का बलवा,*** वीर भारत तलवार द्वारा सम्पादित ***राजा शिवप्रसाद 'सितारेहिन्द' : प्रतिनिधि संकलन में शामिल,*** नेशनल बुक ट्रस्ट, इंडिया, नयी दिल्ली, 2000 ई.
10. अर्शद अली आज़मी-***अलीगढ़ साइंटिफिक सोसायटी,*** 1864-1867, इंडियन हिस्ट्री कांग्रेस, 1969
11. सी.एफ. एंड्रयूज-***जकाउल्लाह ऑफ डेलही,*** ओ.यू.पी., 2003
12. सैयद अहमद ख़ाँ-***दी कॉजेज ऑफ़ दी. इंडियन रिवोल्ट*** (उर्दू से अंग्रेज़ी में अनूदित), मेडिकल हॉल प्रेस, बनारस, 1873
13. रामविलास शर्मा-***भारतेन्दु हरिश्चन्द्र और हिन्दी नवजागरण की समस्याएँ,*** राजकमल, नयी दिल्ली।

हिन्दी-उर्दू क्षेत्र : 1857 के बाद आये बदलाव

1857 के संग्राम से क्या सचमुच बदलाव का कोई विमर्श शुरू हुआ था? अगर हाँ, तो वह कौन-सा और किस तरह का विमर्श था?

मौजूदा परिस्थितियों में हिन्दी की साहित्यिक दुनिया में 1857 से सम्बन्धित किसी भी अध्ययन के सैद्धान्तिक निष्कर्षों का वस्तुनिष्ठ होना मुश्किल है। इसका मुख्य कारण इस विषय का इतिहास के अनुशासन से सम्बन्धित होना है। डॉ. रामविलास शर्मा के प्रभाव से हिन्दी में इतिहास कुछ अपने ही ढंग का चलता है जिसे इतिहासकार मजाक में कभी-कभी 'हिन्दी साहित्य वाला इतिहास' कहा करते हैं। हिन्दी के साहित्यिक हल्कों में 1857 के बारे में इतिहासकारों के बजाये रामविलास शर्मा की धारणाएँ ही ज़्यादा प्रचलित हैं। उन्होंने इतिहासकार न होते हुए भी सभी इतिहासकारों से दो-दो हाथ करते हुए 1857 को जनवादी क्रान्ति के चौखटे में जड़ा है और उससे तथाकथित हिन्दी नवजागरण की धारा को निकलते हुए देखा है। कुछ अपवादों को छोड़कर ज़्यादातर हिन्दी पाठक 1857 के बारे में जो कुछ भी जानते या विश्वास करते हैं, वह मुख्यतः रामविलास जी के लेखन के ज़रिये ही है, (बावजूद इसके कि 1857 के बारे में कई देशी-विदेशी इतिहासकारों ने बहुत महत्त्वपूर्ण लेखन किया है, जिसकी विस्तृत जानकारी प्रदीप सक्सेना ने भी दी है।) यही वजह है कि 1857 से सम्बन्धित वीरता, साहस और शौर्य के जाने-माने क़िस्सों को दोहराते रहने के अलावा हिन्दी का औसत अध्यापक-आलोचक रामविलास शर्मा की तैयार की हुई ज़मीन पर ही खड़ा होकर 1857 के बारे में बातें करता है। इसका एक ताजा उदाहरण इधर ***लोकमत समाचार*** (नागपुर) के दीपावली विशेषांक (खण्ड 1, 2006) में छपा शम्भूनाथ का लेख ***1857 और आज*** देखा जा सकता है। इस लेख में 19वीं सदी के ईस्ट इंडिया कम्पनी राज की तुलना आज के भूमण्डलीकरण से करते हुए (कि दोनों

ही साम्राज्यवादी हमले हैं) कहा गया है कि "ये किसान ही थे (वर्दी में) जो 1857 में कम्पनीराज के ख़िलाफ़ लड़े थे और आज भी किसान ही भूमण्डलीकरण के ख़िलाफ़ लड़ रहे हैं (क्योंकि वे ही इसके असली शिकार हुए हैं) जबकि शहरी शिक्षित वर्ग पश्चिमी आधुनिकता के प्रभाव के कारण 1857 में भी विदेशी राज को लेकर दुविधाग्रस्त था (कि स्वतन्त्रता चाहिए या आधुनिकीकरण?) और किसानों के प्रतिरोध को पिछड़ापन समझ रहा था। आज भी यही शिक्षित वर्ग किसानों के प्रतिरोध को पिछड़ापन समझते हुए भूमण्डलीकरण को प्रगतिशील और आधुनिक समझ रहा है।" ऊपरी तौर पर सही-से दिखने वाले इस सादृश्य में न सिर्फ़ गम्भीर कमियाँ हैं बल्कि इतिहास के कुछ बुनियादी तथ्य इस सादृश्य के ख़िलाफ़ जाते हैं। सबसे पहली बात यह कि 1857 का संग्राम सिर्फ़ किसानों या वर्दीधारी किसानों का ही नहीं था। उसमें समाज के कई दूसरे तबके और वर्ग भी शामिल थे जिनमें देश के शासक वर्ग का एक हिस्सा भी था—धर्माचार्य (उलेमा), ज़मींदार, ताल्लुकेदार, नवाब, राजे-महाराजे, यहाँ तक कि भारत का मुग़ल सम्राट तक-चाहे अनिच्छापूर्वक ही सही। इसलिए 1857 की तस्वीर में शिक्षित वर्ग को सिर्फ़ किसान विरोधी स्थिति में दिखाना तस्वीर को एकांगी और विकृत करना है। यह कहना भी निराधार है कि 1857 को लेकर तत्कालीन शिक्षित वर्ग इस दुविधा में था कि स्वतन्त्रता चाहिए या आधुनिकीकरण? दो-एक व्यक्तिगत अपवादों को छोड़ दें तो एक समुदाय के रूप में शहरी शिक्षित वर्ग को कोई दुविधा नहीं थी और उसने 1857 के संग्राम का स्पष्ट रूप से विरोध किया था। लेखक की बेहोशी का आलम यह है कि वह पहले शिक्षित वर्ग को दुविधाग्रस्त बताता है, फिर यह भी लिखता है कि "तब शिक्षित और जागरूक लोग साफ़-साफ़ कह रहे थे, हमें दोनों चाहिए।" जब साफ़-साफ़ कह रहे थे कि हमें दोनों चाहिए, तो फिर उसे दुविधाग्रस्त क्यों कहा? लेकिन यह दूसरा दावा पहले दावे से भी ज़्यादा निराधार है। लेखक ने शिक्षित वर्ग द्वारा 1857 के सन्दर्भ में ***स्वतन्त्रता और आधुनिकीकरण***, दोनों को चाहने का एक भी प्रमाण क्यों नहीं दिया? क्या वह हिन्दी-उर्दू प्रदेश के किसी एक भी शिक्षित व्यक्ति का ऐसा उदाहरण दे सकता है जिसने 1857 के सन्दर्भ में स्वतन्त्रता और आधुनिकीकरण, दोनों की साफ़-साफ़ माँग की हो? बनारस में एक शिक्षित व्यक्ति थे भारतेन्दु हरिश्चन्द्र, 1857 के सन्दर्भ में जिनकी तुलना शम्भुनाथ ने मार्क्स से की है। 1857 के पच्चीस साल गुज़रने के बाद 1882 में भी भारतेन्दु हंटर कमीशन से यही कह रहे थे कि भारत में अंग्रेज़ी राज को कम से कम अगले पचास सालों तक ज़रूर रहना चाहिए।

किसलिए रहना चाहिए? ताकि भारतीयों में स्वतन्त्रता की भावना, स्वतन्त्रता की चाहत पैदा हो सके। यह भारतेन्दु कह रहे थे।

लेखक ने लिखा है कि उस ज़माने में सिर्फ़ दो व्यक्ति थे जिन्होंने 1857 के संग्राम को सबसे अच्छी तरह समझा था—एक मार्क्स थे जिन्होंने इस संग्राम को फ़ौजी बग़ावत कहने के बजाये राष्ट्रीय विद्रोह कहा था। दूसरे भारतेन्दु थे जिन्होंने 1857 को लक्ष्य कर दो पंक्तियाँ लिखी थीं : "***कठिन सिपाही द्रोह अनल जा जनबल नासी। जिन भय सिर न उठाय सकत कहूँ भारतवासी।।*** (यह उद्धरण शंभुनाथ ने दिया है और इसमें कुछ गलतियाँ भी हैं।)

सिर्फ़ इन दो पंक्तियों के आधार पर 1857 के बारे में भारतेन्दु की समझ को मार्क्स की समझ के बराबर ठहराना यह सूचित करता है कि हिन्दी के औसत आलोचक का लेखन न तो तथ्यों की परवाह करता है, न विवेक-बुद्धि की। वह सिर्फ़ कुछ व्यक्तियों के प्रति अपनी श्रद्धापूर्ण भावुकता और भक्ति-भावना से ही प्रेरित होता है। लेखक ने भारतेन्दु की इन दो पंक्तियों का यह अर्थ किया है कि सिपाहियों के भयंकर विद्रोह की आग बुझाने के लिए अंग्रेज़ों ने इतना भयंकर दमन किया था कि उनके भय से भारतवासी फिर विद्रोह करने का साहस नहीं कर पा रहे थे। कोई पूछे कि भय से सिर नहीं उठा पाना क्या भय से विद्रोह नहीं कर पाना होता है? क्या विद्रोही भय के मारे विद्रोह नहीं करता है?

1857 के बारे में लेखक का यह दावा अज्ञानमूलक है कि "इसने पहली बार धर्मनिरपेक्ष राष्ट्रवाद की ज़मीन तैयार की।" लगता है, 1857 हिन्दी लेखकों के लिए ऐसा जादू का पिटारा है जिसमें हाथ डालकर कुछ भी निकाला जा सकता है। धर्मनिरपेक्षता किसे कहते हैं? हिन्दू और मुसलमान, दोनों मिलकर लड़े थे, इसीलिए वह धर्मनिरपेक्ष भी हो गया? ऐसी धर्मनिरपेक्षता तो 14वीं सदी से चली आ रही थी! हक़ीक़त यह है कि 1857 में हिन्दू-मुसलमान धर्मनिरपेक्ष होकर नहीं बल्कि अपने-अपने धर्म के साथ और उसके अनुसार ही लड़े थे। 1857 में ऊँची जातियों के हिन्दू-मुसलमानों का जो संयुक्त मोर्चा बना था, वह दोनों समुदायों के अपने-अपने धर्म की सुरक्षा और स्वतन्त्रता के लिए भी बना था। उस संग्राम के सूरमा अपने-अपने धर्म से निरपेक्ष नहीं हो गये थे। वे उसी की रक्षा के लिए लड़ रहे थे। धर्म 1857 के संग्राम में एक बड़ा कारक था। संग्राम के नेताओं ने जो इश्तेहार निकाले थे उनमें शुरुआत ही हिन्दुस्तान के हिन्दुओ और मुसलमानो के सम्बोधन से होती थी। यह धर्मनिरपेक्षता नहीं, दोनों धर्मों का सह-अस्तित्व था; दोनों का समान आदर था।

इस लेख में जितनी हवाई बातें 1857 के सन्दर्भ में हैं, उतनी ही आज के वैश्वीकरण के प्रतिरोध के सन्दर्भ में भी हैं। यह कहना सही नहीं है कि किसान तो वैश्वीकरण के ख़िलाफ़ लड़ रहे हैं (जैसे वे 1857 में अंग्रेज़ी राज के ख़िलाफ़ लड़े थे) लेकिन शिक्षित वर्ग वैश्वीकरण को आशा भरी नज़रों से देख रहा है। (जैसे वह 1857 में अंग्रेज़ी राज को आशा भरी नज़रों से देख रहा था) यह बिलकुल स्थूल और सपाट बयानबाजी है जिसमें शिक्षित वर्ग को और इसी तरह किसानों को भी एक समान, समरूप वर्ग के रूप में देखा गया है। हम सभी जानते हैं कि शिक्षित वर्ग का एक हिस्सा वैश्वीकरण का समर्थक है तो दूसरा हिस्सा वैश्वीकरण के ख़िलाफ़ संघर्ष भी कर रहा है। यह भी तथ्य है कि वैश्वीकरण के बुरे नतीजों से ख़ुद को बचाने के लिए अपनी ज़मीन या फ़सल बचाने के लिए किसान स्थानीय स्तर पर ज़रूर लड़ते हैं लेकिन उनमें वैश्वीकरण के बारे में कोई राजनीतिक-सैद्धान्तिक अवधारणा नहीं मिलती और न उन्होंने तबतक ऐसी किसी अवधारणा के तहत वैश्वीकरण के विरोध में कोई व्यापक मंच या अखिल भारतीय संगठन बनाया था। वैश्वीकरण के ख़िलाफ़ विचारधारात्मक संघर्ष और उस पर आधारित जन आन्दोलन खड़ा करने के लिए मुम्बई और दिल्ली में जो व्यापक सम्मेलन आयोजित किये गये और मंच बने, उन्हें शिक्षित वर्ग के एक हिस्से ने ही बनाया था। तथ्य यह भी है कि किसानों का, ख़ासकर धनी किसानों का एक हिस्सा, शरद जोशी जैसे किसान नेताओं के नेतृत्व में वैश्वीकरण का समर्थन भी करता रहा है।

बदलाव की सीमाएँ

बेशक 19वीं सदी के उत्तरार्द्ध में भारत में बहुत सारे सामाजिक, राजनीतिक, आर्थिक और सांस्कृतिक बदलाव हुए। लेकिन यह कहना मुश्किल है कि उन सभी बदलावों का 1857 से सीधा या कोई ख़ास सम्बन्ध था। 1857 के बाद जो सबसे बड़ा बदलाव हुआ, वह ईस्ट इंडिया कम्पनी की हुकूमत को ख़त्म कर भारत को ब्रिटिश साम्राज्य का अंग बनाकर यहाँ सीधे क़ायम हुआ ब्रिटिश शासन था। आगे होने वाले ज़्यादातर बदलाव ब्रिटिश पूँजीपति वर्ग और साम्राज्यवाद की ज़रूरतों को पूरा करने के लिए तथा भारत में ब्रिटिश शासन की नीतियों के परिणाम थे, न कि 1857 के सीधे परिणाम थे। हर एक शासक वर्ग शासितों के विद्रोह और आन्दोलन से अपनी समझ के मुताबिक़ कुछ न कुछ सबक ज़रूर लेता है और उन्हें ध्यान में रखकर आगे की नीतियाँ बनाता है।

1857 के बाद क़ायम हुए ब्रिटिश शासन ने भी ऐसी बहुत-सी नीतियाँ बनायीं और कार्यक्रम लिये जिनमें 1857 के सबक को ध्यान में रखा गया। इस दृष्टि से इन नीतियों और कार्यक्रमों में बड़ी सूक्ष्मता से 1857 के परिणाम समाये हुए माने जा सकते हैं। लेकिन उनमें भी ज़्यादातर नीतियों-कार्यक्रमों को 1857 से सीधे नहीं जोड़ा जा सकता। एक तो इसलिए कि उनका सम्बन्ध और दूसरी ज़रूरतों से भी उतना ही था, इसलिए वे एक सामान्य चरित्र वाली आवश्यकताएँ थीं। जैसे रेलवे का विकास। इसका आरम्भ 1857 से पहले हो चुका था और 1857 के बाद इसका विकास सिर्फ़ 1857 जैसे विद्रोहों को कुचलने की नज़र से नहीं बल्कि ब्रिटिश पूँजीवाद द्वारा भारतीय संसाधनों के आम दोहन और चुस्त प्रशासन की नज़र से भी हुआ। एक और उदाहरण देखें जो सांस्कृतिक क्षेत्र से सम्बन्धित है। 1857 की घटना का एक बड़ा कारण अंग्रेज़ों की नज़र में भारतीयों के रीति-रिवाजों, धर्म और संस्कृति को ठीक से न समझना था। संग्राम के बाद 1860 से 1877 तक ब्रिटिश शासन ने भारतीय सभ्यता-संस्कृति और इतिहास वग़ैरह को जानने-समझने और इन्हें परिभाषित करने का काम बड़े व्यवस्थित ढंग से हाथ में लिया। इसी सिलसिले में 1860 में भारत का पुरातत्त्व विभाग क़ायम किया गया जिसने ऐतिहासिक स्थलों की खुदाई और ऐतिहासिक धरोहरों की सुरक्षा का काम करना शुरू किया। इसके बाद जनगणना कार्यालय खोला गया, जिसने भारत के लोगों और उनके विभिन्न धर्मों, समुदायों, सम्प्रदायों और जातियों का लेखा-जोखा तैयार करना शुरू किया। संस्कृत, पाली, प्राकृत, अरबी और फ़ारसी के प्राचीन-मध्यकालीन ग्रन्थों, हस्तलिखित प्रतियों और पाण्डुलिपियों की खोज और उनके सम्पादन का काम शुरू किया गया। आधुनिक भारतीय भाषाओं के अध्ययन और इनके ग्रन्थों के सम्पादन का काम भी योजनाबद्ध ढंग से होने लगा जिसमें भारतीय और यूरोपीय दोनों तरह के विद्वान शामिल हुए। शिक्षण संस्थाओं के लिए भूगोल, इतिहास, पदार्थ विज्ञान, गणित, व्याकरण और साहित्य की पाठ्य-पुस्तकें तैयार की गयीं। ग्रन्थों के प्रामाणिक संस्करण तैयार किये जाने लगे जिनसे भाषाओं के मानकीकरण की प्रक्रिया शुरू हुई। इस प्रक्रिया का एक नतीजा यह निकला कि आधुनिक आर्य भाषाओं के गद्य पर से ब्रजभाषा का प्रभाव ख़त्म हुआ जो मध्यकाल से चला आ रहा था। ये सारे बदलाव कहीं न कहीं 1857 से भी जुड़े हुए थे, फिर भी इन बदलावों को सीधे 1857 का परिणाम नहीं माना जा सकता। क्योंकि भारतीय धर्म, परम्पराओं, साहित्य और संस्कृति को समझने के प्रयास 1857 से काफ़ी पहले से, 18वीं सदी के आख़िरी

दशकों से ही विलियम जोंस के नेतृत्व में शुरू हो चुके थे जिसमें 1794 में क़ायम एशियाटिक सोसायटी और 1800 ई. क़ायम फ़ोर्ट विलियम कॉलेज ने महत्त्वपूर्ण भूमिका निभायी थी। फिर भी इन कामों को 1857 के बाद सरकार ने बड़े पैमाने पर जिस व्यवस्थित ढंग से विकसित किया, उसका एक बड़ा कारण 1857 का संग्राम ही था। औपनिवेशिक विद्वानों ने और भारतीयों ने भी 1857 के कारणों का जो विश्लेषण किया, उसमें धर्म के अलावा जातिप्रथा को भी विद्रोह का एक बड़ा कारण समझा गया। भारत से गहरी सहानुभूति रखने वाले मैक्समूलर ने भी औपनिवेशिक शासकों को यह समझाने का गम्भीर प्रयास किया कि अगर वे 1857 जैसे विद्रोहों को रोकना चाहते हैं तो वे भारत की जातिप्रथा को समझने की कोशिश करें क्योंकि ब्रिटिश फ़ौज के तौर-तरीकों और क़ानूनों के साथ भारतीय जातिप्रथा के नियमों का तालमेल नहीं बैठता है। (पृ. 76, ***द इथनोग्राफिक स्टेट***, निकोलस बी. डर्क; सौरभ दुबे द्वारा सम्पादित ***पोस्ट कोलोनियल पैसेजेज*** में शामिल निबन्ध, ओ.यू.पी, 2004) इन विश्लेषणों के फलस्वरूप ब्रिटिश शासन ने भारतीय समाज और जातिप्रथा को समझने की ज़रूरत तीव्रता से महसूस की। इसी के तहत 1860 के दशक से भारत के विभिन्न समुदायों, कबीलों, जातियों के सामाजिक संगठन और उनकी प्रथाओं का बड़े पैमाने पर अध्ययन किया जाने लगा। बड़ी संख्या में डिस्ट्रिक्ट गजेटियर और मैनुएल तैयार किये गये जिनमें विभिन्न जातियों, समुदायों और धर्मों के प्रमाणिक विवरण दिये गये। अध्ययन के ये विषय अब सिर्फ़ निजी दिलचस्पी या स्वतन्त्र शोध के विषय न रहकर सरकारी प्रशासन की सख़्त ज़रूरत बन गये जिनके आधार पर सरकार को अपनी नीतियाँ निर्धारित करनी थीं। जो प्रशासनिक अधिकारी इन कार्यों में लगे उनमें सबसे महत्त्वपूर्ण नाम एस.एच. रिज़ले का था जो बंगाल में 1873 में सिविल सर्विस में आये थे। उन्होंने बंगाल प्रेसीडेंसी (वर्तमान बिहार, झारखण्ड और उड़ीसा समेत) की विभिन्न जातियों और कबीलों पर विस्तृत फील्ड वर्क करके चार खण्डों में ***ट्राइब्स एण्ड कास्ट्स ऑफ बंगाल*** नामक ग्रन्थ लिखा जो वास्तव में 1891 की बंगाल की जनगणना की विस्तृत रिपोर्ट के रूप में लिखा गया था। इस जनगणना के रिज़ले ख़ुद सुपरवाइजर थे। जातियों और कबीलों की ही तरह पहली बार भारत की सैकड़ों भाषाओं का भी बड़े पैमाने पर सर्वेक्षण कराया गया जॉर्ज ग्रियर्सन के नेतृत्व में। 1857 के बाद व्यवस्थित ढंग से बड़े पैमाने पर होने वाले इन सामाजिक, नृत्तवशास्त्रीय और सांस्कृतिक अध्ययनों ने, जिनकी परम्परा 18वीं

सदी के अन्त में शुरू हुए प्राच्यवादी अध्ययनों की परम्परा से भी जुड़ती थी, पश्चिमोत्तर और अवध प्रान्त में दो तरह के प्रभाव स्पष्ट रूप से डाले। एक तो इसने हिन्दी के साहित्यिक लेखन और पत्रकारिता को बहुत प्रभावित किया। इनके प्रभाव से भारतेन्दु युग के लगभग सभी बड़े लेखकों ने पुरातत्त्व, इतिहास, धर्म, समाज, जाति, जनगणना, रीति-रिवाज आदि से सम्बन्धित मुद्दों को भी अपने लेखन का विषय बनाया। इससे हिन्दी साहित्य ब्रजभाषा की धार्मिक-शृंगारिक काव्य परम्परा से बाहर निकल कर समाज के सभी क्षेत्रों से जुड़ सका। समाज पर पड़ा दूसरा प्रभाव ज़्यादा गम्भीर और दूरगामी था। उपरोक्त सामाजिक, नृत्तत्व शास्त्रीय और सांस्कृतिक अध्ययनों के आधार पर सरकार ने शिक्षा और नौकरियों में प्राथमिकता देने की जो नीतियाँ तैयार की और सामाजिक संरचना के जिन पक्षों का राजनीतिक महत्त्व उसकी दृष्टि में बढ़ गया, उन सबका नतीजा यह निकला कि शिक्षित लोग अब अपने धर्म, सम्प्रदाय और जाति के प्रति ज़्यादा जागरूक होने लगे। यह एक महत्त्वपूर्ण बदलाव था कि 1857 के बाद औपनिवेशिक भारत में धार्मिक गोलबन्दी, जातिगत संगठनों और भाषायी प्रश्नों को एक नया राजनीतिक महत्त्व प्राप्त हुआ।

बदलाव के रूप

अगर 1857 के द्वारा लाये गये सीधे बदलावों पर विचार करें, ख़ासकर हिन्दी-उर्दू क्षेत्र में, तो हमें इसमें छह महत्त्वपूर्ण बदलाव दिखायी देते हैं :

1. फ़ौज में सुधार : 1857 का सबसे पहला सीधा असर फ़ौज के संगठन और उसमें भर्ती के नियम-कायदों पर पड़ा। 1859 और 1879 में बैठाये गये सैन्य आयोगों ने अपने इस सुझाव पर जोर दिया कि भारत की फ़ौज में एक-तिहाई संख्या गोरों की होनी चाहिए, जबकि 1857 से पहले भारतीय फ़ौज में गोरे सिर्फ़ 14 प्रतिशत होते थे। आयोग ने यह सुझाव भी दिया कि तोपखाने पर सिर्फ़ यूरोपीय सैनिकों का एकाधिकार रखा जाना चाहिए। इसी तरह फ़ौज में विभिन्न रेजीमेंटों के बीच अलगाव रखने और उन्हें एक-दूसरे का प्रतिस्पर्धी बनाने पर भी जोर दिया गया, ताकि उनमें कोई सामूहिक अस्मिता की भावना न पनपने पाये। (पृ. 35, ***आधुनिक भारत,*** सुमित सरकार, राजकमल, 1993) अन्त में फ़ौज में द्विज हिन्दू जातियों ख़ासकर ब्राह्मणों की जगह अब दलित जातियों की भर्ती पर भी जोर दिया गया।

2. भूमि व्यवस्था में परिवर्तन : अवध को हड़पने के बाद (लेकिन 1857 से पहले) ईस्ट इंडिया कम्पनी ने वहाँ ज़मीन का एक आरजी बन्दोबस्त किया था। इस बन्दोबस्त में ताल्लुकेदारों को एक किनारे कर कम्पनी ने लगान सीधे किसानों से लेना तय किया था। इसके पीछे मालगुजार किसान से सीधा सम्पर्क क़ायम करने की इच्छा के अलावा कर्नल स्लीमन की वह विवादास्पद रिपोर्ट ***(ए जर्नी थ्रू किंगडम ऑफ अवध)*** भी थी जिसमें उसने अवध के ताल्लुकेदारों द्वारा होने वाली लूट-खसोट और ज़्यादतियों के कई सबूत इकट्ठे किये थे। लेकिन जब 1857 का संग्राम छिड़ा तो कम्पनी को यह देखकर हैरानी हुई कि जिन किसानों को उसने आरजी बन्दोबस्त में ज़मीन का एक तरह से मालिक बनाया था, उन्होंने ही कम्पनी के ख़िलाफ़ असन्तुष्ट ताल्लुकेदारों का साथ दिया। किसानों के ऐसा करने के पीछे कई मिले-जुले कारण थे जिनकी तफसील में जाने का यहाँ मौक़ा नहीं है। लेकिन इस घटना से कम्पनी के अधिकारियों ने यह नतीजा निकाला कि ताल्लुकेदार अपनी प्रजा के स्वाभाविक नेता हैं, इसीलिए विद्रोह के दौरान किसान उनके पीछे चले। लिहाज़ा अंग्रेज़ों ने अब ताल्लुकेदारों के प्रति अपना नज़रिया बदला। कर्नल स्लीमन की रिपोर्ट को एक किनारे करते हुए अंग्रेज़ों ने ताल्लुकेदारों को ही ज़मीन का मालिक मानते हुए अब एक नया बन्दोबस्त किया। इस नये बन्दोबस्त में उन्होंने किसानों को अब ग़ैर-दखीलकार असामी (टेनेंट एट विल) मानते हुए ताल्लुकेदारों को अपने असामियों और गाँवों पर ऐसे-ऐसे निरंकुश अधिकार सौंप दिये जो उन्हें पहले कभी हासिल नहीं थे। जैसे किसान को बेदखल करने का अधिकार जो 1857 से पहले नहीं था। 1857 के बाद आये इस बदलाव की वजह यह थी कि अपने शासन को सुरक्षित रखने के लिए अंग्रेज़ ताल्लुकेदारों के रूप में अपना एक शक्तिशाली समर्थक वर्ग खड़ा करना चाहते थे। इस मक़सद में वे कामयाब भी हुए। जिन ताल्लुकेदारों ने 1857 के दौरान अपनी खोयी हुई सत्ता को फिर से हासिल करने के लिए किसानों से मदद ली थी, उन्होंने अब किसानों की वफ़ादारी को भुलाकर औपनिवेशिक शासन के साथ हाथ मिला लिया जैसाकि सम्पत्तिशाली वर्गों का चरित्र होता है। भूमि-व्यवस्था में हुए इन बदलावों के बड़े दूरगामी नतीजे निकले। उनकी तफसील में न जाकर यहाँ उनका सिर्फ़ ज़िक्र किया जा रहा है :

क. किसानों का शोषण-उत्पीड़न बढ़ गया। आगे चलकर उनका असन्तोष किसान आन्दोलनों में फूटने लगा।

ख. बेदखली के फलस्वरूप भूमिहीन खेत मज़दूरों की संख्या में भारी बढ़ोतरी हुई।

ग. कृषि उत्पादन का विकास ठहर गया और खेती किसान के लिए लाभकर नहीं रह गयी।

घ. ताल्लुकेदारों-ज़मींदारों के रूप में ब्रिटिश शासन को ख़ैर-ख्वाहों का एक नया वर्ग मिला जिसने आगे चलकर देहाती इलाक़ों में कांग्रेस के स्वाधीनता-आन्दोलन को कुचलने में शासन की मदद की।

3. मुस्लिम तुष्टीकरण की नीति : 1857 से आये बदलावों में, ख़ासकर पश्चिमोत्तर और अवध प्रान्त के सन्दर्भ में, एक महत्त्वपूर्ण बदलाव शासन की मुस्लिम तुष्टीकरण की नीति के रूप में सामने आया। अंग्रेज़ों ने भारत की सत्ता मुख्यतः मुस्लिम शासकों से छीनी थी। इसलिए उस दौर में सत्ता के मुख्य प्रतिद्वन्द्वी वही दोनों थे। अंग्रेज़ों से सत्ता वापस हासिल करने के प्रयत्न कई रूपों में हुए। इनमें से एक शाह अहमद बरेलवी के नेतृत्व में चला वहाबी आन्दोलन था जिसमें पश्चिमोत्तर प्रान्त और बिहार के कई अभिजातवर्गीय मुसलमान शामिल हुए। इसी के बाद 1857 का संग्राम छिड़ा जिसमें हिन्दुओं की भी महत्त्वपूर्ण भूमिका रही। इसके बावजूद नेतृत्व में बड़ी संख्या मुसलमानों की थी, ख़ासकर दिल्ली और दूसरे बड़े शहरों में। इन सशस्त्र संघर्षों को बुरी तरह कुचलने के बाद कुछ समय तक मुसलमानों को सन्देह और अविश्वास की नज़रों से देखने के बाद आख़िरकार सरकार ने मुसलमानों को सन्तुष्ट रखने की नीति अपनाई। बंगाल में 1850 से लेकर 1870 तक चले फरायजी, तय्यूनी, रफीयाद्दाइन और तारीख़ी मुहम्मदिया जैसे आन्दोलनों (जिनके साथ बंगाल के बहुसंख्यक ग़रीब मुसलमान किसानों का सामन्त विरोधी वर्ग संघर्ष भी मिल गया था) से मजबूर होकर ब्रिटिश शासन ने वहाँ हंटर की अध्यक्षता में जाँच-पड़ताल करायी जिसकी रिपोर्ट ***इंडियन मुसलमान*** के रूप में सामने आयी। हंटर ने इसमें बंगाल के आम मुसलमानों को ग़रीब, अशिक्षित, पिछड़ा हुआ और उन्मादी बताते हुए उनके विकास के लिए, ख़ासकर उनकी शिक्षा और आर्थिक उन्नति के लिए विशेष ध्यान देने की ज़रूरत पर जोर दिया था।

लेकिन इन तर्कों और सिफ़ारिशों का इस्तेमाल अवध और पश्चिमोत्तर प्रान्त के सन्दर्भ में भी किया जाने लगा जबकि यहाँ बाहर से आये ऊँची जातियों वाले मुसलमान (सैयद, शेख, मुगल और पठान) हमेशा सत्ता के ऊँचे पदों पर क़ाबिज़ रहे थे। बंगाल के बहुसंख्यक मुसलमानों के विपरीत संयुक्त प्रान्त में मुसलमान

कुल आबादी में सिर्फ़ 14 प्रतिशत थे। इसके बावजूद अपनी बेहतर परम्परागत राजनीतिक हैसियत के कारण 1857 के बाद भी प्रान्त के ज़्यादातर ऊँचे ओहदों पर वे ही क़ाबिज़ रहे। उनके मुक़ाबले में हिन्दू (मुसलमानों की तुलना में ज़्यादा शिक्षित हिन्दू भी) सत्ता के महत्त्वपूर्ण पदों पर बहुत कम थे। इस हालत को बनाये रखने में 1837 से प्रान्त की राजभाषा बना दी गयी अरबी-फ़ारसीनिष्ठ उर्दू का भी बड़ा हाथ था जो लिखी भी फ़ारसी लिपि में जाती थी। इसे मुसलमान बचपन से सीखते थे जबकि कायस्थों और बाहर से आकर बसे कुछ कश्मीरियों को छोड़कर बाक़ी हिन्दुओं को इसे सीखने में काफ़ी मुश्किल होती थी। बहुसंख्यक और आम लोग अरबी-फ़ारसीनिष्ठ उर्दू न तो बोलते-समझते थे और न इसकी लिपि जानते थे। इसके बावजूद ब्रिटिश शासन ने इस भाषा और लिपि को राज-काज में बनाये रखा ताकि प्रान्त के भद्रवर्गीय मुसलमान शासन से सन्तुष्ट रहें। इसके ख़िलाफ़ हिन्दी भाषा और देवनागरी लिपि का आन्दोलन चला जिसे सरकार ने लम्बे समय तक मान्यता नहीं दी। और भी कई तरह के ऐसे प्रावधान किये जाते रहे जिनका फ़ायदा मुख्यतः शिक्षित मुसलमानों को मिलता रहा। इसके ख़िलाफ़ हिन्दू भद्रवर्ग ने धर्म के आधार पर गोलबन्दी शुरू की।

इससे हिन्दू-मुस्लिम भद्रवर्ग के बीच एक होड़ की स्थिति बन गयी जिससे इस प्रान्त में साम्प्रदायिक विचारधारा के पनपने के ख़ास हालात बने। सांस्कृतिक सन्दर्भों में मुस्लिम तुष्टीकरण की नीति का एक ख़ास उदाहरण 1870 के दशक में स्कूली पाठ्यपुस्तकों की भाषा में अरबी-फ़ारसी के शब्दों को ज़्यादा महत्त्व देने के रूप में मिलता है। इंस्पेक्टर ऑफ स्कूल्स राजा शिवप्रसाद ने, जिन्होंने पश्चिमोत्तर प्रान्त में स्कूली शिक्षा का ढाँचा खड़ा करने में अहम भूमिका निभायी थी, 1850 से लेकर 1870 तक स्कूली पाठ्यपुस्तकों की भाषा का स्वरूप ऐसा रखने का प्रयास किया था जो हिन्दू-मुसलमान दोनों बच्चों के लिए एक जैसा हो और जिसमें हिन्दी-उर्दू के सभी आम प्रचलित शब्दो को समान रूप से महत्त्व दिया गया हो। उनके इन प्रयासों को आख़िरकार सरकार ने मान्यता देते हुए एक क़ानून भी पास कर दिया। इसके बावजूद जब प्रान्त के मुस्लिम नेताओं ने पाठ्यपुस्तकों में हिन्दी के बहुधा, विद्यार्थी, वर्णन, शीतलता, दृष्टि, अखण्डित और प्रत्यक्ष जैसे शब्दों पर भी एतराज़ किया तो सरकारी हाकिमों के दबाव से शिवप्रसाद को बरसों से स्कूलीपाठ्यक्रम में लगी हुई अपनी चार क़िताबों में से इन हिन्दी शब्दों को हटाकर इनकी जगह अरबी-फ़ारसी के शब्द रखने पड़े। सरकार की मुस्लिम तुष्टीकरण की इस नीति में बदलाव 1890 के बाद तब

आया, जब मैकडोनाल्ड इस प्रान्त में लेफ़्टीनेंट गवर्नर बनकर आये और उन्होंने अल्पसंख्यक मुसलमानों के बजाये बहुसंख्यक हिन्दुओं को साथ लेकर चलने में अंग्रेज़ी राज का ज़्यादा फ़ायदा देखा। सरकार की इस बदली हुई नीति से मुस्लिम भद्रवर्ग नाराज़ हुआ तो उन्हें ख़ुश करने के लिए सरकार ने धर्म पर आधारित उनकी पृथक निर्वाचन प्रणाली की माँग को मंजूरी दे दी।

लुब्बेलुबाब यह है कि 1857 से सबक लेते हुए ब्रिटिश शासन ने अपनी समझ से मुस्लिम तुष्टीकरण की जो नीति अपनायी, उसने अगले 35-40 सालों तक इस प्रान्त की बहुसंख्यक जन की भाषा और लिपि को और इसी के साथ जुड़ी दूसरी सांस्कृतिक आकांक्षाओं को पूरा होने नहीं दिया। उस वक़्त अगर ये आकांक्षाएँ सहज ढंग से पूरी हुई होतीं तो शायद इस प्रान्त का इतिहास कुछ दूसरा होता।

4. नवजागरण में रुकावट : बौद्धिक और सांस्कृतिक क्षेत्र में 1857 का एक महत्त्वपूर्ण असर नवजागरण के आन्दोलन पर पड़ा। 19वीं सदी के आरम्भिक दशकों में पश्चिमी शिक्षा और विचारधाराओं के सम्पर्क से और उनसे पैदा होने वाले द्वन्द्वों से भारत में अपने धर्म और समाज को जाँचने और बदलने की जो नयी विवेकवादी कसौटी उभरी, जिसने भारत में नवजागरण के आन्दोलन को जन्म दिया, उसमें 1857 के संग्राम से रुकावट आयी। रामविलास शर्मा की कृपा से हिन्दी के साहित्य जगत में एक आम धारणा फैली हुई है कि हिन्दी क्षेत्र में नवजागरण 1857 के संग्राम से शुरू हुआ। इतिहास के तथ्य इसके ठीक उल्टे हैं। अगर नवजागरण से तात्पर्य बुद्धि-विवेकशीलता की कसौटी पर अपने धर्म और समाज को सुधारने के सांस्कृतिक आन्दोलन से है, तो 1857 के संग्राम से इस आन्दोलन में रुकावट पैदा हुई थी। इस तथ्य से इतिहास का हर गम्भीर विद्यार्थी वाक़िफ़ है। वाक़िफ़ नहीं है तो सिर्फ़ हिन्दी का साहित्यिक वर्ग, जो वास्तविक इतिहास के बजाये तथाकथित हिन्दी नवजागरण के गढ़े हुए इतिहास की दुनिया में ज़्यादा जीता है।

1857 के संग्राम ने बंगाल या बम्बई प्रान्त के नवजागरण पर इतना असर नहीं डाला, क्योंकि ये संग्राम की मुख्य भूमि से ज़्यादा दूर थे। इसका ख़ास असर हिन्दी-उर्दू क्षेत्र में शुरू हो रहे नवजागरण पर पड़ा। पंजाब में आर्य समाज आन्दोलन का विवेचन करने वाली अपनी मशहूर क़िताब ***आर्यधर्म*** में केनेथ डब्ल्यू. जोंस ने इसका एक स्पष्ट प्रमाण दिया है। हिन्दी-उर्दू क्षेत्र में दिल्ली शहर 1827 से ही नवजागरण की चेतना का एक केन्द्र बनना शुरू हो गया था।

यहाँ का 'देहली कॉलेज' नयी शिक्षा, नये ज्ञान और नयी विचारधाराओं के अध्ययन का केन्द्र बनकर उभर रहा था। दिल्ली के आसपास के इलाक़ों से विद्यार्थी नये ज्ञान की खोज में यहाँ आने लगे थे। 1830 तक यहाँ नयी शिक्षा और नयी चेतना से लैस विद्यार्थियों का एक छोटा-सा ग्रुप तैयार हो गया था। वैसे तो उस दौर में देहली कॉलेज ने नयी धारा के कई महत्त्वपूर्ण विद्यार्थियों को आगे बढ़ाया था जो आगे चलकर अपने-अपने क्षेत्रों में नये ज्ञान के प्रवर्तक बने और उनमें से कुछ एक सैयद अहमद की नयी रोशनी के आन्दोलन में भी शरीक हुए, जैसे अलताफ हुसैन हाली और जकाउल्ला खां। लेकिन देहली कॉलेज के नयी चेतना वाले ग्रुप में सबसे महत्त्वपूर्ण नाम मास्टर रामचन्द्र का था जो 1833 में ही अपने शहर पानीपत से पढ़ने के लिए देहली कॉलेज में आ गये थे। रामचन्द्र ने अपने विद्यार्थी जीवन में ही अपनी प्रतिभा का सिक्का जमा लिया था और आगे चलकर वह गणित और विज्ञान के असाधारण मौलिक विद्वान और प्रवर्तक बन कर उभरे और इसी कॉलेज में प्रोफ़ेसर भी नियुक्त हुए। इस कॉलेज में ***दी सोसायटी फॉर दी प्रोमोशन ऑफ नॉलेज इन इंडिया थ्रू दी मीडियम ऑफ वर्नाकुलर्स*** नामक संस्था बनी जो आगे चलकर ***देहली कॉलेज वर्नाकुलर ट्रांसलेशन सोसायटी*** के नाम से मशहूर हुई। सोसायटी ने महज बीस सालों के अन्दर ग्रीक और फ़ारसी भाषा से क़रीब 125 महत्त्वपूर्ण ग्रन्थों का उर्दू में अनुवाद किया जिनमें से कई ग्रन्थ वैज्ञानिक विषयों के थे। सोसायटी के इन प्रयत्नों से महज शेरो-शायरी की भाषा समझी जाने वाली उर्दू जल्द ही ज्ञान-विज्ञान की भाषा में बदलने लगी। औपनिवेशिक भारत में विज्ञान की स्थिति और मास्टर रामचन्द्र के बारे में महत्त्वपूर्ण शोध करने वाले इरफान हबीब ने अपने एक लेख में बताया कि "देहली कॉलेज से जो नवजागरण शुरू हुआ उसका कलकत्ता के नवजागरण से एक महत्त्वपूर्ण फ़र्क़ था। जहाँ कलकत्ता के नवजागरण में विज्ञान के बजाये साहित्यिक विषयों पर जोर था और बुद्धिजीवियों का झुकाव अंग्रेज़ी भाषा और यूरोपीय साहित्य की ओर था, वहीं देहली कॉलेज से शुरू हुए नवजागरण का जोर विज्ञान और देशी भाषाओं पर था। यही वजह थी कि देहली कॉलेज के विद्वानों जैसे हाली, जकाउल्ला ख़ाँ आदि ने अंग्रेज़ी भाषा के अध्ययन के बावजूद शिक्षा के माध्यम के रूप में देशी भाषा के इस्तेमाल पर ज़्यादा जोर दिया। इस तरह देहली कॉलेज देशी भाषा के माध्यम से विज्ञान के प्रसार की शुरुआत करने वाला पहला कॉलेज बना।" (पृ. 140-41, एस. इरफान हबीब, ***'प्रोमोटिंग साइंस एंड इट्स वर्ल्ड व्यू इन द मिड नाइनटीन सेंचुरी'***, दीपक कुमार द्वारा सम्पादित क़िताब

साइंस एंड इम्पायर : एस्सेज इन इंडियन कंटेक्स्ट, 1700-1947 में शामिल निबन्ध, अनामिका प्रकाशन, दिल्ली, 1991)

गणितज्ञ और वैज्ञानिक रामचन्द्र की सामाजिक चेतना भी बहुत प्रखर थी। उन्होंने भारतीय समाज की पारम्परिक रूढ़ियों का खण्डन किया और आधुनिक ज्ञान-विज्ञान तथा विवेकवाद की सराहना की, उसका प्रचार किया, जिसके कारण स्थानीय हिन्दू उनकी निन्दा करने लगे। रामचन्द्र ने हिन्दू धर्म छोड़कर ईसाई धर्म अपना लिया। उनके साथियों में से एक डॉ. चमनलाल ने भी ईसाई धर्म अपना लिया था। रामचन्द्र ने अपने साथियों के साथ एक मासिक पत्रिका भी निकाली जिसमें आधुनिक वैज्ञानिक चेतना के प्रसार के साथ-साथ रूढ़िवादी दार्शनिक धाराओं और अन्धविश्वासों का खण्डन भी रहता था। ज़ाहिर है कि ऐसे प्रयासों के कारण पारम्परिक समाज का रामचन्द्र से विरोधभाव बढ़ता गया। इसी बीच 1857 का संग्राम छिड़ा। स्थानीय विद्रोहियों ने अंग्रेज़ों के साथ-साथ भारतीय ईसाइयों पर भी हमले किये। इन्हीं हमलों में डॉ. चमनलाल मारे गये। रामचन्द्र किसी तरह बचकर भाग निकले। दिल्ली में हिन्दू या मुसलमान, जो भी पारम्परिक धर्म और रूढ़ियों की आलोचना करता था, 1857 के दौरान उसे सन्देह और शत्रुता की नज़र से देखा गया। उस माहौल में अपनी जान बचाने के लिए देहली कॉलेज से जुड़े हुए बहुतेरे प्रतिभाशाली युवक और विद्वान, जो नयी चेतना और नये ज्ञान के प्रचारक थे, दिल्ली छोड़कर भागने के लिए मजबूर हुए। इस तरह दिल्ली में हो रहे नवजागरण के आन्दोलन का अन्त हो गया। 1857 के संग्राम के बाद दिल्ली छोड़ कर भागने वालों में एक कन्हैयालाल अलखधारी भी थे जो 1853 से दिल्ली में नयी चेतना के आन्दोलन में सक्रिय थे और प्रखर चेतना वाले सबसे उग्र सुधारक थे। 1857 के बाद वे दिल्ली से पंजाब चले आये। यहाँ लुधियाने को केन्द्र बनाकर उन्होंने एक समाज सुधार संगठन 'नीतिप्रकाश सभा' क़ायम की और एक पत्रिका भी निकाली। पंजाब में ब्रह्मसमाज और आर्यसमाज के आन्दोलन को फैलाने में उन्होंने महत्त्वपूर्ण सहयोग दिया। उन्होंने ही नयी स्त्री-चेतना की सबसे महत्त्वपूर्ण किताब ***सीमन्तनी उपदेश*** (अज्ञात हिन्दू औरत की लिखी) का 1882 में अपने पैसों से प्रकाशन किया।

19वीं सदी में धार्मिक-सामाजिक रूढ़ियों के ख़िलाफ़ सुधार के क़ानून बनवाने की जो प्रवृत्ति के शुरू हुई थी, उसको सबसे बड़ा धक्का 1857 के संग्राम से ही लगा। 1857 के संग्राम से ब्रिटिश शासन ने एक सबक यह लिया कि उसे इस देश के हिन्दू-मुसलमानों के धार्मिक-सामाजिक मामलों में दखल नहीं देना चाहिए।

इस नीति के बाद न सिर्फ़ ईसाई मिशनरियों के कार्यकलापों को सीमित और नियन्त्रित किया गया और उन्हें सरकारी संस्थाओं से दूर रखा जाने लगा, बल्कि ख़ुद ब्रिटिश प्रशासन भी कुछ इलाक़ों में अपनी पहल से स्थानीय कुरीतियों के ख़िलाफ़ जागृति लाने का जो प्रयास कर रहा था (जैसे राजस्थान और पंजाब में कन्यावध के ख़िलाफ़) उससे भी उसने हाथ खींच लिये। लेकिन धर्म और समाज के मामलों में हाथ नहीं डालने की नयी सरकारी नीति से सबसे ज़्यादा धक्का नये शिक्षित भद्रवर्ग को लगा, जो अपने धर्म और समाज की कुरीतियों के ख़िलाफ़ लड़ रहा था और इस लड़ाई में राज्य से सहायता चाहता था। नयी नीति के तहत अब सरकार ने उनकी मदद करनी बन्द कर दी। यही वजह है कि जब पारसी सुधारक बेहराम जी मालाबारी ने 1884 में विधवा विवाह की रुकावटों को दूर करने और बाल विवाह को रोकने के मक़सद से एक प्रस्ताव तैयार किया और सरकार को उस पर क़ानून बनाने के लिए कहा, तो इस प्रस्ताव को इंग्लैंड की मिस कारपेंटर, लॉर्ड टेनीसन, हर्बट स्पेंसर और मैक्समूलर जैसे विद्वानों से मिले समर्थन के बावजूद सरकार इस मसले पर क़ानून बनाने के लिए राज़ी नहीं हुई। तब मालाबारी के सहयोगी सिन्धी सुधारक दयाराम गिडमुल ने विद्यासागर की पहल पर 1856 में बने क़ानून में ही एक संशोधन पेश कर विवाह के बाद सहवास के लिए लड़कियों की न्यूनतम उम्र 10 से बढ़ाकर 12 कर देने का सुझाव रखा। किसी तरह सरकार ने इसे मान लिया। इस पर भी काफ़ी हो-हल्ला मचा और तिलक के नेतृत्व में राष्ट्रवादियों ने इस सुधार को भारतीयों और हिन्दुओं की स्वायत्तता पर हमला बताकर ब्रिटिश विरोधी भावनाओं को उभारने का प्रयास किया। इस राष्ट्रवाद के आगे सुधारकों की हिम्मत पस्त हो गयी, वे अकेले पड़ गये। फिर सरकार ने भी अगले 38 सालों तक किसी सुधार बिल को क़ानूनी दर्जा नहीं दिया।

5. शिक्षित वर्ग में परिवर्तन : पश्चिमोत्तर और अवध प्रान्त में 1857 के बाद शिक्षित भद्रवर्ग को राजनीतिक रूप से यह ज़रूरी लगा कि वह ब्रिटिश शासन के प्रति अपने समर्थन को साफ़-साफ़ अभिव्यक्त करे। हालाँकि निकोलस बी. डिर्क ने हाल में प्रकाशित अपनी क़िताब ***द स्कैण्डल ऑफ इम्पायर*** में ब्रिटिश साम्राज्यवाद की तीखी आलोचना करते हुए लिखा है कि ईस्ट इंडिया कम्पनी के शासन को भ्रष्ट और बेलगाम बताते हुए भारत में महारानी विक्टोरिया के जिस शासन को सभ्य क़ानून का शासन कहकर लागू किया गया था वह भी दरअसल उतना ही भ्रष्ट और लुटेरा शासन था। लेकिन 1857 के बाद भारत

के, ख़ासकर पश्चिमोत्तर और अवध के शिक्षित वर्ग ने विक्टोरिया के शासन को इस तरह बिलकुल नहीं देखा था। उसने विक्टोरिया शासन के घोषणापत्र में दिये गये बड़े-बड़े आश्वासनों पर पूरा भरोसा और उत्साह जताया और 1857 के विद्रोह की निन्दा करते हुए नये ब्रिटिश शासन का खुलकर स्वागत किया। लेकिन मुसलमान आभिजात्य वर्ग को ब्रिटिश समर्थक बनाने की राह में अभी भी कई अड़चनें थीं। लिहाज़ा उनके बीच सैयद अहमद ने आधुनिक शिक्षा और सुधार का आन्दोलन चलाया। 1857 के संग्राम में मुस्लिम आभिजात्य वर्ग का जैसा क्रूर और भयंकर दमन और उनके धार्मिक स्थलों को ध्वंस किया गया, ख़ासकर दिल्ली शहर में, वह भारत के आधुनिक इतिहास के सबसे काले पृष्ठों में से एक है। ज़्यादातर आम शिक्षितों को आज भी उस दमन-उत्पीड़न की भयंकरता का सही अन्दाज़ा नहीं है। ग़ालिब के पत्रों में दिल को सहमा देने वाले कुछ एक विवरणों के अलावा उस दमन और ध्वंस की असली भयावह तस्वीर फ्रांसिस रोबिन्सन के कुछ निबन्धों में मिलती है। (***द मुस्लिम ऑफ अपर इंडिया एंड द शॉक ऑफ द म्यूटिनी*** मुशीरुल हसन और नारायणी गुप्ता द्वारा सम्पादित ग्रन्थ ***इंडियाज कोलोनियल एनकाउंटर*** में शामिल निबन्ध, मनोहर, दिल्ली 1993)

दुश्मनी की इस हालत को उलटने के लिए, अंग्रेज़ों का विश्वास फिर से जीतने और उनके सहयोग से मुस्लिम आभिजात्य वर्ग की मर्यादा और विशेषाधिकारों को आगे भी बहाल रखने के लिए सैयद अहमद ने उनके बीच नयी शिक्षा का आन्दोलन चलाया और उनमें ऐसी सुधार चेतना लाने की कोशिश की जिससे वे ब्रिटिश शासन की नयी परिस्थितियों के साथ अपना तालमेल बैठा सकें। इससे एक ओर जहाँ मुस्लिम भद्रवर्ग के एक हिस्से का आधुनिकीकरण हुआ और वह अंग्रेज़ी हुकूमत के महत्त्वपूर्ण पदों पर क़ाबिज़ हुआ, वहीं दूसरी ओर वह वर्ग न सिर्फ़ अपने धार्मिक समाज से कुछ भिन्न और विशिष्ट हुआ, बल्कि बाक़ी पूरे समाज से भी उसके अन्तर्विरोध तेज़ हुए और दूरी बढ़ी। इसके दूरगामी राजनीतिक परिणाम निकले।

इस प्रान्त के हिन्दू भद्रवर्ग में इस तरह के आन्दोलन की ज़रूरत किसी ने महसूस नहीं की। ऐसे किसी आन्दोलन के बिना ही हिन्दू भद्रवर्ग में ब्रिटिश शासन के प्रति अपनी वफ़ादारी दिखाते रहने की प्रवृत्ति, ख़ासकर हिन्दी के लेखकों-पत्रकारों में इतनी बढ़ गयी थी कि इसने चाटुकारिता का रूप ले लिया था। इसके पर्याप्त प्रमाण हैं। अलीगढ़ विश्वविद्यालय के रमेश रावत ने परिश्रम से लिखे गये अपने एक लेख (***सोशल साइंटिस्ट,*** खण्ड-26, 1998) में उदाहरणों

के साथ दिखाया भी है कि कैसे 19वीं सदी में हिन्दी के लगभग सभी बड़े लेखकों ने 1857 के संग्राम की निन्दा की और उसके दमन का समर्थन किया।

यहाँ हम यह अन्दाज़ा लगा सकते हैं कि हिन्दी-उर्दू क्षेत्र के शिक्षित भद्रवर्ग ने 1857 की निन्दा भले की हो, लेकिन उसे लेकर उसके मन में शायद एक दबी-सी सहानभूति भी रही होगी और उस संग्राम के बर्बर दमन को देखते हुए एक अवरुद्ध बेबसी रही होगी। यह अन्दाज़ा बिलकुल बेबुनियाद नहीं कहा जा सकता। इसका पहला संकेत 1857 पर सैयद अहमद की क़िताब ***असबाबे बग़ावते हिन्द*** से मिलता है जो संग्राम ख़त्म होने के चन्द महीनों बाद लिखी गयी थी और किसी भारतीय के द्वारा 1857 पर लिखी गयी पहली क़िताब थी। उसमें सैयद अहमद ने एक ओर विद्रोह भड़कने के कारणों को हमदर्दी से देखा है, दूसरी ओर विद्रोह की निन्दा की है। इन दोनों के बीच जो दूरी है, एक हद तक असंगति है, उसी से उपरोक्त अनुमान को आधार मिलता है। निकोलस बी. डर्क ने सैयद अहमद द्वारा 1857 सम्बन्धी अपने लेखन में बहुत सावधानी बरते जाने को लक्ष्य करके लिखा है कि 1857 के महासंग्राम पर लिखते हुए भी सैयद की मुख्य चिन्ता अंग्रेज़ों और मुसलमानों के बीच सुलह कराने और अंग्रेज़ों की मदद से मुसलमानों की स्थिति मज़बूत करने की थी। इसीलिए इस मुख्य चिन्ता के प्रतिकूल पड़ने वाले पक्षों पर उन्होंने ज़्यादा जोर नहीं दिया। (वही) मेरा विचार है कि 1857 के दमन के बारे में भारतेन्दु के पद्य की जिन दो पंक्तियों को अक्सर उद्धृत किया जाता है, उनमें भी उस अवरुद्ध सहानुभूति और दबी हुई बेबसी की झलक देखी जा सकती है। हालाँकि अन्यत्र भारतेन्दु ने भी इस विद्रोह के दमन का स्वागत किया है और इसके लिए सर लारेंस को बधाई दी है। लेकिन इससे अधिक उन पंक्तियों में कुछ भी पढ़ना निराधार कल्पनाशीलता होगी। ऐसे अन्दाज़े के बावजूद 1857 के बाद हिन्दी के लेखकों में अंग्रेज़ों की चापलूसी करने और उनके प्रति अपनी निष्ठा दिखाने की प्रवृत्ति जितनी नग्न होकर उभरी, वह हैरान और शर्मिंदा करने वाली है। अंग्रेज़ हाकिमों पर पद्य बनाकर उन्हें भेंट करना, उनका जन्मदिन मनाना, उनकी मृत्यु पर शोक सभाएँ करना, अपनी कविता में उनकी अतिरंजित प्रशंसा करना, उन्हें अपने पौराणिक देवी-देवताओं और ईश्वर के अवतारों के बराबर बताना, उन्हें सर्दी-जुकाम होने पर भी उनकी चिन्ता में जनसभाएँ कर उनके स्वास्थ्य लाभ के लिए प्रस्ताव पास करना, उनकी नज़रों में चढ़ने और बने रहने के लिए उन्हें तरह-तरह के भेंट-उपहार देना और उनके पसन्दीदा काम करते रहना—इस तरह की प्रवृत्तियाँ

हिन्दी के बड़े लेखकों में भी 1860-70-80 के दशक में अपने उत्कर्ष पर दिखायी देती हैं, जबकि बंगाल के शिक्षित बौद्धिक वर्ग में इस तरह की प्रवृत्तियाँ कम मिलती हैं और इतने भौंड़े या नग्न रूप में तो बिलकुल नहीं। 1857 से पहले और बाद में अंग्रेजों के साथ बंगाली लेखकों और बुद्धिजीवियों के सम्बन्ध मित्रतापूर्ण ढंग के भी मिलते हैं। जैसे राजा राममोहन राय और द्वारिकानाथ ठाकुर के सम्बन्ध अंग्रेज़ों से मित्रतापूर्ण थे। ईश्वरचन्द विद्यासागर ने अंग्रेज़ हाकिमों से अपनी योजनाओं के लिए सहयोग हासिल किया, लेकिन उनकी झूठी प्रशंसा नहीं की। इसके उल्टे, संस्कृत कॉलेज में पाठ्यक्रम क्या हो, इसे लेकर वे बनारस संस्कृत कॉलेज के प्रिंसिपल वैलेंटाइन से भिड़ गये। केशवचन्द्र सेन का प्रभाव ऐसा था कि अंग्रेज़ हाकिम उनका व्याख्यान सुनने के लिए उपस्थित रहते थे। ये सभी लोग उस समय बंगाली बौद्धिक वर्ग के सिरमौर थे। लेकिन यही बात 1857 के बाद हिन्दी लेखकों के सिरमौरों के बारे में नहीं की जा सकती। अंग्रेज़ी राज से कुछ शिकायतें करने और एक हद तक उसकी आलोचना भी करने के बावजूद वे उनकी इतनी चापलूसी क्यों करते थे?

6. सबसे महत्त्वपूर्ण बदलाव : 1857 से पहले हमारे पास अपने राष्ट्रीय स्वाधीनता संग्राम का कोई स्थायी प्रेरणा स्रोत नहीं था और न कोई प्रतीक था। 1857 ने जो खुद भारत का पहला स्वाधीनता संग्राम था, हमारे राष्ट्रीय स्वाधीनता आन्दोलन को एक मूल्यवान प्रेरणा स्रोत और प्रतीक दिया और यह प्रेरणा स्रोत और प्रतीक वह ख़ुद बना। हमारी ऐतिहासिक चेतना में वह भारत राष्ट्र की स्वतन्त्रता के संघर्ष की महान स्मृति बनकर अमर हो गया। लेकिन ऐसा अपने-आप और तुरन्त नहीं हुआ। देहाती किसानों की चेतना में वह भले ही शुरू से विद्रोही नायकों के वीरतापूर्ण कारनामों का वर्णन करने वाले क़िस्सों और लोकगीतों के रूप में अमिट रहा, लेकिन शहरों के शिक्षित भद्रवर्ग के बीच वह दशकों तक निन्दा का ही विषय बना रहा। तथ्य यह है कि उसके घटित होने के तीस साल गुज़र जाने के बाद भी हिन्दी के एक बड़े लेखक प्रतापनारायण मिश्र ने, जिन्हें दूसरा भारतेन्दु भी कहा जाता है, अपने एक लेख में उसे एक 'अपराध' और थोड़े से 'नमकहरामों' द्वारा भारतीय नेशन पर लगाया गया 'कलंक' बताया। (***ब्राह्मण***, 15 सितम्बर, 1888) लेकिन जैसे-जैसे अंग्रेज़ी राज के अन्तर्विरोध खुलकर सामने आते गये, शिक्षित भद्रवर्ग का उससे मोह टूटता गया। 19वीं सदी के अन्त तक समाज के सभी वर्गों का असन्तोष अंग्रेज़ीराज के ख़िलाफ़ फूटने लगा। जब कांग्रेस के नेतृत्व में और कांग्रेस से बाहर भी, नये सिरे से अंग्रेज़ी राज के ख़िलाफ़

जन आन्दोलन भड़क उठे और इस बार ये आन्दोलन खुद शिक्षित भद्रवर्ग के नेतृत्व में चले, सिर्फ़ तभी 1857 का संग्राम शिक्षित वर्गों के लिए गौरव और प्रेरणा का विषय बन सका। सावरकर पहले व्यक्ति थे जिन्होंने 1857 को शिक्षित वर्गों के लिए गौरव और प्रेरणा का विषय बनाया। सावरकर आगे चलकर अपने रास्ते से भटक गये, हिन्दू राष्ट्रवादी होने के अलावा वे अंग्रेज़ी शासन के आगे झुक भी गये। लेकिन अपने क्रान्तिकारी दौर में 1907 में उन्होंने ही पहली बार 1857 के संग्राम का विवेचन करते हुए उसे भारत की स्वतन्त्रता का पहला महान संग्राम घोषित किया था। भारत के स्वाधीनता आन्दोलन में उनकी इस घोषणा का प्रभाव बरसों पहले की गयी मार्क्स की ऐसी ही घोषणा की तुलना में कहीं ज़्यादा व्यापक और क्रान्तिकारी रूप में पड़ा। शिक्षित भद्रवर्ग के बीच सावरकर ने 1857 को निन्दा के विषय की जगह एक राष्ट्र के रूप में भारतीय इतिहास के प्रस्थान बिन्दु में बदल दिया। उन्होंने इसे अंग्रेजों के अन्याय के ख़िलाफ़ भारतीयों के प्रतिरोध के रूप में पेश किया। इस तरह 1857 भारतीय जनता की स्वतन्त्रता की आकांक्षा, उसकी वीरता और उसके प्रतिरोध का एक गौरवपूर्ण प्रतीक बन गया। वह हमारे नये राष्ट्रीय इतिहासबोध का एक मूल्यवान तत्त्व बनकर विकसित हुआ। लेकिन 1857 की यह छवि आधी सदी बीत जाने के बाद ही बन सकी; शहरी शिक्षित मध्यवर्ग के नेतृत्त्व में राष्ट्रीय आन्दोलन का एक नया दौर उभरने और शिक्षित वर्गों द्वारा 1857 की विरासत को अपना लेने के बाद ही बन सकी।

□□